y-knot

これからの
福祉政策

ローカルの視点から考える

畑本裕介・木下武徳　著

Musubu

有斐閣

デザイン　高野美緒子

はじめに

　社会福祉の出発点は民間のボランティア（篤志家や社会事業家）の活動であったが，そうした活動が安定して運営されるためには，政策の支えが必要である。政策とは，何らかの活動が制度化・仕組み化され，安定した運営基盤を備える形式に作り上げられた状態のことである。どんな活動も，意気込みだけでは続かないため，いずれは政策として整備されることが必要となる。よって，社会福祉の実践と政策は切り離すことのできない関係にある。

　しかしながら，社会福祉の領域において，政策理論の整備は十分ではない。理論を前提とした学習も難しい状況である。福祉政策の理論というのであれば，政策学や行政理論・財政理論，組織論，さらには一般社会理論の成果を十分に取り入れた理論構築でなければならないはずである。また，こうした学問の成果を取り込んだ福祉政策論の解説書が必要である。とはいえ，その作業はなかなか難しい。

　よって，本書の第 1 の目標は，政策学の成果を社会福祉学に取り込み，福祉政策の企画・運営を理解する方法論を紹介することである。本書では，福祉政策の前提となる政策課題，政策の実施過程の特徴，政策手段としての計画と評価の各理論を取り上げている。また，福祉政策の現在の位置づけを十分に捉えるために，分権や連携・協働といったガバナンスの問題，実施体制の実際，政策を担う人員とその専門性の問題，といった具体的な政策の状況についても取り上げている。このような形で政策学として社会福祉の領域を議

i

論することは，これまで社会福祉学の中では多くなかったのではなかろうか。

　本書の第2の目標は，新しい福祉政策のあり方を提言することである。社会福祉学の特徴は，実践との関連性を常に維持しているということにある。社会福祉学に隣接する分野として，社会政策を提案してきた経済学や，社会問題の分析を行ってきた社会学がある。こうした分野での研究成果は，現状を分析する精度が高ければそれなりに評価を受ける。とはいえ，社会福祉学ではそうはいかない。現状分析に加えて，分析した実践が望ましいものであるのかどうかといった規範的考察や，望ましい実践を作り出す条件はどのようなものであるかといった指針の提示が必要とされる。

　そのため，社会福祉学においてテキストや概説書を書くということは，独特の意味を伴うことになる。現状の紹介だけではなく，望ましい実践や政策の提案が必要とされるのである。本書は福祉政策の現状について整理し，さらに今後の方向性についても提案を行っている。以下に，あらかじめ主な提案を挙げておきたい。本書のサブタイトルには，「ローカルの視点から考える」とつけている。政策の大きな枠組みを企画・立案する中央政府に焦点をすえるのではなく，政策が実現・運営される地方自治体を中心とした現場のアクターの抱える課題が中心となる。

　第1の提案は，福祉政策だけではなく自治体行政全体における「相談支援業務の主流化」という論点である。行政機関において「相談」といえば，窓口での案内や受付での談話のように思われてしまう。社会福祉が自治体政策の中心となる以前であれば，それでも通用したのかもしれない。しかし，近年，「相談」の意味合いが変わってきている。福祉政策の対象者や利用者となる市民は，自らのニーズを十分に理解していない場合もある。また，利用したくても制度を理解していないかもしれない。虐待などにより声を上げら

れないのかもしれない。こうした人々のニーズを地域の中で発見し，行政制度や地域の社会資源につなげていくプロセスを，社会福祉学では「相談」と呼んでいる。これは，「ソーシャルワーク」とも呼ばれている。このソーシャルワークこそ，福祉政策の「相談支援業務」の核心であるが，このことは，住民や行政庁内において十分に理解されていない。しかしながら，福祉政策が自治体の中での最大の業務となった現在では，ソーシャルワークとしての相談支援業務こそ自治体業務の主流である。本書はこの事実を強く訴えていきたい。

　2つ目の提案は，「アクターの主体性と分権の重視」という論点である。ソーシャルワークとしての相談支援業務を実践するには，その担い手の主体性が以前よりも重視されなければならない。とはいえ，日本における政策運営は長らく集権融合型とされてきた。中央政府に権限と財源が集まり政策立案が行われ，地方はその実施運営だけを任される構造となっていた。福祉政策でも，戦後再建期にはこの仕組みが採用され，当時は合理的であった。この時期には，政府の福祉制度実施・運営責任が明確でなかったため，全国に必要な福祉制度が行き渡っていなかった。こうした状況を克服するために，中央で基準を定め，一斉に全国で整備する手法は，スピード感をもって制度を実現させるのに都合がよかった。ここで適用された基準は「ナショナル・ミニマム」と呼ばれる。中央がナショナル・ミニマムを決めてしまえば，全国どこに行っても最低限のサービスは整備される。

　しかし，この仕組みには欠点があった。実施運営を任された地方自治体は，受け身で指示を待つだけになってしまい，業務効率が落ち込んでしまう。また，地域に最適な制度設計のための創造性も発揮されないことになる。こうした欠点を改善するためには，権限と財源を地方自治体に委譲し，主体的な決定のもとで業務を遂行でき

はじめに　　iii

るような環境を整えていく必要がある。そのためにめざされたのが1999（平成11）年の地方分権一括法をはじめとする一連の「地方分権」改革であった。地方分権によって地方自治体の仕事の魅力が増し，自発的な地域づくりの文化が育ってきた。このように，地方の住民と自治体に権限を委譲し，自治体と住民の主体性を発揮するよう制度環境を整えるという方向性は，今後も必要である。

とはいえ，福祉制度の整備状況に地域差が生まれ，自らの住所によって受けられる支援が異なったり，必要な支援が整備されず放置されたりする懸念も生まれた。地域の活力のための地方分権を重視するあまり，その負の側面に目を向けないわけにはいかない。時には，ナショナル・ミニマムのための中央主導による修正が必要な場面もある。

3つ目の提案は，「政策企画運営の多元化」（ガバナンスの多元化）という論点である。これまでの福祉政策では，国家や地方自治体等の行政機関が政策の企画運営を担ってきた。国家内で徴税し，法令によりルールを定める独占権をもつため，政策の運営基盤を用意することができたからである。しかし，これからの時代は政策を企画運営するのは行政機関だけではない。企業・団体やNPO等の中に，行政と同じ力量をもったさまざまなアクターが生まれ，政策に参入する時代になりつつある。行政とその他の団体が連携・協働しながら政策形成する状況を「パブリック・ガバナンス」と呼ぶ。戦後の福祉政策は国家責任を明確化することが目標とされてきたので，福祉政策の企画運営は国家に一元化されるのがよいと考えられた時期もあった。しかしながら，ニーズの量的拡大・多様化や国民国家の相対化といった新しい時代状況に対応して，福祉政策を担うアクターが重層化する「福祉多元主義」は当然のものとされるようになった。この状況の現代における到達点を確認する必要があるだろう。

本書は以上の提案を軸として展開するため，一貫性のある記述を心掛けている。その一方で，それぞれの章を独立したものとして読むこともできるような構成にもなっている。一貫性のある理論を扱う理論書として初めから終わりまで通して読んでもよいし，適宜必要なところだけを読む参考書のように読書してもよい。そのため，各章冒頭には簡単なイメージ図（Chapter structure）をつけ，各章の概略が一目で理解しやすいようにしてある。イメージ図を参考に，読む章を選択してほしい。

　最後に，本書の構成についてあらかじめ触れておきたい。

　第Ⅰ部は，「福祉政策の基礎理論」を扱う。まずは福祉政策とは何かについて，社会政策や社会保障政策といった隣接領域との違いを明確にしながら説明する（第1章）。その後，福祉政策の歴史（第2章）や現代における社会的背景について取り上げる（第3章）。

　第Ⅱ部は，「福祉政策の政策過程」を扱う。政策学の成果がどのように社会福祉学に適用できるかを紹介する箇所である。政策手段（第4章），政策過程（第5章），統治理論・ガバナンス理論（第6章），計画と評価（第7章）等についての各種理論がここでの対象である。

　第Ⅲ部は，「福祉政策の実施体制」を扱う。具体的な福祉政策にどのようなものがあるかを，機構論を中心として取り上げる。福祉政策の実施体制（第8章），公私関係論（第9章），相談支援業務（第10章），福祉政策実施における専門性（第11章），福祉財政（第12章）について説明している。

　第Ⅳ部は，「福祉政策の実際」を扱う。福祉政策が実際にどのように実施されているか，大都市（第13章）と中小都市（第14章）に分けて事例分析を行う。福祉政策が現実にどのように実施・運営されているか明確なイメージをもつことができるだろう。

　最後に，福祉政策の今後の課題を確認し将来展望を行う（第15章）。

それぞれの章は2人の著者が自分の担当章に責任をもって執筆しているが，共同して調査を実施し，互いの内容を綿密に確認しながら作業を進めた。よって，一応執筆箇所は明記するが，どの箇所も共作であると考えてもらってよい。

　本書の執筆においては，有斐閣の松井智恵子さんのお世話になった。担当編集者として，定期的にオンラインでの実施を中心とした会議を呼び掛けていただき，遅々として進まない執筆や調査に根気強くお付き合いいただいた。この場を借りて厚く御礼申し上げたい。

　　2024年10月

　　　　　　　　　　　　　　　　　畑本裕介・木下武徳

社会福祉士養成カリキュラム対応表

教育に含むべき事項	想定される教育内容の例		本書で対応する章
①社会福祉の原理	1.社会福祉の原理を学ぶ視点	・社会福祉の歴史，思想・哲学，理論，社会福祉の原理と実践 ・社会福祉学の構造と特徴	第1章 第2章
②社会福祉の歴史	1.社会福祉の歴史を学ぶ視点	・歴史観，政策史，実践史，発達史，時代区分 ・日本と欧米の社会福祉の比較史の視点	第2章第1節 第3章第1節
	2.日本の社会福祉の歴史的展開	・慈善事業，博愛事業 ・社会事業 ・社会福祉事業 ・社会福祉	第2章第3節
	3.欧米の社会福祉の歴史的展開	・救貧法 ・慈善事業，博愛事業 ・社会事業，社会保険 ・福祉国家，福祉社会 ・国際的潮流	第2章第2節
③社会福祉の思想・哲学，理論	1.社会福祉の思想・哲学	・社会福祉の思想・哲学の考え方 ・人間の尊厳 ・社会正義 ・平和主義 等	第3章第3節
	2.社会福祉の理論	・社会福祉の理論の基本的な考え方 ・戦後社会福祉の展開と社会福祉理論 ・社会福祉の理論（政策論，技術論，固有論，統合論，運動論，経営論） ・欧米の社会福祉の理論	第1章 第3章第1節 第6章第2節
	3.社会福祉の論点	・公私関係，効率性と公平性，普遍主義と選別主義，自立と依存，自己選択・自己決定とパターナリズム，参加とエンパワメント，ジェンダー，社会的承認	第4章 第9章 第15章
	4.社会福祉の対象とニーズ	・ニーズと需要の概念 ・社会福祉の対象とニーズ ・ニーズの種類と次元 ・ニーズの理論とその課題	第3章 コラム2
④社会問題と社会構造	1.現代における社会問題	・貧困，孤立，失業，要援護性，偏見と差別，社会的排除，ヴァルネラビリティ，ニューリスク，依存症，自殺	第3章第2節
	2.社会問題の構造的背景	・低成長経済，グローバル化，少子高齢化，人口減少社会，格差，貧困，社会意識・価値観の変化	第15章

⑤福祉政策の基本的な視点	1.福祉政策の概念・理念	・現代の社会問題と福祉政策 ・福祉政策の概念・理念 ・福祉政策と社会保障，社会政策 ・福祉レジームと福祉政策	第1章 コラム4
⑥福祉政策におけるニーズと資源	1.ニーズ	・種類と内容 ・把握方法	コラム2
	2.資源	・種類と内容 ・把握方法 ・開発方法	第5章
⑦福祉政策の構成要素と過程	1.福祉政策の構成要素	・福祉政策の構成要素とその役割・機能 ・政府，市場（経済市場，準市場，社会市場），事業者，国民（利用者を含む） ・措置制度 ・多元化する福祉サービス提供方式	第6章 第9章
	2.福祉政策の過程	・政策決定，実施，評価 ・福祉政策の方法・手段 ・福祉政策の政策評価・行政評価 ・福祉政策と福祉計画	第4章 第7章
⑧福祉政策の動向と課題	1.福祉政策と包括的支援	・社会福祉法 ・地域包括ケアシステム ・地域共生社会 ・多文化共生 ・持続可能性（SDGs等）	第14章 第15章
⑨福祉政策と関連施策	1.関連政策	・保健医療政策，教育政策，住宅政策，労働政策，経済政策	第1章
⑩福祉サービスの供給と利用過程	1.福祉供給部門	・公的部門（政府・地方公共団体） ・民間部門（営利・非営利），ボランタリー部門，インフォーマル部門 ・部門間の調整・連携・協働	第8章 第9章
	2.福祉供給過程	・公私（民）関係 ・再分配，割当 ・市場，準市場 ・福祉行財政，福祉計画 ・福祉開発	第7章 第9章 第11章 第12章
	3.福祉利用過程	・スティグマ，情報の非対称性，受給資格とシティズンシップ	
⑪福祉政策の国際比較	1.福祉政策の国際比較	・国際比較の視点と方法 ・福祉政策の類型（欧米，東アジア等）	コラム4

著者紹介

畑本 裕介（はたもと　ゆうすけ）　　担当　第2, 3, 6, 7, 8, 10, 11, 12, 13, 15章，コラム1, 3, 4

同志社大学政策学部教授

主著：『再帰性と社会福祉・社会保障——〈生〉と福祉国家の空白化』生活書院，2008年。『地域で担う生活支援——自治体の役割と連携』東京大学出版会，2018年（共著）。『新版　社会福祉行政——福祉事務所論から新たな行政機構論へ』法律文化社，2021年。

読者へのメッセージ

福祉政策は数ある制度領域の中でももはや主役です。経済や地域経営に従属するものではないとの考えをもとにこの本を書きました。

木下 武徳（きのした　たけのり）　　担当　第1, 4, 5, 9, 14章，コラム2, 4

立教大学コミュニティ福祉学部教授

主著：『アメリカ福祉の民間化』日本経済評論社，2007年。『生活保護と貧困対策——その可能性と未来を拓く』有斐閣，2018年（共著）。「アメリカにおけるコロナ禍の低所得層への経済給付——公的扶助を中心に」『立教大学コミュニティ福祉研究所紀要』10号，2022年，45-61頁。

読者へのメッセージ

福祉政策は福祉の運営や実践を方向づけ，型にはめます。政策が人々の暮らしや人権を守るためにどうすべきか考えていきましょう。

目　次

はじめに ……………………………………………………………………………… i

社会福祉士養成カリキュラム対応表 ………………………………………… vii

第 I 部　福祉政策の基礎理論

第 1 章　福祉政策とは何か ……………………………………… 3

1　社会福祉とは何か ………………………………………………… 5

社会福祉の意味（5）　社会福祉が行われる理由（7）

2　福祉政策の位置づけ ……………………………………………… 8

政策とは（8）　福祉政策の位置（10）　社会政策と福祉政策の関係
（12）

3　福祉政策の特徴 …………………………………………………… 15

福祉政策の内容（15）　福祉政策の焦点となる自治体の福祉政策（17）
自治体による福祉政策（18）

第 2 章　福祉政策の歴史 ………………………………………… 23

1　福祉政策と社会変動 ……………………………………………… 25

2　イギリスの福祉政策の歴史 1 ……………………………………… 26
第二次世界大戦前まで

戦前イギリスの福祉政策①：農業革命とエリザベス救貧法（27）　戦

x

前イギリスの福祉政策②：市民社会と新救貧法（28）　戦前イギリス
の福祉政策③：民間福祉の芽生えと新救貧法改革案（29）

3　イギリスの福祉政策の歴史2 ……………………………… 30
第二次世界大戦後

戦後イギリスの福祉政策①：ベヴァリッジ報告（30）　戦後イギリスの
福祉政策②：国民保険・公的扶助体制の方向転換（31）　戦後イギリ
スの福祉政策③：コミュニティ・ケアの展開（32）

4　日本の福祉政策の歴史1 ……………………………………… 33
第二次世界大戦まで

戦前日本の福祉政策①：恤救規則（33）　戦前日本の福祉政策②：
方面委員制度と救護法制定（34）

5　日本の福祉政策の歴史2 ……………………………………… 36
第二次世界大戦後

戦後日本の福祉政策①：措置制度の成立（36）　戦後日本の福祉政
策②：社会福祉基礎構造改革（38）

6　地方自治体からの福祉政策の試み ………………………… 40

第3章　社会問題の変化 ………………………………… 43

1　政府の社会問題認識の変化 ……………………………… 45

社会保障制度審議会の勧告（45）　現代社会の社会福祉の諸問題
（47）

2　現代の社会問題 …………………………………………… 49

貧困と社会的排除（社会的孤立〔孤独死・自殺〕を含める）（49）
若年層の不安定問題（52）　高齢化に伴う問題（単身高齢低所得者，
ヤングケアラー）（55）

3　福祉政策をめぐる社会哲学の変遷 ……………………… 56

ロールズの『正義論』（57）　センのケイパビリティ・アプローチ（58）

Column 1　社会的排除とは何か（51）

目次　**xi**

Column 2　福祉政策のニーズと資源（60）

第 II 部　福祉政策の政策過程

第 4 章　政策手段 ·· 65
普遍主義と選別主義を中心に

1　政策手段とは ·· 67

2　福祉政策における政策手段の論点 ················· 70

現金給付と現物給付（70）　税方式と社会保険方式，措置制度と利用契約方式（72）　直接供給と民間委託（72）　応益負担と応能負担（73）

3　選別主義から普遍主義へ ·························· 76

選別主義と普遍主義（76）　ティトマスの残余的福祉モデルと制度的再分配モデル（77）　イギリスの選別主義から普遍主義への歴史（79）　ワークフェア，ベーシック・インカムと児童手当（79）

第 5 章　福祉政策と政策過程 ························· 87

1　政策過程の概要 ····································· 89
政策過程とは

政策課題の設定（89）　政策案の策定（92）　政策の決定（94）政策の実施（94）　政策の評価（95）　政策の廃止・終了（97）

2　政策過程の諸理論 ·································· 98

ウェーバーの官僚制論（98）　キングダンの政策の窓モデル（99）ローズの政策ネットワーク論（100）　ピアソンの歴史的制度論（101）　シュミットの言説的制度論（101）　そのほかの理論（103）

3　政策過程の事例 ··································· 104

xii

第 6 章　福祉政策とガバナンスの変化 ······················ 109

1　社会全体の統治形態の流れ ································ 111

2　統治の技術の展開 ······································ 114

公共管理から NPM へ (114)　PFI の展開 (116)　NPM から NPG へ (117)

3　地方分権改革 ·· 119

中央集権的行政運営と機関委任事務 (119)　地方分権一括法 (121)
そのほかの改革 (123)　改革の意義 (125)

第 7 章　福祉政策の計画と評価 ···························· 127

1　福祉政策の計画 ·· 129

指示的計画 (129)　計画の類型 (130)

2　福祉計画の歴史 ·· 131

福祉計画の萌芽期：1950 年代と 60 年代の福祉計画 (131)　福祉計画の停滞：1970 年代と 80 年代の福祉計画 (133)　福祉計画の拡大：1990 年代前半の福祉計画 (134)　福祉計画の転換（地方分権化）：1990 年代後半以降の福祉計画 (135)　福祉計画の増殖 (136)

3　福祉政策の評価 ·· 137

評価の対象と種類 (137)　業績評価と政策評価 (140)
近年の社会福祉関連法への評価規定追加について (142)

第 III 部　福祉政策の実施体制

第 8 章　福祉政策の実施体制 1 ···························· 147
ローカル・ガバメントの形態変化

1　福祉サービスの提供体制 ································ 149

目次　xiii

2　公共部門 ･･ 150

福祉事務所 (150)　市町村福祉担当部局 (151)　各種相談所・セン
ター (152)　そのほかの相談機関 (157)

3　認可型供給組織 ･･････････････････････････････････ 157

社会福祉協議会 (157)　社会福祉法人 (158)

4　民間部門 ･･ 159

NPO (159)　営利企業 (160)　市民セクター (161)

第 9 章　福祉政策の実施体制 2 ･･････････････････････ 163
公私関係論の変化

1　行政と民間の種類と特徴 ････････････････････････ 165

行政，家族・コミュニティ，NPO，営利企業 (165)　ペストフの福祉
の三角形 (168)

2　4 つの行政モデル ･･････････････････････････････ 169

行政管理（public administration）モデル：～1980 年代 (170)
New Public Management (NPM) モデル：1980～2010 年代 (170)
New Public Governance (NPG) モデル：2010 年代～ (171)　コミュ
ニタリアン（共同体主義）モデル：2000 年代～ (171)　行政モデル
の特徴 (172)

3　公私関係論の歴史的変化 ････････････････････････ 173

平行棒理論 (173)　繰り出し梯子理論 (174)　福祉ミックス論 (174)
第 三 者 政 府 論 (175)　準 市 場 化 論 (176)　ガ バ ナ ン ス 論 (177)
地域福祉ガバナンス (178)

4　福祉サービスの民主化 ････････････････････････ 180
コ・プロダクション

第 10 章　相談支援業務の発展 ･･････････････････････ 185
ソーシャルワーク業務へ

1 相談支援業務の展開 ………………………………………… 187

相談支援業務の増加（187）　相談支援業務の歴史（188）　相談支援
体制についての対立点（190）　相談支援業務の主流化：相談支援業
務が求められる社会的・制度的背景（192）　相談支援業務への無理
解（193）

2 相談支援業務とは何か ……………………………………… 194

ソーシャルワーク（194）　ケアマネジメント（197）　就労支援（200）

第 11 章　ローカル・ガバメントの専門性・裁量 ……… 203

1 福祉政策における専門職 …………………………………… 205

社会福祉の国家資格（205）　社会福祉の任用資格（207）　自治体
の相談専門職（209）

2 ローカル・ガバメントの専門性 ………………………… 211

ローカル・ガバメントの専門性①：相談援助技術（211）
ローカル・ガバメントの専門性②：行政庁外との連携・協働（212）
ローカル・ガバメントの専門性認定の新展開（213）

3 専門性を担う公務員像の変化 …………………………… 216

リプスキーのストリートレベルの官僚制論（216）　政策起業家としての
公務員（217）

第 12 章　福祉政策と自治体財政 ……………………… 221

1 国から地方への税の再分配（財政調整制度）………… 222

2 地方自治体の歳入 ………………………………………… 223

一般財源（223）　特定財源（226）

3 地方自治体の歳出 ………………………………………… 228

地方自治体会計の種類（228）　地方自治体の福祉政策と民生費
（228）　福祉政策と特別会計（232）

4 福祉政策の財源は十分か 235
ペイ・アズ・ユー・ゴー原則

第 **IV** 部　福祉政策の実際

第 **13** 章　大都市自治体の福祉政策 241
大阪市の生活保護

1 大阪市のプロフィール 242

2 大阪市と生活保護費 245

3 被保護高齢者世帯訪問等非常勤嘱託職員制度の創設 ... 249

4 西成区への対応 253

5 大阪市の福祉行政実施体制の特徴 255

Column 3　福祉政策実施自治体の調査方法（244）

第 **14** 章　中小自治体の福祉政策 259
豊中市・野洲市の生活困窮者支援

1 中小自治体の福祉政策を見る視点 261

中小自治体への注目（261）　生活困窮者自立支援事業を取り上げる
理由（262）　事例としての大阪府豊中市と滋賀県野洲市（262）

2 豊中市の事例 263

事業開始までの経緯（264）　生活困窮者自立支援事業の特徴（267）

3 野洲市の事例 272

消費生活相談から市民生活相談へ（272）　生活困窮者を支える条例
（274）

**4 自治体の特徴ある取組みはどのようにして
可能だったのか** ················· 276

第15章　福祉政策の展望 ················· 279

1 相談支援業務の主流化 ················· 280

相談支援業務の制度化（280）　広義の相談支援業務（282）

2 ガバナンス（地域の統治）の展開 ················· 285

戦後合意の失速と福祉多元主義の登場（285）　ローカル・ガバナンスと地域福祉（287）　つながりの再構築（289）

3 ナショナル・ミニマムか地方分権か ················· 290

ナショナル・ミニマム（中央集権）と地方分権（290）　地方分権の必要性（291）　地方分権の弊害（294）

4 マクロな社会変動と福祉政策 ················· 294

格差を生み出す新自由主義（295）　新自由主義による格差拡大（297）

Column 4　世界の福祉政策（299）

参考文献 ················· 305

索　　引 ················· 317

事項索引（317）　人名索引（325）

ウェブサポートページ

学習をサポートする資料を提供しています。下記のQRコードからご参照ください。

https://www.yuhikaku.co.jp/yuhikaku_pr/y-knot/list/20012p/

読書案内

さらに学びを深めたい人のために，各章末でおすすめの本を紹介しています（第13章と14章の分はまとめて第14章にあります。第15章はまとめの章なので読書案内はありません）。

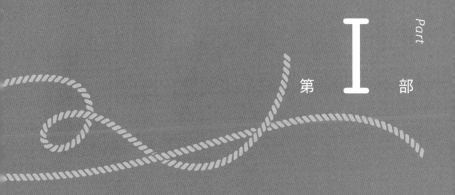

第 I 部 Part

福祉政策の基礎理論

Chapter

1　福祉政策とは何か
2　福祉政策の歴史
3　社会問題の変化

Chapter

福祉政策とは何か

第 1 章

Quiz クイズ

Q1.1 社会福祉のマイナスの役割として，地域社会の治安維持や社会支出を抑制するために人々を施設に入所させたり，働かせたり，健康づくりをさせることを何というか。
a. 社会事業　**b.** 福祉適正化　**c.** 社会統制　**d.** 福祉見直し

Q1.2 社会政策に含まれるものを以下の政策の中から 1 つ選べ。
a. 秩序政策　**b.** 経済政策　**c.** 住宅政策　**d.** 金融政策
e. 産業政策

Answer クイズの答え（解説は本文中）

Q1.1　c　　Q1.2　c

Chapter structure 本章の構成

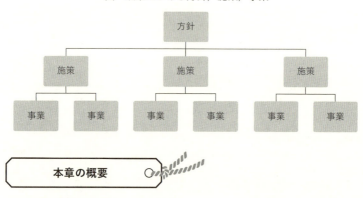

図　政策における方針，施策，事業

本章の概要

　本章では，本書のタイトルにある「福祉政策」とは何かを解説する。本書では，「社会福祉政策」とはいわず，「福祉政策」としている。その理由は，今日の福祉問題は，就労や住宅，教育など，これまでの既存の社会福祉の範囲を超えた対応が求められてきていることにある。それを理解するために，第1に，福祉政策の中心的課題である「社会福祉」とは何か，また，なぜ社会福祉が必要なのかを検討する。第2に，公共政策，社会政策，社会福祉政策と対比しながら福祉政策とは何かを明らかにする。第3に，福祉政策をローカルの視点から見る意義について解説する。

1 社会福祉とは何か

▷ **社会福祉の意味**

　まず，福祉政策の中心的な概念である「社会福祉」とは何かを考えてみよう。そもそも「福祉」という言葉は，漢字の字義からも示されるように神様の恵み，そこから転じて「幸福」を意味するといわれている。福祉の英語訳は「ウェルフェア（welfare）」とされるが，それも「良い（well）」と「暮らし（fare）」が合わさった言葉である。「ウェルフェア」と同じような意味合いでよく使われる言葉に**ウェルビーイング**（well-being）がある。これも「良く（well）」，「あること（being）」と，すべての人が「より良く生きること」という意味あいがある。

　近年，福祉，ウェルフェアに代わってウェルビーイングがよく使われるようになってきている。その理由は，「福祉」も「ウェルフェア」も歴史的に見て長く使われてきたため，日本やアメリカ等では生活のために何らかの支援が必要な人に対して保護し，援助するという意味あいが強く，公的扶助や介護，保育等をイメージされることが多い。それに対して，ウェルビーイングは支援が必要な人に限らず，より多くの人に健康や自己実現や健康などのより良い状態をもたらすものとして理解されている（笠師 2023：51-54）。

　しかし，スピッカーはウェルビーイングに注目するならこれまで以上に余暇活動や消費行動に関心を向けなければならず，社会福祉とは言い難い内容になってくるのではないかと注意を促している。すなわち，社会福祉はウェルビーイングの状態にない人々，つまり生活に問題を抱えているために援助が必要な人々に，各種のサービスを提供することを前提にしているという（Spicker 1995＝2001：5）。

第1章　福祉政策とは何か　　5

さて，「社会福祉（social welfare）」とは何であろうか。福祉の前に「社会」がついているが，この「社会」がついていることで福祉はどういう意味になるのかを考えてみよう。

第1に，社会福祉の社会とは社会問題対策という意味をもつ。貧困問題や介護問題などの生活問題が単に個々人の問題ではなく，世界恐慌，オイルショック，バブル崩壊，リーマンショック，コロナ禍などの経済危機や人口移動・人口減少，少子高齢化，格差社会化など社会的に生み出され，社会問題対策として認識されるということである。

第2に，社会的な取組みという意味である。福祉は個人の幸せという意味だと考えると，福祉は個人的な取組みであると考えられる。しかし，「社会福祉」といった場合，国や地方自治体によって社会制度として社会福祉に取り組むことを意味する。この場合の社会福祉とは，人々の抱えている社会問題に対応するための年金や医療，介護保険，障害者福祉サービス，保育所，生活保護等の諸制度，ケースワークや介護，保育などの具体的な支援や活動という実態を伴うものを指している。これを**社会福祉の実態概念**という。

第3に，社会全体の幸福という意味である。社会福祉とは社会に住む人々全体が幸せになれるように取り組むという意味あいがある。とくに，近年，**社会的排除**や**社会的孤立**が社会問題として認識され，それに対応する**社会的包摂**や**地域共生社会**，「誰ひとり取り残さない（No one will be left behind）」というキーワードが注目を集める中で，その意味あいは強くなってきている。ここでいう社会福祉とは，望ましい状態やめざすべき理念等を指している。これを**社会福祉の目的概念**という（一番ヶ瀬 1994：214）。

このように見ると，社会福祉とは，社会問題に直面している人々に対して，諸制度を通して支援したり，社会的に取り組んだりすることによって，その社会に暮らす人々全体の幸福を高めることであ

6　第Ⅰ部　福祉政策の基礎理論

るといえよう。つまり，社会福祉と一言でいっても目的概念と実態概念の2つの見方がある。ただし，社会福祉は制度や支援，活動という実態概念として捉えられることが一般的である。

▷ 社会福祉が行われる理由

　次に，なぜ社会福祉が存在するのかを考えてみよう。その前提として，私たちはどのようにして生き，生活しているのかを考えておきたい。現代社会では，多くの人が労働者かその家族である。つまり，会社や役所等も含めて誰かに雇われて働き，その引き換えに賃金・給料を得て，そのお金で必要な食料や衣服を買い，家賃や光熱費等を支払って生活している。しかし，たとえば，災害で失業したり，賃金が少なすぎたりして，食費や家賃等が支払えず，生活が破綻しそうになることがある。このとき，震災時の義援金やフードバンクなどの寄付によって生活ができるかもしれない。しかし多くの場合，このような寄付は生活に必要なものの一部であり，一時的な支援でしかない。そのようなとき，雇用保険や年金，生活保護等で現金給付を得ることで生活ができるようになるかもしれない。このように，働いても十分な収入が得られなかった場合に，社会福祉制度による給付や支援が行われる必要が生じる。

　では，そうした給付や支援をなぜ国や地方自治体が行うのだろうか。これを3つの側面から考えてみたい。第1に，民主主義または国家を維持するためである。現代の国家は社会契約によって成り立っており，日本国憲法でうたわれているように，国を統治する主権者は国民であり，国や自治体は国民や住民の生命や生活，権利を守るために存在する。そのため，国民や住民の生命や生活，権利を守るために社会福祉を実施するのである。これによって，社会における貧困者や障害者などのマイノリティにある人々が差別されたり，排除されたりすることを抑制し，社会的包摂・社会統合が果たされ，

第1章　福祉政策とは何か　**7**

平和で安定的な社会を構築することができる。

　第2に，資本主義を維持するためである。資本主義社会では利益追求をすることが至上命題となり，そのために労働者の賃金を下げ（搾取），消費者には高い値段で商品を売る（収奪）ことで大きな利益を得ようとする。そうすると，労働者は生活できなくなり，貧困に陥り，病気になったりして，働き続けられなくなる。またそうすると，子どもを産み，育て，教育することが難しくなる。その結果，現在および将来の労働者が確保できなくなり，商品も売れなくなり，経済が低迷し，会社も儲からなくなる。しかし，社会福祉を実施することにより，その問題は緩和されるのである。

　第3に，**社会統制**（social control）をするためである。社会統制とは，地域社会の治安維持や社会支出を抑制するために人々を社会的にコントロールすることである。イギリス等の社会福祉の歴史を見れば，イギリスの救貧法では，都市に集まる貧困者を地方に強制送還したり，貧困者を施設（ワークハウス）に収容し強制労働させたりした。戦後，日本では障害者や高齢者を山里の施設に入所させた。現在では，公的扶助を利用するのにボランティア活動や就労条件を課す**ワークフェア**，介護支出を抑制しようと高齢者に筋トレを勧める介護予防などが行われている。このように，人々の行動を統制する手段としても社会福祉が行われるのである。

2　福祉政策の位置づけ

政策とは

　社会福祉の意味が見えてきたところで，次に福祉政策とは何かを考えていきたい。まず，「政策」とは何かを考えてみよう。ケンブリッジ英語辞典によれば，「政策」（policy）とは集団や企業，政府，

政治団体によって公式に合意された，特定の状況の中で何をすべきかについての一連の考えや計画をいう。英語では，政府や政治団体だけでなく，集団，企業等が主体となる場合も含む。しかし，日本では一般的に「政策」というと政府や地方自治体の策定した公共問題に対応する方針を示したものをいうことが多い。公共問題とは，政府や自治体が取り組むべき地域や市民生活上の問題をいう。地域や市民生活上にはさまざまな問題がある。その中で，社会的に対応すべきものとして問題になっているものを社会問題という。その社会問題の中で政府や自治体が対処すべき問題として承認されたものを公共問題という（秋吉 2020：27）。

　この公共問題に対しては，まずは政府や自治体がどのように対応していくのか，そのめざす方向性，目標である「方針」として示す。こうした公共問題に対する方針を「政策」というが，実際には方針のみならず，その具体的な施策や事業まで含めて政策といわれることも多い。政策が示される場を挙げると，たとえば，政府方針説明，市長演説，さまざまな社会計画，法律や条例，予算などで政策が示されるが，その場合あまり方針と施策等の区別がつけられずに語られることが多い。つまり，政策には，公共問題に対する方針に加えて，その方針を具体化した「施策」，その施策を具体化した「事業」を含むということである。正確には，これら方針，施策，事業の3つを合わせて**政策体系**という（秋吉 2020：34）。

　政策体系について，たとえば，東京都大田区で2024年から実施されている「おおた高齢者施策推進プラン――大田区高齢者福祉計画・第9期大田区介護保険事業計画」を見ると，基本目標1として「一人ひとりが生きがいや役割をもって輝けるまち」とあり，その中に3つの施策「1　高齢者の就労・地域活動の支援」「2　多様な主体による介護予防・生活支援の充実」「3　介護予防・フレイル予防の推進」が設定されている。このうち，「1　高齢者の就

表 1-1 おおた高齢者施策推進プラン（2024 年）に見る政策体系の例 ──────

方　針	施　策	事　業
一人ひとりが生きがいや役割をもって輝けるまち	1　高齢者の就労・地域活動の支援	・大田区いきいきしごとステーションの充実（就労支援） ・シニアクラブの活性化 ・シルバー人材センターへの支援 ・シニアステーション糀谷（就労支援事業） ・いきいき高齢者入浴事業

出所：東京都大田区（2024：91-93）より一部抜粋して作成。

──────────────────────────────

労・地域活動の支援」の「施策を支える事業・取組」を見てみると，「大田区いきいきしごとステーションの充実」「シニアクラブの活性化」「シルバー人材センターへの支援」「シニアステーション糀谷（就労支援事業）」「いきいき高齢者入浴事業」の事業が記載されている（**表 1-1** 参照）。こうした方針（基本目標），施策，事業をあわせて，政府や自治体の政策体系をまとめて「政策」と捉えることもある。

▷ **福祉政策の位置**

　さて，先述のように英語圏では「policy」（政策）は必ずしも政府や自治体によるものではないため，政府や自治体による政策であることをより明確にするため**公共政策**（public policy）という言葉が使われている。公共政策には政府の政策のほとんどのものが含まれる。武川（2011）によれば，公共政策は主に 3 つの政策に分けて考えられる（**図 1-1** 参照）。第 1 に，**秩序政策**（law and order）であり，社会の秩序を維持するための政策である。秩序政策には，警察や国防，司法等が含まれる。第 2 に，**経済政策**（economic policy）であり，経済の安定や発展を直接の目的とした政策である。経済政策には，金融政策や財政政策，産業政策等が含まれる。第 3 に，**社会政策**

10　第 I 部　福祉政策の基礎理論

図 1-1 公共政策の体系

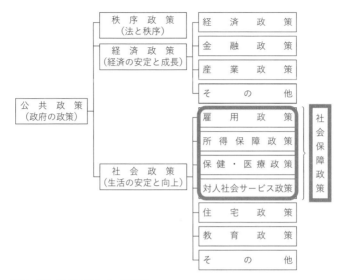

出所：武川（2011：159）を一部変更。

(social policy) であり，市民生活の安定や向上を直接の目的とした政策である。社会政策には雇用政策，所得保障政策，保健・医療政策，対人社会サービス政策，住宅政策，教育政策等が含まれる。

さて，この社会政策のうち，**雇用政策，所得保障政策，保健・医療政策，対人社会サービス政策**を日本では**社会保障政策**としている（**表1-2**）。具体的には，雇用政策には雇用保険，労働者災害補償保険等，所得保障政策には厚生年金，国民年金，生活保護（生活扶助），児童手当・児童扶養手当等，保健・医療政策には健康保険，国民健康保険，生活保護（医療扶助）等，対人社会サービス政策には介護保険，高齢者福祉，障害者福祉，児童福祉，母子父子寡婦福祉，生活困窮者自立支援等が含まれる。**対人社会サービス**とは，現金給付や現物給付というよりも，相談や介護や保育，就労支援，自立支援

第1章 福祉政策とは何か **11**

表 1-2 社会保障政策の分野と主な施策

分　野	主 な 施 策
雇用政策	雇用保険，労働者災害補償保険等
所得保障政策	厚生年金，国民年金，生活保護（生活扶助），児童手当・児童扶養手当等
保健・医療政策	健康保険，国民健康保険，生活保護（医療扶助）等
対人社会サービス政策	介護保険・高齢者福祉，障害者福祉，児童福祉等，母子父子寡婦福祉，生活困窮者自立支援等

など，人が人に対する支援を行うものを指している。

　以上のように，公共政策の中に社会政策があり，社会政策の中に社会保障政策が含まれると考えることができる。

社会政策と福祉政策の関係

　それでは福祉政策はどのように位置づけられるのか。それを考えるために，まず，社会政策と社会福祉政策の関係性について考えておきたい（木村 2011 等を参照）。

　戦前戦後に社会政策学の礎を築いた**大河内一男**は，社会政策を資本主義経済の中で働く労働者の諸問題，たとえば，賃金や労働時間，失業対策，年金などの問題を扱い，働くことが難しい高齢者や障害者，児童などの問題を社会事業，今日でいう社会福祉の対象と考えた（大河内 1981：118-21）。その大河内一男の考えを継承し，発展させた**孝橋正一**は，資本主義の矛盾から基本的，直接的に生じた労働問題（たとえば低賃金等）を「社会問題」とし，それに対応するのが社会政策とした。また，社会問題から関係的，派生的に生じる問題，生活問題（たとえば，非行や怠惰等）を**社会的問題**とし，それに対応するのが社会事業＝社会福祉であるとした（孝橋 1972：38-39）。ここで重要なことは，大河内は労働者に対応する社会政策と，それ以

12　第 I 部　福祉政策の基礎理論

外の者を対象とする社会福祉とを区別したのに対し，孝橋は社会政策と社会福祉の対象を同じ働いて生きていく「国民大衆」として捉え，まずは労働問題について社会政策で対応するが，それで対応できない部分，生活問題を社会福祉で対応すると考えたのである。

　こうして日本では戦前戦後と長らく労働問題は社会政策で対応し，高齢者や障害者，児童等の生活問題は社会福祉政策で対応するとされてきた。つまり，会社で雇われた雇用労働者向けの労働者対策を社会政策として，労働者保険である雇用保険，労働者災害補償保険，厚生年金，健康保険等が位置づけられた。他方で，パートタイム労働者や失業者等で雇用労働者向けの労働者対策の制度を利用できない人々を対象とした社会福祉政策として，社会福祉的社会保険である国民年金，国民健康保険，介護保険があり，社会手当である児童手当，児童扶養手当があり，それでカバーできない場合に社会福祉事業である児童福祉や高齢者福祉，障害者福祉等があり，それでもカバーできない部分について最終的には公的扶助として生活保護が位置づけられる（三塚 1997：128-29）。この説明を体系化したものが**図 1-2** である。このように労働政策を社会福祉政策がカバーし，社会保険を社会福祉がカバーし，最終的には生活保護がそれで足りない部分をカバーすることを社会福祉の代替・補充性という。

　ただし，1990 年代ごろからは，社会政策と社会福祉政策は広く重なり合うものとして捉えられるようになってきた。その理由は第 1 に，社会福祉政策においても労働の問題が重要視されるようになってきたことである。その背景には，①賃金抑制や年金削減等により非正規労働者や低所得の高齢者が増加し，働いても貧困や生活困窮にある**ワーキングプア**が増えてきたこと，②そのための政策として生活困窮者や障害者などの自立支援の優先順位が高まり，就労支援が強調されるようになったこと等がある。就労支援のためには，賃金や労働時間，休暇，その他働き方の問題を否応なく社会福祉政

第 1 章　福祉政策とは何か　**13**

図1-2 福祉政策の体系

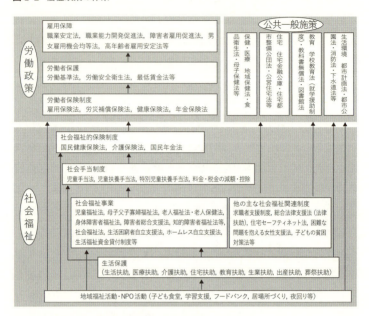

出所:三塚(1997:128-29)を改変して作成。

策でも考えなければならなくなってきたのである。

　第2に,イギリスの社会政策の考え方が浸透したことにある。イギリスの社会政策(social policy)は,労働や社会福祉,教育,住宅など人々の生活の安定や向上に必要な政策をまるごと含めてきた。それは,1942年のイギリス社会保障の設計図となったといわれる『ベヴァリッジ報告』において,対処すべき「5人の巨人(five giants)」として,①窮乏(want),②疾病(disease),③無知(ignorance),④不潔(squalor),⑤怠惰(idleness)を取り上げ,それぞれ①所得保障,②医療保障,③教育政策,④住宅政策,⑤失業対策を構築するとしていたことに現れている。イギリスではこれらの政策

14　第Ⅰ部　福祉政策の基礎理論

はまとめて社会政策（social policy）と認識されている。日本では，ベヴァリッジ報告を社会保障として取り上げているが，日本の社会保障には厳密には教育政策や住宅政策が含まれていない。しかし，こうしたイギリスの社会政策の考え方が，とくにイギリスの高齢者介護の地域展開を図るコミュニティ・ケア改革の紹介とともに，1990年代に高齢者介護の問題が大きくなってきた日本に積極的に紹介され，労働問題ではない福祉問題への対応も社会政策として捉えられるようになってきた（武川 1991：4-10）。

3 福祉政策の特徴

福祉政策の内容

では，社会福祉政策に含まれる具体的な内容や，それと福祉政策との違いは何かを考えてみよう。まず，日本ではよく紹介される1950年の社会保障制度審議会の勧告を参照してみよう。

> ……いわゆる社会保障制度とは，疾病，負傷，分娩，廃疾，死亡，老齢，失業，多子その他困窮の原因に対し，保険的方法又は直接公の負担において経済保障の途を講じ，生活困窮に陥った者に対しては，国家扶助によって最低限度の生活を保障するとともに，公衆衛生及び社会福祉の向上を図り，もってすべての国民が文化的社会の成員たるに値する生活を営むことができるようにすることをいうのである。（中略）
> ……社会福祉とは，国家扶助の適用をうけている者，身体障害者，児童，その他援護育成を要する者が，自立してその能力を発揮できるよう，必要な生活指導，更生補導，その他の援護育成を行うことをいうのである。……

第1章　福祉政策とは何か　15

ここでは，社会保障制度とあるが，広義の社会福祉政策に含まれる政策はおよそ社会保障政策と同義である。広義の社会福祉政策には，社会保険としての雇用保険，年金保険，医療保険，国家扶助（公的扶助）として生活保護，社会福祉サービスとしての高齢者福祉，障害者福祉，児童福祉，ひとり親福祉等があることがわかる。日本の国や地方自治体の政策を見ると，社会福祉政策の事業は，社会保障関係予算に含まれているため，公式には，社会保障制度の一環として表現されることが一般的である。他方，狭義の社会福祉政策では，年金保険や医療保険等を除き，生活保護と社会福祉サービス（介護保険含む）を含む。

　ただし，実際の福祉政策を考える際には，公的扶助や社会福祉サービス以外の施策を踏まえなければならないことがある。その施策とは，たとえば，司法政策には**成年後見制度**，法律扶助である**法テラス**，住宅政策には住居確保給付金，公営住宅，サービス付き高齢者住宅，教育政策には**就学援助**やスクール・ソーシャルワーカー，労働政策では職業訓練や就労支援などがある。このように厚生労働省管轄の施策だけでなく，司法政策や住宅政策，教育政策，労働政策等など他の省の施策に重なる部分がある。これは社会福祉政策が対象とする貧困・低所得者層や高齢者，障害者，児童，ひとり親等への支援が生活保護や社会福祉サービス以外の施策でも対応されていることによる。これを古川孝順は**図1-3**のように社会福祉の**L字型構造**として提示している（古川 2021：248-49）。本書では，古川（2021）のいうように，生活保護と社会福祉サービスを対象とした政策を**社会福祉政策**として中心におきつつ，この社会福祉政策に，L字型構造として提示される教育政策や司法政策，住宅政策等の一部を含めたより広い政策を**福祉政策**としておきたい。つまり，社会福祉政策が対象とする貧困・低所得者層や高齢者，障害者，児童，ひとり親等への生活支援に役立つ社会福祉政策以外の政策を幅広く

図1-3 社会福祉政策のL字型構造

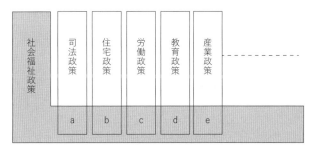

注：たとえば，aは成年後見制度や法律扶助（法テラス），bは住居確保給付金，cは就労支援，dは就学援助やスクールソーシャルワーク，eは買い物弱者支援などが挙げられる。
出所：古川（2021：249）を加工して作成。

含めるということである。それが福祉現場では実際的な政策や支援の捉え方だからである。

福祉政策の焦点となる自治体の福祉政策

さて，先に政策，施策，事業の**政策体系**について説明したが，福祉政策の特徴として，実施過程に関わる組織や人の裁量の余地が大きいため，福祉政策の施策体系をしっかり見ていく必要がある。その際に役立つのが，古川による「社会福祉の三位一体構造」，つまり，政策論に基づいた「**政策システム**」，供給体制論・運営論に基づいた「**運営システム**」，援助論・技術論に基づいた「**援助システム**」である（古川 2021：56-59）。福祉政策においてなぜこの三層構造，つまり運営システムと援助システムを考えることが重要なのかというと，次の2つの理由がある。

第1に，福祉政策の中心的な内容が対人サービスであることである。たとえば，年金保険であれば銀行振り込みでほぼ全国一律に現金給付はできる。しかし，介護や保育等の福祉サービスは，対人

サービスなので，支援を必要とする人のそばに支援者である人が行かなければならない。そのためには各地域に支援者を雇い，支援活動をする供給組織を設置する必要がある。その供給組織も，地方分権と規制緩和の流れで，近年では，自治体のみならず，NPO，営利企業等のさまざまな供給主体が参入している。その供給組織のあり方，つまり運営システム次第で福祉政策の実施の仕方は多様化する。

　第2に，福祉サービスの利用者の状況は個別性が高く，その人に応じた援助をしなければならない。たとえば，要介護度の高い寝たきりの高齢者の対応を考えても，その高齢者の認知症の有無，家族の有無，近隣の支え合いの有無，支払える利用料金の度合い，人口の多い地域に住むのか・人里離れた所に住んでいるのか，高齢者介護に熱心に対応する自治体・事業者のある所に住むのかによっても必要な支援のあり方は異なる。したがって，政策システムや運営システムのみならず，援助システムまで福祉政策は見ていかなければならない。

▷ 自治体による福祉政策

　以上のことから，たとえ国の創設した福祉政策でも多くの施策は，地方分権の流れの中で，自治体において実施されるようになってきた。その理由は，第1に，住民に身近な自治体で実施したほうが木目の細かい対応ができるということである。国の施策を実施するにしても，その仕組みづくりは自治体に任されており，同じ国の政策でも実施形態は自治体によって大きく異なることも多い。たとえば，生活困窮者自立支援制度で見ると，自治体で実施事業を選択できる任意事業を実施するか，相談支援窓口を役所内に設置するか，住民がアクセスしやすい所に設置するかなどにより政策の実施のあり方が自治体によって異なる。

第2に，自治体によって，福祉サービスを供給するNPOや企業等の数や規模等も異なるため，運営システムを整備するにあたって自治体によって大きく異なるということもある。たとえば，介護サービスを見ても，都市部ではNPOや民間企業の多くの参入があるが，過疎化した地域ではNPOや民間企業等の参入は少ない。

　第3に，国の政策だけではなく，自治体独自の施策である**単独事業**なども行われている。たとえば，自治体によっては高齢者に対する紙おむつの支給制度があったり，子どもの医療費が中学生や高校生まで無料になる事業を実施している。これはその自治体の首長の施策方針やその地域の住民運動等の影響で政策が作られるためである。

　第4に，地域によっては，民間独自の事業や活動をしているため，それに応じて福祉政策の対象や方法も異なるからである。たとえば，熱心に活動している障害者支援のNPOがあれば，国や自治体の障害者政策で足りない部分を担ったりすることができるかもしれない。

　ただし，自治体は現在の財政制度上，福祉政策のために必要な財源である税や保険料の多くは国に管理されており，各自治体がそれぞれの実態にあった政策が展開できるように，国から自治体への財政提供がきわめて重要である。また，国の政策には細かな条件やルールがあり，自治体の判断で決定することができないことも多い。したがって，やはり自治体を中心に見るとはいえ，国と地方の関係を踏まえることは重要なことである。

　したがって，国の政策を見据えながら，自治体においてどのように政策システムを構築し，さまざまな供給主体を踏まえた運営システムを整備し，利用者と対面しながら木目の細かい支援をしていける援助システムを遂行していくことが問われているといえよう。

　以上をまとめると，本書でいう福祉政策を見る視点は，国の福祉

第1章　福祉政策とは何か　**19**

図1-4 本書の福祉政策を見る枠組み

出所:佐藤（2018：146）を参考に筆者作成。

政策を受けて，自治体で福祉政策を構築するが，それで対応できない部分を**単独事業**として実施する。また，その福祉政策の実施については，自治体直営で実施するか，NPOや民間企業等に委託して実施する。NPOや民間企業は自治体の政策のみを実施するわけではなく，独自事業を実施することも多い。それを利用する住民や福祉サービスの利用者は国や自治体に対して福祉政策の充実を選挙や**ソーシャルアクション**を通して働きかける。また，住民や福祉サービスの利用者はNPOや民間企業の独自事業を利用するだけでなく，ボランティア等で参加をしたり，福祉サービスを購入することもある。こうした大きな視点が福祉政策を見ていく際の枠組みになっている（**図1-4**）。

⋙ *Book guide* 読書案内 ⋙

- 岩崎晋也，2018，『福祉原理——社会はなぜ他者を援助する仕組みを作ってきたのか』有斐閣

    社会がどのように家族や隣人でもない見知らぬ他者を援助する仕組みをつくってきたのかを歴史的に分析しながら，現在の社会福祉は何のためにあるの

かを丹念に考察している。

・古川孝順，2021,『社会福祉学の原理と政策 —— 自律生活と生活協同体の自己実現』有斐閣

　　社会福祉学を体系的に示し，社会福祉の独自性を追究した専門書である。これを読めば社会福祉の政策の構造全体が見えてくる。社会福祉を学び始めた人にはぜひチャレンジしてもらいたい。

・坂田周一，2020,『社会福祉政策 —— 原理と展開（第 4 版)』有斐閣

　　社会福祉政策における福祉ニードと供給システムや市場経済との関係，国際的展望等幅広い分野から最新の社会福祉政策のあり方をわかりやすく解説したテキストである。

福祉政策の歴史

Chapter
第 2 章

Quiz クイズ

Q2.1 ベヴァリッジ報告がもとになってつくられた制度はどれだろうか。
a. エリザベス救貧法　**b.** スピーナムランド制度　**c.** 新救貧法
d. イギリス国民保険

Q2.2 2000 年前後に行われた社会福祉基礎構造改革のテーマとなった標語はどれだろうか。
a. 措置制度　**b.** 制限扶助主義　**c.** 契約制度
d. ナショナル・ミニマム　**e.** 人民相互の情誼

Answer　クイズの答え（解説は本文中）

Q2.1　d　　Q2.2　c

Chapter structure　本章の構成

表　福祉政策における重要なできごと

年表1　イギリスの社会福祉

年	出来事
1601	エリザベス救貧法
1795	スピーナムランド制度
1834	新救貧法
1870	慈善組織協会（COS）設立
1905	救貧法および貧困救済に関する王立委員会設置
1942	ベヴァリッジ報告
1946	国民保険法
1948	国民扶助法
1966	社会保障省法
1968	シーボーム報告
1982	バークレイ報告
1986	社会保障法
1990	国民保健サービスおよびコミュニティ・ケア法

年表2　日本の社会福祉

年	出来事
1874（明治7）	恤救規則
1917（大正6）	岡山県済世顧問制度
1936（昭和11）	方面委員令
1929（昭和4）	救護法
1946（昭和21）	生活保護法
1951（昭和25）	社会福祉事業法
1997（平成9）	介護保険法
2000（平成12）	社会福祉法

本章の概要

　この章は世界と日本の福祉政策の歴史を振り返ることにより，現代の福祉政策の背景を確認することを目的とする。福祉政策を運営するための思想や理論を支える各種の概念は，歴史の中で作られてきた。本章を読み解き，それらの概念の知識を得ることで，現代の福祉政策の仕組みを理解する一助となるだろう。

世界の福祉政策を振り返るにあたって，各国ごとの代表的な福祉制度の成立史を記述していくという方法も可能だろう。しかし，紙幅が限られる中では，その方法では必要な説明を尽くすことは難しい。よって，本章では，本書を読み進めていくために知っておく必要がある，福祉政策上重要な制度の成立過程だけに絞って解説することにする。あわせて，福祉政策が作られる背景となる時代の流れや社会構造の変化も確認する。

1　福祉政策と社会変動

　福祉政策は，社会構造の変化に対応して形成されてきた。近代初期において，社会構造の変化でもっとも注目すべきは産業構造の変化である。とくに，工場の立地する都市への人口移動を推し進めた産業の工業化（産業革命）は，大きなインパクトをもった。労働者が仕事を得るために移り住んだ都市は，彼らにとって新天地であり，昔からの地縁的結びつきはない。そのため困窮時の支え合いが欠如し，病気や失業など何らかの原因で働けなくなった人々はすぐに貧困に陥った。

　新しい産業が生まれ産業構造が変わればすぐに豊かになると考えるなら，それは早計である。一般的に，社会構造が変化してしばらくは，生活者の暮らしは以前よりも困窮するといわれている。ウィリアムソン（Williamson 1991＝2003）によれば，以下のような理由があるという。①技術的進歩は従来の労働を淘汰する，②都市では食費と住居費が高騰する，③家内工業などでの副業収入がなくなる，④地域の支え合いが崩壊する，といったものである（Williamson 1991＝2003：100-05）。こうした理由から，産業化が開始すると貧困層が増大する。その後時間が経って産業が成熟すると，やっと人々

第2章　福祉政策の歴史　**25**

図2-1 クズネッツ・カーブ

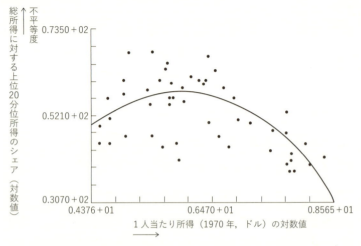

出所：Williamson（1991 = 2003：5）。

の生活が改善され貧困層が減少していくといったカーブを描くといわれている。これは，理論提唱者の名前を採って**クズネッツ・カーブ**といわれている（**図2-1**）。こうした産業化に翻弄され貧困に陥った人々の生活を支えるために，福祉国家による救済策が求められた。すなわち，貧困にどう対処するかが，福祉政策史初期の主な課題となった。

2 イギリスの福祉政策の歴史1
第二次世界大戦前まで

　工業化は近代の大きな出来事であったが，それ以前の産業構造の変化も貧困を生み出し，対応する福祉政策が作られてきた。常に産業構造の変化の先頭を走ってきたイギリスの福祉政策の歴史に注目

してみよう。イギリスの福祉政策の変化を追いかければ，世界の福祉制度の歴史も同じ軌跡をたどっているので理解しやすいからである。

▷ 戦前イギリスの福祉政策①：農業革命とエリザベス救貧法

イギリスの福祉政策の歴史は，貧困に対処することを大きな課題にするものであったといってよい。第二次世界大戦が終結するまでは，貧困救済を超えた普遍主義的政策の芽は育たなかった。

中世イギリスは，人々の生活は過酷でありながらも，封建的領主の庇護やキリスト教会の慈恵により，人々の困窮には最低限の救済が行われていた。

ところが，15世紀末から商業作物を生産するための農地囲い込み（農業革命）が始まると状況が変わる。オランダのフランドル地方の毛織物生産のために羊毛を輸出する交易の発展により，従来の食糧生産を犠牲にして商業的牧羊が優先されたからである。牧羊のために農地から農民が追い出され，彼らが浮浪民となった。浮浪民の貧しさは，社会秩序を脅かすほど深刻であったため，当時のチューダー王朝は各種の**救貧法**（Poor Law）を出さざるをえなかった。

その集大成が，1601年の**エリザベス救貧法**である。その特徴をまとめると，①教区ごとに**貧民監督官**を設置し救貧行政機構を完成させた，②救貧税（地方税）を創設し慈善（施し）を脱する財源を確立した，③**貧民の区別**を導入した，といったものである。労働能力があるのに貧しいと区分された者は，怠け者として，悲惨なワークハウス（労役場）に収容する等の措置が取られた。そのため，この法律は，過酷な処置の発端となり，残虐立法とも呼ばれるようになった。

しかしながら，度重なる救貧法の発令が，貧困を解消することはなかった。1795年の**スピーナムランド**制度など，就労しているか否

第2章　福祉政策の歴史　**27**

かにかかわらず最低生活費を手当（allowance）（あるカテゴリーに当てはまる人であれば，基本的に無条件に支給される金銭）として保障する施策がなされることもあった。もちろん，これらは一時的な緊急避難にすぎなかった面は否めない。18世紀半ばに農地の囲い込みが強化されたことや（第二次囲い込み），フランス革命や後のナポレオン戦争といった大陸諸国との緊張状態が食糧の輸入を滞らせたことが，深刻な食料の欠乏状態を引き起こしたことに対処するものだった。しかしながら，福祉政策の伝統の中で，条件をつけない給付が実施されたことがあるという事実自体に意義がある。のちの福祉政策形成に1つの可能性を示し続けたからである。また，中央政府ではなく，地方政府の取組みであったことも重要な事実である。改革は地方から始まることを印象づけたといえよう。

戦前イギリスの福祉政策②：市民社会と新救貧法

戦争も終わり，フランス革命がもたらした世界の動乱状態が安定してくると，身分制から解放され自助の精神で生活を維持する，市民中心の時代が訪れた。この時代から資本主義経済体制が確立していくことになるが，それは**自由放任主義**（レッセ・フェール）が信奉されることも意味していた。自由放任主義のもとでは，効率的な競争を阻害すると考えられた貧者への救済は批判の対象となり，それに合わせて救貧法も改められた。

救貧法は1834年に改正され，のちに**新救貧法**と呼ばれるものになった。社会福祉の抑制を唱えた当時の思想家の名前を採って，**マルサス救貧法**と呼ばれることもある。**ベアトリス・ウェッブ**のまとめによれば，この法律の特徴は次のような原則をもつものである。①行政水準の全国的統一の原則，②**劣等処遇**の原則（被保護者低位性の原則），③労役場制度（ワークハウス制度）の原則である。

このうち，②の劣等処遇の原則は，救済水準は最底辺労働者の生

28　第Ⅰ部　福祉政策の基礎理論

活水準より下に設定し，選挙権や裁判権などの市民権を剥奪するというものである。また，③の労役場制度の原則は，ワークハウス（労役場）への収容によって強制労働を実施し，労働を伴わない保護（院外保護）を極力廃止するというものである。こうした原則は，後々まで人々の意識を拘束し続け，**労働倫理**が強く作用する社会につながった。働く者よりも働かない者の生活は下位にあって当然という発想を残し，その影響は現代まで続いている。また，公的扶助をはじめとした社会給付に恥辱感（**スティグマ**）をもたせる原因ともなった。

▷ **戦前イギリスの福祉政策③：民間福祉の芽生えと新救貧法改革案**

貧困の国家による救済は，長らく救貧法に基づく制限的なものであった。抑圧的な社会福祉を突き崩し，社会の貧困への認識を変える原動力となったのは，民間の慈善事業家の活動であった。よく知られるものとして，1つには，1870年に慈善組織協会（Charity Organization Society：COS）が設立されたことがあった。いま1つには，ブースのロンドン調査（1886～91年）やラウントリーのヨーク調査（第一次1899年）によって人々の貧困の状況が明らかにされたこと（**貧困の発見**）があった。前者のCOSは貧困を個人の生活や習慣の問題と考える道徳的貧困観（自由主義的貧困観）をもつ運動にとどまっていた。しかしその後，1884年に活動を開始するトインビー・ホールを中心とする**セツルメント運動**につながり，貧困の原因を個人ではなく社会に求め社会改良を進める視点を発展させた（金子 2005：67）。

その後，20世紀に入ってから，ついに新救貧法が見直される機運が高まることになった。1905年に**救貧法および貧困救済に関する王立委員会**が設置され，従来の救貧法の再検討が始まった。ここでは2つの報告が出される（多数派報告と少数派報告）。COSの強い影

第2章　福祉政策の歴史　**29**

響下にあった多数派報告は、ソーシャルワークの手法を取り入れるよう主張したが、従来の制度を存続させるものだった。**ベアトリス・ウェッブらの少数派報告は、ナショナル・ミニマム**（国民生活の最低限）を保障する制度改革をするよう急進的な提案を行った。とはいえ、結局のところ、どちらの主張も容れられず、本格的な制度改革は第二次世界大戦後に持ち越されることになった。

3 イギリスの福祉政策の歴史2
第二次世界大戦後

▷ 戦後イギリスの福祉政策①：ベヴァリッジ報告

第二次世界大戦の最中である1942年に、戦後の社会保障制度のあり方について検討する委員会が設置され、「社会保障および関連諸サービス」と題する報告書が出された。いわゆる「**ベヴァリッジ報告**」である。戦後イギリスの社会保障制度は、基本的にこの報告書の示した指針を原則に構築されていくことになった。被保険者が均一に拠出し均一に給付が行われる**社会保険**が基本的ニーズを満たし、税財源による**公的扶助**が補完するという内容であった。また、基本的ニーズを超えるニーズ（最低生活保障を超えるニーズ）のための民間の任意保険も認めていた。

ベヴァリッジ報告に示された諸原則は、戦後世界各国の社会保障制度でも利用される基本原則のようになった。社会保険を社会保障の基本とすること、給付は最低生活保障を行うこと（ナショナル・ミニマムの保障）、全国民全生涯を対象にする包括原則（**普遍主義**）等の原則である。

ベヴァリッジ報告に基づいた社会保険を実現するため、**国民保険法**が1946年に制定された。社会保険を補う公的扶助を支給する国民扶助法は、1948年に制定された。同法の制定により、長らく社

会福祉政策の中心であった**救貧法**は完全に廃止された。近代の貧困救済史としての福祉政策史は，次の段階に移ったといえよう。

　とはいえ，時代的な制約を伴うものでもあった。社会保険を中心とするということは，保険料を支払うことのできる正規労働者が保障の中心になるということでもある。すなわち，ベヴァリッジ報告の内容が可能となるためには，国家は完全雇用を保証する経済政策も実施しなければならなかった。完全雇用は国家の財政出動によって可能であるとしたのはケインズのマクロ経済理論であった。2人の名前を組み合わせて，当時の国家体制は**ケインズ・ベヴァリッジ体制**と呼ばれることもある。しかしながら，この体制を維持できた期間は短く，高度成長を終え，経済が停滞する時代になると，この考え方は通用しなくなった。

▷　戦後イギリスの福祉政策②：国民保険・公的扶助体制の方向転換

　戦後イギリスの社会保障体制は以上の仕組みで運営されることになったが，すぐにそのほころびが見え始めた。1950年代の後半になると，国民保険の収支は赤字となった。国民保険は保険料に違いをつけず均一の額を設定するものであったため，誰でも支払うことのできる額を超えるものにはできなかった。また，経済成長に伴うインフレによって生活費が高騰すると，必要な給付額を賄うことは不可能となっていった（仁科 1983：452）。結果として，国民保険法は1960年に改正され，定額の給付に上積みする報酬比例部分の仕組みを新たに導入することになった。これは，日本の国民年金の上に積み増される仕組みになった厚生年金と共通する。

　国民保険の給付が不十分であるということは，貧困が放置されていることを意味した。そのため，1960年代になっても老齢退職者世帯や多子世帯等の一部が貧困の状態に置かれていることが明らかになった（**貧困の再発見**）。こうした状況に対処するため，1966年に

社会保障省法が制定され，国民扶助庁は廃止され，補足給付委員会が事務を引き継いだ。この改正により，国民扶助も補足給付（supplementary benefit）に制度変更された。補足給付では，高齢者には補足年金を，それ以外には補足手当を給付して，それぞれのニーズに対処することで，給付が手厚く適切なものになった。

その後，世界の経済成長期が終わると，1980年代にはイギリス経済も低迷した（福祉国家の黄金期の終焉）。十分な予算が確保できなくなった補足給付制度は批判されることになる。そのため，自由放任主義的な当時の**サッチャー**政権により，1986年に社会保障法が制定され，補足給付を，所得補助（income support），家族クレジット，社会基金に再編成して，効率化することになった。所得補助とは資力調査（means test）でもって全対象に同一の規則に基づいて給付を行うものであり，特殊なニーズは加算（premiums）制度で対処した。家族クレジットは給付に労働インセンティブを強めたもの，社会基金は一時的なニーズに対処し長期の受給を防止するものである。概して，給付の抑制を図るものであった。

さらに，公的扶助の一環として，資力調査のついた所得保障制度がさまざまに設けられることになった。公営住宅の縮小に対処して，低所得者の住宅費を保障するために，1982年に**住宅給付**（housing benefit）が創設された。また，1995年に求職者法が制定され，失業者には，無拠出の給付もある求職者手当金（jobseeker's allowance）が創設され，所得補助とは別制度によって対応することになった。その後，1998年に若者のためのニューディール（NDYP）政策により，この求職者手当金には就職プログラムに参加することが義務づけられるなどさまざまな改革がなされた。

▷ **戦後イギリスの福祉政策③：コミュニティ・ケアの展開**

とはいえ，この間に行われたのは福祉の抑制ばかりではない。コ

ミュニティ・ケアの発想が育ち，そこで必要となるソーシャルワークの専門性が評価される時期でもあった。施設ケア中心の福祉サービスを，在宅で生活するためのコミュニティ・ケアへと転換することがめざされたのである。1968年の「シーボーム報告」では，コミュニティに立脚したサービス実施のため，新しく地方自治体社会サービス部の創設が提起された。1982年の「バークレイ報告」では，コミュニティ・ソーシャルワークが提唱された（金子 2005：172）。サッチャー政権末期の1990年には「国民保健サービスおよびコミュニティ・ケア法」（National Health Service and Community Care Act）が成立し集大成となった。

4 日本の福祉政策の歴史1
第二次世界大戦まで

▷ **戦前日本の福祉政策①：恤救規則**

　近代日本の福祉政策も貧困救済から始まった。近代が始まってから，最初の福祉政策として，明治維新後の1874（明治7）年に**恤救規則**（太政官通達第162号）が制定された（**資料2-1**）。この制度は，日本初の公的扶助制度であり，その地域の前月下期の米相場により米代を支給するものであった。しかしながら，対象者を極貧の独身者および貧窮な児童に限定するなど，非常に制限主義的な内容であった。あくまで「人民相互の情誼」（＝自助を基本とした地縁・血縁に基づく互恵）による救貧を基礎として，あぶれた者を救済するという慈恵的な制度にすぎなかった。文面も非常に短く，十分に完成されたものではなかった。江戸時代の幕藩体制から明治新政府への転換期に，制度を繕いながら福祉行政が運営されていた様子がうかがえる。

　恤救規則は救護法が制定されるまでの間，救貧行政の基盤となっ

第2章　福祉政策の歴史　**33**

資料 2-1　恤救規則（明治 7 年 12 月 8 日　太政官達　第 162 号）───────

済貧恤救ハ人民相互ノ情誼ニ因テ其方法ヲ設クヘキ筈ニ候得共目下難差置無告ノ窮
民ハ自今各地ノ遠近ニヨリ五十日以内ノ分左ノ規則ニ照シ取計置委曲内務省ヘ可伺
出此旨相達候事

　　　　　　恤救規則
一極貧ノ者独身ニテ廃疾ニ罹リ産業ヲ営ム能ハサル者ニハ一ケ年米壱石八斗ノ積ヲ
以テ給与スヘシ
　　但独身ニ非スト雖モ余ノ家人七十年以上十五年以下ニテ其身廃疾ニ罹リ窮迫ノ者
　　ハ本文ニ準シ給与スヘシ
一同独身ニテ七十年以上ノ者重病或ハ老衰シテ産業ヲ営ム能ハサル者ニハ一ケ年米
壱石八斗ノ積ヲ以テ給与スヘシ
　　但独身ニ非スト雖モ余ノ家人七十年以上十五年以下ニテ其身重病或ハ老衰シテ窮
　　迫ノ者ハ本文ニ準シ給与スヘシ
一同独身ニテ疾病ニ罹リ産業ヲ営ム能ハサル者ニハ一日米男ハ三合女ハ二合ノ割ヲ
以テ給与スヘシ
　　但独身ニ非スト雖モ余ノ家人七十年以上十五年以下ニテ其身病ニ罹リ窮迫ノ者ハ
　　本文ニ準シ給与スヘシ
一同独身ニテ十三年以下ノ者ニハ一ケ年米七斗ノ積ヲ以テ給与スヘシ
　　但独身ニ非スト雖モ余ノ家人七十年以上十五年以下ニテ其身窮迫ノ者ハ本文ニ準
　　シ給与スヘシ
一救助米ハ該地前月ノ下米相場ヲ以テ石代下ケ渡スヘキ事

──

た。もちろん，この間にもまったく動きがなかったわけではない。
たとえば，恤救規則を補うものとして，1899（明治 32）年には**行旅
病人及び行旅死亡人取扱法**が定められ，路上での行き倒れに対処す
ることになった。当時の東京府などで多かった移住者・出稼ぎ労働
者への対処は，こちらの規則を適用することも多かったようである。

▷　戦前日本の福祉政策②：方面委員制度と救護法制定

　1920 年代，第一次世界大戦後の不況は慢性的なものとなり，資
本主義の発達に伴って農村を離れた労働者は，生活基盤がぜい弱な
都市生活を送る者も多くなっていた。また，ロシア革命に対抗して
1918（大正 7）年に行われたシベリア出兵を見越した米の買い占め

は，驚異的なインフレを引き起こした。同年8月には富山県で**米騒動**が発生し，全国に波及することになった。社会主義への人々の期待が騒擾を巻き起こすとの社会不安が一挙に高まることになった。こうした不安に対処する救済策を出すには，恤救規則体制下での政府の救貧行政には限界があるため，地方行政が独自の動きを見せることになった。同年には，大阪府で**方面委員制度**が誕生している。また，前年の1917（大正6）年には，岡山県に**済世顧問制度**が創設されていた。どちらの制度も，地域の貧困対策のために援助・協力を行う民間有志による援助ネットワークを築こうとするものであった。その後，次第に拡大し，1936（昭和11）年には，方面委員令として全国で導入されることになった。戦後には，民生委員法へと発展する制度である。

　とはいえ，地方行政の対応では限界もあり，従来の恤救規則では十分に対応できない状況なのは明らかであった。また，1920（大正9）年の官制改正により，内務省に社会局が設置され，社会事業行政が次第に整備されるようになっていた。1929（昭和4）年からの昭和恐慌が引き起こした生活不安をきっかけとして，ついに同年に**救護法**（昭和4年法律39号）が制定されることになった（実施は1932〔昭和7〕年）。

　同法は，労働能力のある者，怠惰・素行不良の者は対象外であり，相変わらず保護請求権は否認する制限扶助主義を取るものであったが，内容の整備がかなり進められた。救護機関・救護施設・救護費・扶助の種類が明記され，政府と地方行政の救護義務が定められた（公的救護義務主義）。実際に，救済対象となる者は法律施行後に増えていくことになる。救護法施行前の1931（昭和6）年の恤救規則による救済人員は1万8118人（前年度からの繰り越しを入れると3万783人）だった（岡本1991：24-25）。それに対し，救護法施行後は，施行年の1932（昭和7）年は各扶助合計が15万7564人，翌年の

1933（昭和8）年は21万3462人となり（岡本 1991：34），急激に対象者が増加していることがわかる。

5 日本の福祉政策の歴史 2
第二次世界大戦後

▷ **戦後日本の福祉政策①：措置制度の成立**

第二次世界大戦後は，戦前にはなかった権利の承認やサービスの普遍化が認められるようになった。戦前は福祉政策を社会事業と呼んでいたが，社会福祉という名称のほうが一般化していく。

制度も充実していった。**生活保護法**の制定（1946〔昭和21〕年）と改定（新生活保護法，1950〔昭和25〕年）により，生存権の具体化がめざされた。また，**福祉三法体制**（生活保護法，児童福祉法，身体障害者福祉法），**福祉六法体制**（福祉三法に加えて，精神薄弱者福祉法〔現知的障害者福祉法〕，老人福祉法，母子福祉法〔現母子及び父子並びに寡婦福祉法〕）といったように，社会福祉個別領域に関連する各種立法がなされた。こうした戦後体制を支えた社会福祉供給体制の特徴が，措置制度である。

措置制度とは，社会福祉サービスの対象者に対して，「措置」と呼ばれる行政行為に基づいてサービスを提供する仕組みのことである。すなわち，行政機関の決定に基づいて，ニーズなどの諸事情を考慮したうえで，人々に福祉給付やサービスを割り振る仕組みである。措置委託費を用いて民間に委託する場合があるとはいえ，費用負担を基本的に国家が担う制度であり，**国家責任**を明確にするという意味合いがあった。

現在，措置制度という言葉は，旧来の悪しき制度体制や悪弊を指し示す用語であるかのように使われることもあるが，制度設立時にはむしろ積極的な意義があった。戦後の国土復興期には，戦災者・

引揚者などに多かった生活困窮者の生活保障が課題であった。そのため，最低限の制度を確保する**ナショナル・ミニマム**の実現が必要とされた。まずは，国が数量を確保し，ニーズを抱えた人々に割当てる措置制度が最適だったのである。

　次に，措置制度の成立の具体的経緯とその特徴について確認しておきたい。占領下の日本政府に，GHQ（連合軍最高司令官総司令部）によって戦後福祉改革の基本方針が示された。1946（昭和21）年のSCAPIN775（連合軍最高司令官覚書）「社会救済」である。このSCAPIN775には，無差別平等，最低生活保障，**公私分離**の「三原則」が示されていた。

　戦後の社会福祉運営体制はこの三原則に従って運営されなければならなかった。GHQとの協議の結果生まれた，いわゆる六項目提案（1949〔昭和24〕年）を経て，原則を具体化する**社会福祉事業法**が1951（昭和25）年に制定されることになった。社会福祉事業法は，社会福祉事業の「共通的基本事項を定める」（1条）条文をもち，戦後措置制度の基礎構造を確立した。

　GHQと日本政府の駆け引きは困難を極めた。とりわけ，「公私分離原則」をどのような形のものにするかは，民間事業者を活用することが基本であった戦前の社会事業法の伝統をもつ日本政府と，民主的改革をめざし福祉的救済の国家責任を明確にしたいGHQとの，大きな対立点であった（熊沢 2007：12）。その後制定された憲法でも，89条においてこの原則は確認された。「公の支配」に属さない社会福祉事業を行う民間事業者に対する公金支出の禁止が，明示されたのである。しかし，実際のところ，国が直接運営できる事業資源は少なく，民間事業者へ委託しなければ事業の運営はままならなかった。

　そのため，妥協点を見出す制度的工夫が求められた。社会福祉事業が公の支配のもとにあり，その公共性と社会的信用を確保したこ

第2章　福祉政策の歴史　**37**

とを確認するために，「社会福祉法人制度」が生まれたのである。民間事業者が公の支配に属しているとみなすことのできる要件を設定し，その要件を満たした法人を社会福祉法人として認可する制度が，社会福祉事業法の中に組み込まれた。社会福祉法人は公の支配に属するために，公金による補助が可能であると解釈されたのである。**第一種社会福祉事業**と第二種社会福祉事業を区別し，本来公的機関が担うべき区分である第一種社会福祉事業を社会福祉法人が措置委託費を利用しつつ担うことが可能になったのは，こうした事情による。旧社会福祉事業法5条は，公私分離原則を定めるものであったが，その第2項には「社会福祉事業を経営する者に委託することを妨げるものではない」という記述を加え，措置委託制度が生き残った，ないし勝ち取られたのである。

　社会福祉事業法体制は措置制度中心の体制であり，国が資金を投じて事業を公的に運営するという仕組みが，社会福祉事業の基礎構造となった。

▷　**戦後日本の福祉政策②：社会福祉基礎構造改革**

　1990年代前半までは措置制度中心の福祉政策実施体制が続いたが，次第にこの体制は時代と齟齬をきたすようになった。そこで，こうした旧来の実施体制全体のあり方を「社会福祉基礎構造」と定義して，新たな基礎構造に改革する機運が盛り上がった。

　措置制度はナショナル・ミニマムを確保するためには最適な制度であったが，サービス供給量や利用者の選択権を確保することが必ずしも明確に求められていないというデメリットもあった。社会保障制度審議会の**95年勧告**（1995［平成7］年「社会保障体制の再構築——安心して暮らせる21世紀の社会をめざして」）に典型的であるように，時代状況が変わり，このデメリットが際立ってきた。

　戦後の社会保障体制は貧困の予防と救済が中心であり，一部の人

が対象であると認識されてきた。しかしながら，勧告では，こうした段階から，「全国民を対象とする普遍的な制度として広く受け入れられる」制度設計が必要な段階に移ったと宣言される。国民の誰もが生活の一部として社会福祉制度を利用するには，一部費用負担と引き換えにサービスを選択でき，多くの人を相手にする競争的な事業者によりサービスの質が向上し，予算の制約からも免れる潤沢なサービスが必要と考えられたからである。

　では，新しい仕組みはどのような制度であろうか。それは，「**措置から契約へ**」というフレーズに代表される**契約制度**であると考えられるようになった。この制度は，サービス利用者が自主的な選択に基づいてサービス内容と供給事業者を自ら選択できるような仕組みを社会福祉サービス供給システムに組み込むものである。1997（平成9）年6月の児童福祉法改正により保育所入所に導入された契約方式がその始まりとされている（実施は1998〔平成10〕年）。同じく契約制度を採るようになった一連の流れを確認しておきたい。高齢者福祉分野では，1997（平成9）年12月に**介護保険法**が成立する（2000年実施）。障害者福祉分野では，2003（平成15）年に支援費制度が実施され，その後の2006（平成18）年に成立した障害者自立支援法につながっていくことになる（現**障害者総合支援法**）。

　社会福祉関連各法のサービス供給方式の変更に伴い，その共通基盤を定める法律も改正されることになった。それが，2000（平成12）年5月に社会福祉事業法を改称のうえ成立した**社会福祉法**である（「社会福祉の増進のための社会福祉事業法等の一部を改正する等の法律」）。措置制度を前提としていた社会福祉事業法に，「第8章　福祉サービスの適切な利用」に関する項目が加えられるなどして，契約制度の基盤となるべく法整備がなされた。この社会福祉法制定によって，社会福祉サービスの供給方式の基本は措置制度から契約制度へと移行した。以上の一連の改革は，**社会福祉基礎構造改革**と呼

ばれている。

6 地方自治体からの福祉政策の試み

　最後に、本書の内容を理解していただくためにぜひ確認しておきたい視点がある。それは、地方自治体や民間のアクターが政策形成に果たしてきた役割である。日本は、中央集権的な政策形成・制度運営がなされているといわれてきた。しかしながら、数多くの政策・制度は、地方の現場の実践をもとにしたアイデアが出発点となったことも事実である。

　そのいくつかについてここでも取り上げたい。戦前期において、先ほども取り上げた方面委員制度は地方発の取組みの代表だった。岡山と大阪で始まった方面委員制度（岡山は済世顧問制度）は、1936（昭和11）年の方面委員令によって全国で展開される制度になった。それだけではなく、全国展開する前ではあったが、方面委員は、大幅に実施が遅れていた救護法実施促進運動の中心となった（実施は1932〔昭和7〕年）。

　戦後の取組みにも触れておきたい。1973（昭和48）年に実施された老人医療費無料化制度である。これは70歳以上の医療費自己負担分を公費（国が3分の2、都道府県と市町村が6分の1ずつ）で負担し、窓口負担を無料とするものであった。国が制度を導入する前に地方自治体の取組みがあった。岩手県の沢内村は、1960（昭和35）年から65歳以上の高齢者の自己負担を無料にしていた。1969（昭和44）年には、秋田県が、都道府県レベルではじめて80歳以上について自己負担分の一定額（月額で外来1000円、入院2000円）を超える分を公費で負担する制度を開始した。東京都も同じ年に70歳以上の自己負担分の全額を公費で負担することとした。その後、患

者負担を公費で負担する制度が，全国の自治体に一気に広がり，最
終的に国の制度となった（土田 2011：250）。

　福祉政策の源流は貧困対策にあったが，第二次世界大戦後はイギ
リスでも日本でも次第に普遍主義化していく様子を確認した。また，
福祉政策の形成史において，地方自治体や民間の活動が大きな影響
を及ぼしたことも確認できたと思う。本章の大きな目的は歴史の中
で鍛え上げられてきた福祉政策の各種の概念を理解することであっ
た。

Book guide　読書案内

・金子光一，2005，『社会福祉のあゆみ ── 社会福祉思想の軌跡』有斐閣
　　日本とイギリスを中心とした世界の社会福祉の歴史について丁寧に読みやす
　くまとめられている。歴史について学ぶならこの本が基本書だろう。
・横山和彦・田多英範編著，1991，『日本社会保障の歴史』学文社
　　歴史的資料を駆使して戦前・戦後の社会保障の歴史がまとめられている。社
　会福祉制度についても成立経緯が丁寧に解説されている。
・中川清，2018，『近現代日本の生活経験』左右社
　　日本の近現代の生活と困窮のあり方を歴史に沿って解説している。福祉の歴
　史の時代背景について知るための発展的学習に役立てていただきたい。

第 2 章　福祉政策の歴史　**41**

社会問題の変化

第 **3** 章 *Chapter*

Quiz クイズ

Q3.1 絶対的貧困が利用する基準とはどれだろうか。
a. 民族のヒューマニティ　b. 必要カロリー量
c. 一般世帯の所得中央値　d. 社会的接点

Q3.2 割り当てられる資源のたんなる改善ではなく，それぞれの
人々が望ましい生活状況（機能）を追求すべきといった理論家
は誰だろうか。
a. ルース・レヴィタス　b. ジョン・ロールズ
c. アマルティア・セン　d. ピーター・タウンゼント

Answer クイズの答え（解説は本文中）

Q3.1　b　　Q3.2　c

Chapter structure　本章の構成

図　福祉政策の課題の展開

『社会保障制度審議会 50 年勧告』
社会福祉の対象は貧困

『社会保障体制の再構築——安心して暮らせる 21 世紀の社会をめざして（95 年勧告）』
多様化した社会問題への対応（心身の障害・不安，社会的排除や摩擦，社会的孤立や孤独）

本章の概要

　この**第 3 章**では，福祉政策が対象とする社会問題と，その社会問題が生み出すニーズがどのように変化してきたかについて扱う。ここでのキーワードは，ニーズの多様化である。

　第 2 章においては，福祉政策の形成史についてまとめた。福祉政策の出発点においては，産業社会の発達に伴って発生する貧困への対策が大きな課題であった。しかし，時代の進展とともに，福祉政策の対象は拡大した。その背景には，貧困以外の多くの社会問題が認識されるようになったことがある。

　本章では，**第 1 節**において，福祉政策を形成する中心となってきた政府が，どのようにこうした変化を認識していたかを確認する。

それは，社会問題とその問題の生み出すニーズの多様化を認めるようになるものだった。次に，その社会問題は具体的にどのようなものであるかを政府の報告書を参照しながら確認する。しかし，政府の問題整理の方法に従うだけでは現代の社会問題が十分に見えてこないので，示された諸論点を適宜検討しなおすことにする。本章では，貧困と社会的排除（社会的孤立〔孤独死・自殺等〕を含める），若年層の不安定問題，高齢化に伴う問題（単身高齢低所得者，ヤングケアラー）といった項目を扱う。続く第2節において，それぞれについて解説する。

さらに第3節では，こうして多様化した社会問題の生み出すニーズにどのように対応するのかを指し示す，理論や思想について紹介する。ここでは，ロールズとセンを取り上げる。彼らの理論や思想を紹介することで，福祉政策の進むべき方向性がいっそう明らかなものとなるだろう。

1 政府の社会問題認識の変化

社会保障制度審議会の勧告

狭義に考えると，戦後日本の福祉政策は，社会保障政策の下位分野と考えられてきた。この社会保障政策の定義について，内閣総理大臣の諮問機関として設置されていた**社会保障制度審議会**が戦後3度の勧告を出している。これらの勧告は，背景にある社会問題を踏まえ，それぞれの時代の福祉政策のあり方を取り決めるものであった。3度の勧告のうち，最初の1950（昭和25）年の勧告と最後の1995（平成7）年の勧告を比較すれば，時間の経過を反映した大きな変化を確認することができるだろう。以下では，それぞれの勧告について見てみたい（**資料3-1，3-2**）。

資料 3-1 社会保障制度審議会勧告（50 年勧告）

　貧困の問題は旧い問題である。旧い日本ですら，それぞれの時代においてそれの貧乏退治の方法をもった。このことはわれわれの民族のヒユマニチーの歴史が十分に実証するところである。けれども，同じ旧い問題でもその解決の方法は，今日においては，全く別のものでなくてはならぬ。というのは，いまや人間の生活は全く社会化されておるからであり，またその故に国家もまたその病弊に対して社会化された方法をもたねばならぬからである。

　社会保障制度とは，疾病，負傷，分娩，廃疾，死亡，老齢，失業，多子その他困窮の原因に対し，保険的方法又は直接公の負担において経済保障の途を講じ，生活困窮に陥った者に対しては，国家扶助によって最低限度の生活を保障するとともに，公衆衛生及び社会福祉の向上を図り，もってすべての国民が文化的社会の成員たるに値する生活を営むことができるようにすることをいうのである。

　1950 年の勧告は，GHQ の指導の下に 1948（昭和 23）年に設置された社会保障制度審議会が出したものである。社会保障制度審議会は内閣総理大臣直轄とされ，国会議員，学識経験者，関係諸団体代表および関係各省事務次官 40 名で構成された。この審議会の出した勧告が，「社会保障制度に関する勧告」，いわゆる「**50 年勧告**」である。この勧告は，ベヴァリッジ報告の影響を受けていた。すなわち，社会保険を中心にして公的扶助（生活保護），社会福祉，公衆衛生の各部門からなる社会保障体制を構築することを提唱した。社会保障制度の基礎として，その仕組みは現代でも踏襲されている。

　50 年勧告の冒頭は，「貧困の問題は旧い問題である」という表現から始まる。この表現から明らかなように，当時の社会保障・社会福祉の最大の課題は貧困の克服であった。

　時代は下り，同審議会は 1962（昭和 37）年にも社会保障制度の定義を行う勧告を行った。ここでは，国民を貧困階層，低所得階層，一般所得層に分類してそれぞれへの対策を提言した。しかし，救貧（貧困からの救済）または防貧（貧困に陥ることの予防）という観点からの対策であり，貧困の克服を中心にするという発想を抜け出すものではなかった。

資料 3-2　社会保障体制の再構築 —— 安心して暮らせる 21 世紀の社会をめざして（95
　　　　　年勧告）

　社会保障制度の新しい理念とは，広く国民に健やかで安心できる生活を保障する
ことである。……貧困の予防と救済から国民全体の生活保障へと変容してきた社会
保障は，全国民を対象とする普遍的な制度として広く受け入れられるようになって
いる。今後は，この原則をさらに徹底させ，社会保障の給付を制限する場合の要件
などについて，その合理性の有無を常に見直していかねばならない。医療や社会福
祉などの分野では，そのニーズがある者に対して所得や資産の有無・多寡にかかわ
らず必要な給付を行っていかなければならない。ただし，その費用については，
サービスの性質に応じ，負担能力のある者に応分の負担を求めることが適当である。

　しかし，3 度目の 1995 年の勧告は大きく様相を異にした。社会
保障の理念は，救貧と防貧から「国民全体の生活保障」へと変容し
たと明記されている。また，社会福祉のニーズも所得や資産の少な
い貧困に起因するものだけではなく，多様な国民の問題を反映した
ものになっているとの認識を示した。福祉政策の対応すべき社会問
題も多様化したのである。

　それでは，多様化した社会問題にはどのようなものがあるだろう
か。次節ではやはり政府関係機関の認識について確認したい。

▷　現代社会の社会福祉の諸問題

　2000（平成 12）年に，厚生省社会・援護局より「社会的な援護を
要する人々に対する社会福祉のあり方に関する検討会」報告書が提出
された。少し時間が経過しているが，政府が救貧・防貧を中心とし
た体制以後に何を課題とすべきかを明確に示したものであり，今で
も基本的な認識に変化はない。新たな課題とは，人々の「つなが
り」（共に支え合う機能）の脆弱化した社会を再構築することであっ
た。

　この報告書では，つながりが欠如する状態を社会問題として理解
するためのマップを作成している。具体的なそれぞれの問題を，

第 3 章　社会問題の変化　**47**

図 3-1 現代社会の社会福祉の諸問題 「社会的な援護を要する人々に対する社会福祉のあり方に関する検討会」報告書より（厚生省（当時）平成 12 年 12 月 8 日）

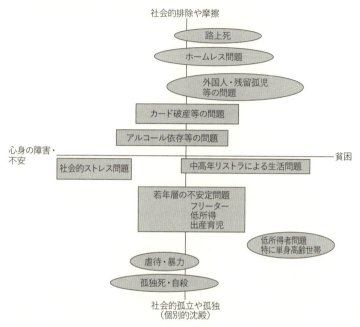

注：1. 横軸は貧困と，心身の障害・不安に基づく問題を示すが，縦軸はこれを現代社会との関連で見た問題性を示したもの。
2. 各問題は，相互に関連し合っている。
3. 社会的排除や孤立の強いものほど制度からも漏れやすく，福祉的支援が緊急に必要。
4. 社会全体の問題か個々の状況によるものなのかという縦軸の区別には十分な根拠がないかもしれないが，一定の認識とはなっている。

出所：厚生省（2000）。

「貧困」に加えて，「心身の障害・不安」「社会的排除や摩擦」「社会的孤立や孤独」といった項目を座標軸としたものである（図 3-1）。

以下には，ここで取り上げられた問題を説明する。問題によっては一緒に扱ったほうが理解しやすいものもあるので，項目としてまとめる。さらに，この報告書が出された後に注目された新たな問題

についても取り上げたい。具体的には，貧困と社会的排除（社会的孤立〔孤独死・自殺〕を含める），若年層の不安定問題，高齢化に伴う問題（単身高齢低所得者，ヤングケアラー）といった項目である。節を改めてそれぞれに触れていきたい。

2　現代の社会問題

　この節では，先の節で取り上げた社会問題について順を追って確認していきたい。

貧困と社会的排除（社会的孤立〔孤独死・自殺〕を含める）

　これまでも**貧困**という概念を多く使ってきたが，その定義には固定したものはない（Lister 2004＝2011：16）。しかしながら，広く使われている定義を取り上げるなら，政策的に貧困を決定する**貧困線／貧困閾値**を設定し，それ以下の状況にある人々を貧困とみなすというものである。ちなみに，この線／閾値を決めるのに所得の多寡を用いることが多く，それ以下にある人々は家庭（世帯）ごとにくくられることが多い。

　もともと貧困線／閾値の決定には必要摂取カロリーをもとにして計算がなされていた。これを**絶対的貧困**という。しかし，社会が豊かになるにつれこの考え方は時代に合わなくなっていった。そのため，同じ社会の一般世帯と比べて相対的に必要な資源（多くは所得で代替して考える）を得ていない家庭を貧困とみなすようになった。この考え方では，先進国内では一般世帯の所得中央値の6割以下，発展途上国では5割以下の所得である家庭を貧困とみなすことが多い。これを**相対的貧困**という。

　先進国でも相対的貧困は決してなくなったわけではない。日本で

第3章　社会問題の変化　**49**

表 3-1 日本の相対的貧困率

(単位：%)

	1991	2000	2006	2009	2012	2015	2018	2018 （新基準）	2021 年
全 体	13.5	15.3	15.7	16.0	16.1	15.7	15.4	15.7	15.4
子ども	12.8	14.4	14.2	15.7	16.3	13.9	13.5	14.0	11.5

注：OECD の作成基準に基づき厚生労働省が算出したもの。1994 年は兵庫県，2015 年は熊本県を除く。2018 年の新基準は，2015 年に改定された OECD の所得定義の新たな基準による。子どもの相対的貧困率は，17 歳以下の子ども全体に占める，等価可処分所得の中央値の一定割合（本表では 50％）に満たない 17 歳以下の子どもの割合。
出所：労働政策研究・研修機構（2024：192）。

も相対的貧困率は 15％ 前後で推移している。17 歳以下の子どもの家庭で貧困の状態にある割合も同じような状況にある（**表 3-1**）。

　近年では，貧困に加えて，人々が困窮に陥る大きな原因と考えられるようになったのが社会的排除の問題である。社会的排除とは，人々が周縁化された状況を広く指す言葉である（Lister 2004 = 2011：115）。人々が社会や近隣と関係を築くことができず，社会における権利が確保されない状況である（阿部 2002：68）。端的にいえば，人々が安心できる居場所を失っている状況と考えるとわかりやすいだろう（**コラム 1** を参照）。

　社会的排除は社会的な広がりをもつ問題であり，社会的接点をもてないことが原因であるなら困窮の分野は限定されない。例を挙げるなら，日本においては，社会保険に加入できていない状況，相対的貧困，消費（食糧購入，居住，家財・家電）からの排除，サポートネットワーク・地域での活動からの排除等が取り上げられている（菊地 2007）。

　こうした社会的排除の一要素に，社会的孤立がある（後藤 2009：11）。個々人の個別の状況にいっそう焦点を当てた概念である。先に取り上げた「社会的な援護を要する人々に対する社会福祉のあり

コラム1　社会的排除とは何か　　貧困を認識するための概念が，先進国では絶対的貧困ではなく相対的貧困に移った。貧困状態にあるというのは，明日の生活にも困る，食うや食わずの状況というものではなくなったのである。では，こうした状況にある人々は，何に困っているのだろうか。それは，社会では当然とされるさまざまな生活上の活動に参加できなかったり，当然の快適さを欠いていたりすることである（Townsend 1974 = 1977 : 19）。

　こうした考えを一歩進めると，結局のところ人々の困窮は金銭だけでは解決できないということにならないだろうか。金銭だけが毎日の社会生活を成り立たせる要素ではないからである。そこで注目されたのが，本節で取り上げた社会的排除（social exclusion）概念である。すなわち，社会との接点を失っている状況であり，この状況を改善するための支援が必要とされる。

　その国の言葉を話せない移民は，お金を渡されても仕事に就くことは難しい。お金だけではなく，言語教育などによって職場という社会との接点を作る必要がある。周囲に知り合いをもたない母子家庭の母親は，お金を渡されても，子どもが病気になったり友だちを見つけられなかったりしたときに相談できる相手がいないかもしれない。すると，そうした孤立を解消する相談機関が必要となる。このように，相対的貧困の概念だけでは明らかにならなかった，社会から周縁化された（居場所のない）人々の存在に光を当てたのが，貧困を超えた社会的排除への支援なのである。ちなみに，排除を解消することを社会的包摂（social inclusion）と呼んでいる。

　この社会的排除はあまりにも多くの状況を指すので，さらに下位に分類して考えることも提案されている。ルース・レヴィタスが，資源再配分の文脈（redistributionist discourse : RED），道徳の観点から考えるアンダークラスの文脈（moral underclass discourse : MUD），社会統合の文脈（social integrationist discourse : SID）の3つに分けたのは有名である（Levitas 2005）。

方に関する検討会」報告書では，社会的孤立の問題として，孤独死，自殺，家庭内の虐待・暴力が取り上げられていた。

▷ 若年層の不安定問題

　若年層は稼働年齢層であるため，支援の対象と認識されることは少なかった。しかし，近年になってその誤りが広く認識されるようになった。**介護保険制度**が 2000（平成 12）年に発足したように，1990 年代から 2000 年代にかけては，福祉政策の課題とは高齢者関連のものばかりが注目されていた。結果として，「**人生前半の社会保障**」は社会の関心から外れてしまったため，改めて注目しなおす必要があるとの認識が広まっている（広井 2006：17）。

　そもそも若年層は，それ以上の稼働年齢層と比べて困窮に陥りやすい側面がある。たとえば，年齢別の失業率を見た場合，他の年代に比べて常に高い数値を示してきた（**図3-2**）。15 歳から 24 歳の層は，いわゆるバブル経済が崩壊した平成初期やリーマンショックのあった 2008（平成 20）年の次年，次々年では 9％ を超える高率となっている。これは，失業率が低いとされる日本での数値としては驚くべきものである。

　若年層への福祉政策は，どのようなものがあるだろうか。社会保障全体としてなら，就労訓練・教育支援，保育所の確保，若年層でも受けやすい失業時の所得保障，家賃高額地域での住宅保障等を含めた広い支援体制が求められる。狭義の福祉政策に絞るならば，**ニート**（NEET）やひきこもりの問題，家庭内暴力・虐待の問題等への対応が取り上げられるだろう。

　ニートとは，「イギリスの Not in Education, Employment, or Training の頭文字で，1999 年にイギリスの内閣府が作成した "Bridging the Gap" という調査報告書がその言葉の由来となっており，いわゆる『学校に通っておらず，働いてもおらず，職業訓練を

図 3-2 年齢階級別の完全失業率の推移

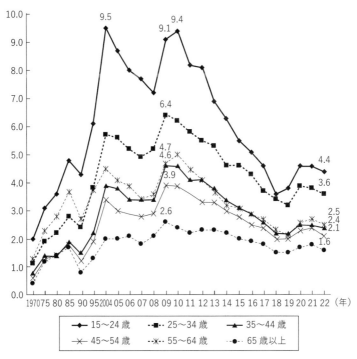

出所：労働力調査長期時系列データ（基本集計）表 3（9） https://www.stat.go.jp/data/roudou/longtime/03roudou.html

行っていない者』のことを通称している」（『平成 17 年版労働経済白書』）。ニートの言葉を生み出したイギリスとは社会制度が異なるため，日本で言及する場合には労働力調査（就業および不就業の状態を明らかにする基礎資料を得るために毎月総務省が実施する調査）における 15～39 歳の若年無業者を代替指標として用いることが多い。すると，2023（令和 5）年で約 59 万人であり，15～39 歳人口に占める割合は 2.4% である。無業にはさまざまな理由が考えられるが，本

第 3 章　社会問題の変化　53

表 3-2　ひきこもりの数の推計値

	該当人数（人）	有効回答率に占める割合（％）	全国の推計数（万人）	
ふだんは家にいるが，自分の趣味に関する用事のときだけ外出する	33	1.06	準ひきこもり　36.5万人	
ふだんは家にいるが，近所のコンビニなどには出かける	11	0.35	15.3	狭義のひきこもり17.6万人
自室からは出るが，家からは出ないまたは，自室からほとんど出ない	5	0.16	3.5	
計	49		広義のひきこもり54.1万人	

出所：「平成27年度若者の生活に関する調査」。

人にとって不利な，職業からの排除状態になっているのであれば支援が必要である。

　ひきこもりとは，内閣府の定義では，学校や仕事に行かず，半年以上自宅に閉じこもっている者をいう。統合失調症など何らかの疾患により自宅から出られない者を除いて考える場合は，社会的ひきこもりともいわれている。このひきこもりに関しては，2009（平成21）年度と2015（平成27）年度に15〜39歳に対しての調査を内閣府が行っている（「若者の生活に関する調査」）。新しいほうの2015年度調査では，前回調査よりも約15万人減少したものの，全国で推計54万1000人いるとの調査結果が発表された（**表3-2**）。この推計値は1つひとつのサンプルの意味合いに解釈の余地がある等，問題がないわけではないが，ひきこもりの人の数が多いことを明らかにしている。

　各年齢層のさまざまなカテゴリーの人（児童，高齢者，障害者，女性等）への**虐待**や暴力の問題が多発し，各種虐待防止法（児童虐待防止法，高齢者虐待防止法，障害者虐待防止法，DV防止法）が施行されて

54　第Ⅰ部　福祉政策の基礎理論

いる。一例として児童虐待を取り上げると，年々増加しており，2021（令和3）年度中に児童相談所が対応した対応件数は20万7660件で，前年度に比べ2616件（1.3%）増加している。

▷ 高齢化に伴う問題（単身高齢低所得者，ヤングケアラー）

1980年代には，高齢者福祉のための施設・サービスの整備は進まなかった。高度経済成長期が終わり，福祉国家抑制が政府の方針となっていたからである。象徴的な出来事として，1979（昭和54）年の「新経済社会7か年計画」において**日本型福祉社会論**（日本文化の特殊性に注目し自助を強調する主張）が唱えられた。しかし，90年代に入ると人口高齢化への対処は避けようがなくなり，97（平成9）年の**介護保険法**制定へとつながっていくことになる。

ちなみに，日本では，1970（昭和45）年に65歳以上人口が国連のいう高齢化社会（aging society）の基準である7%を超え，1995（平成7）年には高齢社会（aged society）の基準である14%を超えた。さらに，2007（平成19）年には俗に超高齢社会と呼ばれる基準である21%を超えている。2023（令和5）年10月1日現在では，29.1%となっており，世界でも類を見ないスピードで高齢化が進んでいる。

介護の担い手であった家族の支援機能も低下している。そもそも家族と一緒ではなく単身で生活している高齢者の割合が増加している。65歳以上人口に占める割合は，1980（昭和55）年には男性4.3%，女性11.2%であったが，2020（令和2）年には男性15.0%，女性22.1%となっている。今後もこの割合は高まっていくことが予想されている。さらには，死別によって単身となるのではなく，そもそも未婚で単身となる人が増えている。「単身世帯の主たる介護の担い手は，5割強が『事業者』であり，5割弱が家族介護」（藤森2010：147-48）といわれている。しかし，未婚単身者ではその5割

第3章 社会問題の変化 **55**

弱の家族介護も期待できない。制度をいっそう充実させた社会的な対応が必要となるだろう。単身高齢者の**孤立**の問題もますます注目されていくことだろう。

また，家族が介護の担い手となるにしても，共働き世帯が増えた現代ではかつてのように主婦に期待することはできない。そのため，18歳未満の子どもが，大人が担うような介護（ケア）責任を引き受け，家事や家族の世話，介護，感情面のサポートなどを行うことも多くなっている。こうした子どもたちを**ヤングケアラー**と呼ぶことがある。

以上の問題すべてに共通することであるが，金銭の支給だけでは問題が解決しないものばかりである。貧困の解消は金銭給付が中心となるが，社会的排除は社会的包摂のための支援が必要である。日本では，就労支援や各種福祉サービス利用に向けたソーシャルワーク等であろう。人生前半の社会保障は，教育支援やひきこもり解消支援といったものを必要とする。高齢化に伴う問題も，孤立の解消は見回りや居場所の確保，地域の組織化といった支援が必要となる。こうした認識を確認するために，本章の最後に社会問題に対応するための指針を示す理論・思想の変化を取り上げたい。

3 福祉政策をめぐる社会哲学の変遷

理論・思想にはさまざまなものがあるが，ここでは福祉政策や福祉国家を考える際にもっともよく取り上げられる社会哲学の議論について注目する。具体的には，戦後に社会哲学の議論を復活させたとされるジョン・ロールズの理論・思想と，その最大の批判者の1人であるアマルティア・センの理論・思想である。

▷ ロールズの『正義論』

　福祉国家を正当化する政治哲学としてよく引用されてきたのは，ジョン・ロールズの政治思想である。1971年に彼の『正義論』が出版された。この本は，それまでは哲学の原理的概念の検討が中心であった政治哲学において，何が正義かを真正面から論じることを復活させたといわれている。

　現代社会においてもっとも影響力のある思想は，功利主義哲学であろう。どのような選択も等しく尊重されるべきだとする功利主義哲学は，素朴な感性に受け入れられやすいからである。ロールズはこの功利主義の前提を受け入れつつも，再配分的福祉国家の基本的原理を擁護する主張を展開した。

　社会福祉の原理に引きつけて考えた場合，ロールズの哲学の中でも，いわゆる格差原理と呼ばれている正義の原理が重要となる。これは「天性によって恵まれた立場におかれた人々は誰であれ，敗れ去った人々の状況を改善するという条件に基づいてのみ，彼らの幸運から利得を得ることが許される」（Rawls 1971 = 1979：77）とされるものである。誰もが自らの能力をいかして社会の中で活躍し利益を得ることはできるが，それが許されるのは恵まれない者の生活を改善する場合においてのみであるとする原理である。

　この原理から望ましいとされる社会制度は，生活するために必要な「基本財」を，福祉の対象となるような恵まれない人々がもっとも多く受け取ることができるような制度であるとされた。しかし，現在において恵まれている状況と恵まれていない状況が存在すること自体の解消をめざすものではなかった。

　功利主義の延長にある市場原理主義から福祉国家を救い出す原理としては大変巧妙なものであり，ロールズ理論は歓迎された。一時は学会でロールズの評価論文が流行したために，その状況を指して「ロールズ産業」と呼ばれたほどである。しかしながら，より現代

第3章　社会問題の変化　**57**

的な福祉理論としてはこれでは不十分である。

▷ センのケイパビリティ・アプローチ

アマルティア・センは，彼の主張する**ケイパビリティ・アプローチ**からロールズを批判した。ケイパビリティ・アプローチとは，ロールズの哲学のように単に配分される資源がより改善されるということに留まらず，それぞれの人々が望ましい生活状況（機能）を自由に実現するために必要な資源が割り当てられないと意味がないと考える理論である。次のような表現を見ると，この理論を理解しやすいだろう。

> ロールズの格差原理によると，彼が身障者だからという理由でより多くの所得を提供することも，より少ない所得をあてがうこともない。身障者が効用の面で不利な位置にあることは，格差原理にとって重要性をもっていない。これは過酷なことのように見えるかも知れないし，私は実際にそうだと思う。(Sen 1982 = 1989：249)

たとえば，身体障害者に最低限の生活費を保障できる社会が実現するという名目で，それが最低限の生活状況にある健常者と同じだけの社会資源を割り振ることにとどまるのならあまり意味がない。それは，センでなくとも，苛酷な生活状況と誰もが考えるだろう。それぞれの人々のおかれた個々の状況によって必要な社会資源は異なるのであり，生活における幸福を同じだけ達成するには，より多くを割り振られる必要のある人々が存在する。障害者，移民，ひとり親家庭，生活に困窮した高齢者，その他さまざまなマイノリティといった人々には通常よりも多くの資源と配慮を割り振るのは，このセンの思想を待つまでもなく，現代社会では当たり前の前提とな

りつつある。すなわち，社会福祉の理念は，より多く必要な人には
より多くの資源を配分することを求めるように高度化しているので
ある。

　また，必要な資源も金銭で代替できるとは限らない。足が不自由
な身体障害者であれば車椅子が必要であろうし，孤独な高齢者であ
れば話題を共有できる友人との会話が必要だろう。筆者が少し読み
込みすぎかもしれないが，やはり，金銭を再配分することを超えた
支援が求められていると解釈してもよいだろう。

　本章では，現代の社会問題が，貧困問題からより多様な姿へと変
化したことを確認した。また，その背景にある社会哲学についても
変化を確認した。ここで，福祉政策を理解するための背景となる知
識を共有し，これ以後の各章を読んでいく際に役立ててほしい。

⁄⁄⁄ *Book guide* 読書案内 ⁄⁄⁄

・宮本太郎，2021，『貧困・介護・育児の政治 —— ベーシックアセットの福
　祉国家へ』朝日新聞出版
　　最適なサービスや現金の給付を組み合わせるベーシックアセット論を展開し
　ている。現代の福祉提供体制の政治状況をわかりやすく適切にまとめている。
・ポール・スピッカー著，圷洋一監訳，2008，『貧困の概念 —— 理解と応答
　のために』生活書院（原著 2007 年）
　　貧困とは何かについて概念的な説明が豊富な事例を交えながらわかりやすく
　なされている。社会福祉の出発点は貧困対策だったので，その理解はすべての
　出発点となる。
・アマルティア・セン著，大庭健・川本隆史訳，1989，『合理的な愚か
　者 —— 経済学＝倫理学的探究』勁草書房（原著 1982 年）
　　現代の社会福祉を考えるための基本的思想はアマルティア・センのケイパビ
　リティ論だろう。本書を読めば彼の思想を比較的わかりやすく理解できる。

コラム2 福祉政策のニーズと資源

(1) ニーズと資源

　福祉政策が対応する困難，問題，課題を「ニード（need）」という。多くの場合，問題や課題は1つではなく，複数あり，それらがからみあって複合化していることが多いため，複数形で「ニーズ（needs）」ということが多い。ニーズは日本語では「必要」と訳される。この必要なものを提供するのが「資源（resource）」である（武川 2006，三浦 1995 参照）。

(2) ニーズと資源の多様性

　ただし，ニーズや資源は多様な意味合いを含む。たとえば，食料がなくて「困難」に陥っているため，食料が「必要」と判断され，食料という「資源」が提供される。この例を見ればわかるように，ニーズというのは，「困難」とその困難への対応の「必要」を併せもったニュアンスがある。ただし，社会福祉の現場では，多くの場合，食料のニーズがあるとした場合，食料で困っているという意味で使われていることが多い（そのために食料が必要）。実は，何かで困っていることとそれを満たすために必要なことが直接に結びつかないことがあるからである。福祉の相談窓口で，仕事がなくて生活に困っているという相談があった場合，そのまま捉えると就職先を探すのを支援しようとなる。しかし，その人が日本語ができない外国人であったり，家で重度の障害児を育てないといけなかったり，住む家がなかったりする場合がある。しかも，仕事の賃金は月末まで支払われない。家（住所や連絡先等）がなければ，仕事も見つからない。そうであれば，仕事を探す前に，日本語の習得のための教育，障害児の専門的な介助や保育の支援，住宅の確保などが必要になる場合もある。

(3) ブラッドショーのニーズの類型

　こうしたニーズの意味合いを考えるにあたって，イギリスのジョナサン・ブラッドショー（Bradshaw 1972）によるニーズの4類型がよく引き合いにだされる。

　1つ目に，「感じられたニーズ」（felt need）であり，本人が困っ

ている，支援の必要があると感じているが，まだ他人に伝えられていないニーズである。誰にも知られていない場合は，「潜在的ニーズ」ともいわれる。ただし，まだ感覚的なものであり，個人差が大きい。たとえば，困窮のため手持ち金が1000円しかないとき，これで何とかなると思う人もいれば，もう限界だとして支援を求める人もいるかもしれない。

2つ目は，表明されたニーズ（expressed need）であり，本人により他者に実際に表明されたニーズをいう。または「顕在的ニーズ」ともいわれる。ただし，表明されたからといって実際にニーズと感じているとは限らない。お金があるのに，お金がないので困っている人がいるかもしれない。そもそもスティグマ等により表明できない場合もある。さらに，生活保護の水際作戦のように，ニーズを表明しているのに他の人に認識してもらえないこともある。

3つ目は，規範的ニーズ（normative need）であり，官僚等の専門家が一定の基準を設定し，その基準を満たしていないとされたニーズをいう。政策や制度で対応すべきニーズを設定するために使われることが多い。たとえば，介護保険の要介護認定などがある。この場合，本人がニーズを感じていたり，表明したりしているのとは別に，ニーズがあるかないかが判断される。そのため，本人のニーズに合わないこともある。他方，本人が気づいていないニーズを専門家が発見し，問題の深刻化を予防することもある。

4つ目は，比較ニーズ（comparative need）であり，すでに福祉サービスを利用している人がいる場合，その利用者と同様の状態で福祉サービスを利用していない人がいる場合，その人にニーズがあるとする。たとえば，聴覚障害のため手話通訳を利用する人がいる場合，他の聴覚障害のある人も手話通訳のニーズがあると考える。

以上の4つは福祉政策の中でニーズがどのように設定されていくかを表しているともいえる。たとえば，あるAさんが発達障害で困っていると思っていたところ（感じられたニーズ），それを家族に表明し（表明されたニーズ），医師，専門職のところでAさんは発達障害の困難があると認定された（規範的ニーズ）。そうすることで，他の発達障害のため利用されているサポートの必要がある

第3章　社会問題の変化　**61**

とされ（比較ニーズ），Ａさんも発達障害のサポートを受けられる
ようになる，というものである。こうしたニーズの捉え方は政策的
にも実践的にも重要である。

(4) 需要との違い

ニーズについては，よく経済学などで使われている「需要」との
違いも理解しておきたい。需要は，市場において財やサービスを購
入しようとする欲求をいう。たとえば，購入できる資金をもったう
えで，「服がほしい」ので購入したいという欲求をいう。他方，
ニーズは，凍え死んでしまいそうなので「服が必要」というよう
に，資金をもっていない場合でもその必要性に応じて表現される。
また，需要については，それがどれだけ人々の暮らしのために重要
かは問われないが，ニーズの場合その本人にとっては重要度や逼迫
感が高い傾向にある。とくにニーズの場合は，介護や食料，住宅な
ど，その重要性がある程度すでに認められていることが多い。

(5) 資　　源

さて，ニーズは「必要」とも表現されるが，何かがなくて困って
いるということである。そのため，その何か必要なものを提供する
必要がある。その必要なものとは，大きく現金と現物の２つに分
けられる。現物は食料や家などの実際のモノだけでなく，介護や相
談などの対人サービスも含まれる。こうしたニーズを満たすために
提供される現金や現物，サービスなどを「資源」という。社会福祉
の分野では，「社会的資源」といわれることが多い。なぜなら，木
材や石油などの自然資源（天然資源）とは異なり，社会福祉の分野
で必要とされる資源は，社会的に用意されるものだからである。

社会福祉における資源には，制度，行政機関，民間団体，企業，
施設，設備，現金・給付金，情報，専門職，支援者，家族，友人，
近隣，ボランティアなどがある。重要なことは，必要な人にこれら
の資源を適切に提供することである。もっともニーズが高い人にこ
うした資源がなかなか行き渡らないことが，社会福祉の問題をより
困難にしていることが多い。こうしたギャップを制度上，運営上，
具体的な支援の中で埋め合わせていく努力が求められている。

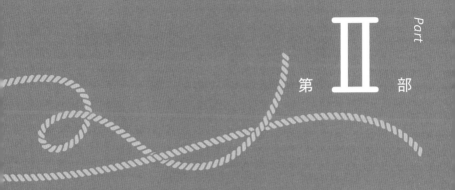

第 II 部

福祉政策の政策過程

Chapter

4 政策手段 普遍主義と選別主義を中心に
5 福祉政策と政策過程
6 福祉政策とガバナンスの変化
7 福祉政策の計画と評価

政策手段

普遍主義と選別主義を中心に

Chapter

第**4**章

Quiz クイズ

Q4.1 自助ができなければ共助（地域），共助ができないときにはじめて公助（行政）が対応すべきだという主張は，ティトマスの福祉モデルのどれに当てはまるか。
　　　a. 残余的福祉モデル　　**b.** 制度的再分配モデル
　　　c. 産業業績達成モデル　**d.** 自立支援モデル

Q4.2 その人の所得にかかわらず，すべての人に一定額の現金給付をすることを何というか。
　　　a. ワークフェア　　　　**b.** エンパワメント
　　　c. ベーシック・インカム　**d.** ナショナル・ミニマム

Answer クイズの答え（解説は本文中）

Q4.1　a　　Q4.2　c

Chapter structure 本章の構成

図　政策手段の4類型：4つの政策手段

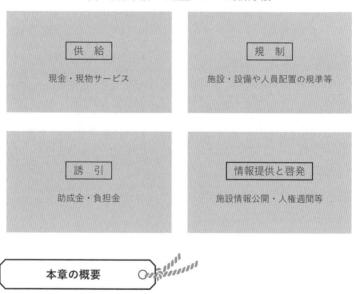

本章の概要

本章では，福祉政策を実現するための政策手段について解説する。そのために，第1に，政策手段について概説をしたうえで，第2に，福祉政策の手段を考えるにあたって福祉政策のあり方に関する論点を取り上げる。第3に，その論点の背景になっている普遍主義と選別主義の考え方と，それに関連する政策理念について検討する。

1 政策手段とは

政策手段とは，政策の目標を実現するための手段であり，方法である。佐々木（1998）によれば，より良い生活などといった政策の目標と現状との間にあるギャップが問題であり，その問題を解決する方策が**政策手段**である（**図4-1**）。したがって，政策手段を考えるためには，まず現状がどうなっているのかを調査などで明らかにし，そのうえで**政策目標**を打ち立てる必要がある。そして，明らかになった現状と政策目標とのギャップをどのように埋め合わせるのか，その手段や方法を考えていくのである。

では，政策手段にはどのようなものがあるのか。政策手段には大きく4つの手段があるといわれている（北山 2015参照）。

図4-1 現状と政策の目標，政策手段の関係

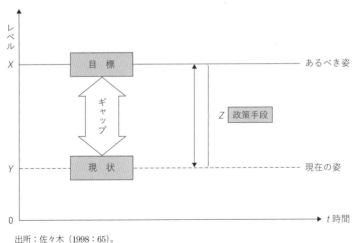

出所：佐々木（1998：65）。

第1の政策手段は，**供給**である。これは行政が財やサービスを供給するものである。行政は税や保険料等で徴収した資金を用いて，原則的には公務員により直接的に，または民間の企業や団体を通じて間接的に，**財（現金や現物）**や**サービス**を供給する。たとえば，生活保護は，公務員であるケースワーカーが生活保護の利用者に対して生活保護費という現金給付を直接的に供給している。介護保険では，主に社会福祉法人や企業，NPO等を通して介護サービスを間接的に提供しているといえる。

第2の政策手段は，**規制**である。規制とは，国家の強制力を用いて規則やルールを設定し，民間企業や団体，人の行動の範囲を狭め，統制するものである。この規則やルールに従わない場合は，罰金等の金銭的な制裁，または，営業停止や逮捕等の物理的な制裁が課されることになる。逆にいえば，こうした制裁を通じて規則やルールを達成しようとするものである。たとえば，「特別養護老人ホームの設備及び運営に関する基準」を見ると，スプリンクラー等の施設設備，介護士や栄養士，看護師等の職員配置等が定められている。これを満たさない場合は，単に法令違反だけではなく，介護報酬の不正請求や虚偽申請，虚偽報告とされ，営業停止や介護保険の指定取り消し等の処分が行われる。こうした**行政処分**を背景に規則やルールを遵守するように求めている。

第3の政策手段は，**誘引**である。誘引とは望ましい行動をするよう利益を提供し，または，望ましい行動をしない場合に制裁を与えることで，望ましい行動をするように方向づけることである。いわゆるアメとムチの政策である。たとえば，障害者雇用率制度では，労働者に占める障害者の割合である障害者雇用率は民間企業で 2.5％（2026 年 7 月より 2.7％）となっている。これに関して，達成できない企業については，**行政指導**が行われ，それでも達成できない場合は企業名を公表する（ムチ）。また，障害者雇用納付金制度があ

68　第 II 部　福祉政策の政策過程

り，障害者雇用率を満たせない事業主からは障害者雇用納付金として不足1人につき月額5万円を徴収する（ムチ）。他方，この納付金を財源として障害者雇用調整金（従業員100人以上の場合）として雇用率超過1人につき月額2万9000円や各種助成金の支給が行われている（アメ）。

　第4の政策手段は，情報提供と啓発である。情報提供・啓発とは，行政が情報を提供することで企業や団体，人々の行動変容を促すことをいう。たとえば，**情報提供**については，介護保険制度には介護サービスの情報公表制度がある。介護保険サービスには，企業やNPO，社会福祉法人などさまざまな事業者が参入し，介護サービスを提供している。そして競争により介護サービスの質が向上するといわれてきた。しかし，介護サービスを利用したい人は事業者の情報がない。提供されるサービスの内容や質について，事業者はよく知っているが，利用したい人はよく知らない状態を**情報の非対称**という。他方，行政の介護保険課は利用者が事業者を選ぶ際にどの事業者がいいかをいうことは偏りが出てしまうということで説明や紹介もしてもらえない。そのため，2006年度より利用者が介護サービスや事業所・施設を比較・検討して適切に選ぶための情報を都道府県が提供することになった。これによりその人に応じた介護サービスの選択ができるようにしようとしているのである。また，**啓発**については，法務省は1948年12月10日に世界人権宣言が採択されたので毎年12月10日を「人権デー」とし，12月4日から10日までの1週間を「人権週間」として，人権に関わるポスターや動画を作成したり，人権作文コンテスト，人権シンポジウム，人権の花運動などの啓発活動をしている。こうした人権啓発活動を行うことにより，人々の間で人権が尊重されるよう促している。

　こうした政策手段は単一ではなく，複数の政策手段を活用して政策の目標を達成することが多い。たとえば，生活保護は憲法25条

に謳う生存権保障のために設けられた制度であるが，そのために単に最低生活保障として現金を給付するのみではなく，自立助長としてケースワークや就労支援等のさまざまな支援が行われている。

2 福祉政策における政策手段の論点

福祉政策では，子どもから高齢者，障害者や難病者，外国人などさまざまな人に対して多様な政策手段を用いて支援をしたり，問題解決に取り組んでいる。ここでは，福祉政策における政策手段を取る際の論点とその特徴について検討してみたい。

▷ 現金給付と現物給付

第1に，現金給付か現物給付（対人サービスを含む）かという論点である。**現金給付**はその必要を満たす物やサービスを購入できるよう現金を支給するものである。**現物給付**は必要を満たすための現物を支給するものである。三浦（1995）によれば，現金給付の形態には，①手当や年金，給付金，②支払うべき利用料の減免や代払い，③融資や貸与という形がある。現金給付の特徴としては，受給者が受けとった現金を自らの意思と裁量に基づいて活用することができ，利用者の自由を確保しやすい。他方，その現金が必要の充足のために使われず，他に流用される可能性がある。

現物給付の形態には，その必要の充足・解決のための物品や施設，対人サービス等がある。**対人サービス**は，人の働きによって必要を充足する形であり，相談，助言，看護，介護，養護等の多様なものを含む。現物給付の特徴としては，その必要の充足以外に現物を利用しても有効性が低く，他に流用される懸念が少ない（介護おむつなど）。しかし，利用者からすると私生活の干渉となる場合がある

（施設入所など）。また，現物給付をする場合，直接に提供するものであるので必要の発生する場と現物を提供する場を可能な限り近接しておく必要がある。また，対人サービス，たとえば，ホームヘルパーが必要な場合，単に人件費を用意するだけでなく，提供する地域でその人材の養成と確保や定着等も必要になる（三浦 1995：78-85）。

今日，現金給付は基本的に銀行振込で実施されており，手続き的には遠くにいる人も含めて多くの人にいっせいに提供することが可能である。現物給付はその人に合ったものを給付することが難しいことが多い。必要とされる介護おむつの支給も大きさや特徴は人によって異なる。配食サービスのような場合は，人の好みやアレルギー等の配慮が必要な場合もある。これらを無視した提供は，福祉サービスの利用者を劣等者として見る温情主義や**パターナリズム**の特徴が出やすい。

対人サービスは，個別の事情に細かく配慮していく必要があり，その支援者の専門性や経験，その他の資質（優しい，趣味が合う等）などの資質がサービスの質に大きく影響する可能性がある（卯月2018 等を参照）。

また，諸外国では**給付つき税額控除**がワーキングプア対策や子どものいる世帯への支援として導入されてきている。給付つき税額控除とは，一定以上の勤労所得のある世帯に対して，勤労を条件に税額控除（減税）を与え，所得が低く控除しきれない場合には還付金を支給するものである（森信 2008：9）。アメリカやイギリス，カナダ等では広く導入され社会保障給付の一環として大きな役割を果たしている。勤労所得のある人に限定される制度であるが，働いているのに貧困にあるワーキングプアが多い日本でも導入の余地があると考えられる。

▷ 税方式と社会保険方式，措置制度と利用契約方式

第2に，税方式か社会保険方式か，または措置制度か利用契約方式かという論点である。1997年に介護保険法が成立し，2000年度から介護保険が実施された。介護保険法前は，老人福祉法上で**税方式**，つまり国・地方自治体の所得税や法人税等の租税を財源として高齢者の介護サービスが提供されていた。福祉政策における税方式は**措置制度**と呼ばれ，地方自治体がサービス提供の決定権とその責任をもっていたが，利用手続きが煩雑で利用者が自由にサービスも選ぶことができないと批判された。

介護保険法で新たに保険料を徴収して財源を確保して介護サービスを提供する**社会保険方式**に改革が行われた。社会保険方式となり，保険料を支払い，要介護認定を受ければ，自由に介護事業者を選択し，介護サービスを購入することができるようになった。こうして利用者は直接に介護事業者と利用契約を結んで介護サービスを購入し，国・地方自治体はその購入した費用について助成するという役割となった。これを**利用契約方式**という。高齢者介護以外の分野でも利用契約方式にしようと1998年に**社会福祉基礎構造改革**が提案され，2000年の社会福祉法改正によって社会福祉制度は利用契約制度に改革されることになった。たとえば，2003年の障害者支援費制度，のちの障害者自立支援法・障害者総合支援法も利用契約方式とされている。ただし，例外的ではあるが，高齢者や障害者等への虐待への緊急避難対応のために行政責任で対応する措置制度は存続している。なお，社会保険方式は年々引き上げられる介護保険料を支払わない人には制裁措置として利用できなくなるため，低所得層に介護利用の大きな制約をもたらしている。

▷ 直接供給と民間委託

第3に，直接供給か民間委託かという論点である。先にも述べ

72　第Ⅱ部　福祉政策の政策過程

たように，福祉サービスの供給において行政が直接提供する**直接供給**と民間事業者に**委託**することで間接的に供給する場合がある。現在，多くの福祉サービスが社会福祉法人，NPO 法人や企業等を通じて提供されている。介護保険法の地域包括支援センターや生活困窮者自立支援法の自立相談支援事業など，行政による相談支援の要となる部分では，一部行政が直営で実施しているところもあるが，社会福祉協議会や企業，NPO 法人に委託しているところも多い。この委託というのは，先に述べたような利用契約方式で利用されているものではなく，行政が直接そのサービス提供責任を負うものである。民間委託の 1 つの形として，高齢者施設や保育施設等の社会福祉施設を含む「公の施設」を民間事業者に運営を委託する**指定管理者制度**もある。

　このような民間委託についても，複数の事業者から費用が安い等の条件を満たした事業者を選ぶ**競争入札**か，いくつかの民間事業者から提案を受けて，最適な事業者を選定する**プロポーザル方式**か，話し合いを通じて特定の事業者を選択する**随意契約**か，契約期間を 1 年とする単年度契約か，2～3 年など複数年契約か，委託金の支払いについて**償還払い**か，業績に応じた支払いである**成果支払い**を含むかなど条件はさまざまである。ただし，競争入札で単に安いだけで事業者が選ばれ，事業が適切にできない場合があったり，単年度契約のため契約打ち切りの可能性があると職員が非正規労働者ばかりで構成されたりして，福祉サービスの質の劣化を招いている事例が散見される。質よりもコスト削減に重点を置く自治体も多いのが実際である。

▷　**応益負担と応能負担**

（1）**応益負担と応能負担**

　第 4 に，福祉サービスの利用時に利用者負担をどのように求め

るか，つまり，応能負担か応益負担かという論点である。介護保険
や障害者福祉の介護サービス，児童福祉の保育等では利用者負担が
設定されている。介護保険では利用した介護サービスの費用の原則
1割の負担が設定されている。このように福祉サービス等の利用量
に応じて利用者負担が増減するものを**応益負担**という。障害者自立
支援法では**定率負担**とも呼ばれていた。他方，障害者福祉や保育等
では所得に応じた利用者負担が設定されている。このように費用の
負担能力に応じて利用者負担を設定することを**応能負担**という。応
能負担の場合，低所得者は利用者負担なし，つまり無料もしくは低
廉な費用で福祉サービスを利用することが多い。他方，応益負担で
は，低所得者であっても福祉サービスの利用に応じた利用者負担を
求められることになる。この利用者負担について，同じサービスを
利用した場合，同じ金額の負担をすることが平等であると捉えるこ
とができる。他方，福祉サービスが必要であっても貧しいために利
用者負担があるために利用できない場合は，利用者負担をなくした
り，減らしたほうが公平だと捉えることもできる。これらを踏まえ
てどのように利用者負担を考えるのか。

(2) 利用者負担の機能とメリット

　大野（1991）によれば，福祉サービスの**利用者負担**には，①収入
を得ること，②需要を抑制すること，③濫用を防止すること，④
（負担に比べ効果があまりないと利用しないグループが出てくることによ
り）優先順位を変更すること，⑤受益者に負担配分をさせること，
⑥（ニーズの強さなど福祉サービスの）選好を表示すること，⑦（消費
者意識により）権利意識を強化すること，という7つの機能がある
といわれている。このような機能を通して，利用者負担のメリット
として，①資源配分の効率化，②（サービスを利用しない人との）社
会的公平の確保，③（安易に福祉サービスに依存しなくなるため）自
立・自助の助長，④代価としての財源調達（税よりも利用者負担のほ

74　第Ⅱ部　福祉政策の政策過程

うが引き上げやすい）があるという（大野 1991：149-57）。現在のように，常に財政難だといわれ続ける中で，利用者負担を設定することは国や自治体にとっては経済的なメリットがあるのかもしれない。

(3) 利用者負担の問題

しかし，2006 年度より実施された障害者自立支援制度で応益負担（定率負担）が導入されたが，24 時間介護が必要な重度障害者等には大きな負担となり，障害に罰金を課しているようなものだと批判された。全国各地で「障害者自立支援法違憲訴訟」が提訴され，2010 年 1 月に原告団・弁護団と国（厚生労働省）との「基本合意文書」が交わされ，「速やかに応益負担（定率負担）制度を廃止」することになった。福祉サービスがなければ，生きていけない，生活できないような場合，利用者負担によってそれが阻害されないようにしなければならない（障害者自立支援法違憲訴訟弁護団編 2011）。

また，利用者負担の前提は，福祉サービスを私的財として捉えるところに大きな原因がある。つまり，介護サービスや保育等はその利用する人のみが利益を得るものであると捉えているのである。こうした捉え方には次の 2 つの問題がある。

第 1 に，利用者負担ができるかどうかで福祉サービスの利用が決まるということである。福祉サービスが生きていくため，生活していくために必要なものであるなら，利用ができないことは死や生活破綻を意味する。利用者負担があることによって，必要な人への福祉サービスを抑制することにつながる。貧困で利用者負担ができない場合，利用者負担の減免制度があるといわれるかもしれないが，減免制度を知らない，知っていたとしても利用の条件や手続きの煩雑で，必要な福祉サービスがなかなか受けられない可能性もある（芝田 2019：127-32）。

第 2 に，介護サービスや保育等が地域社会の生活の向上やまちづくりなどにつながる公共財や社会的共通資本などと見ないことで

ある。いま多くの自治体で子どもの医療費助成を行い、子どもの医療費の利用者負担を軽減している。それは子どもの医療を確実なものにすると同時に、子どもは社会で育てていこうという自治体の意思の現れである。また、ティトマスは、社会福祉は**ディスサービス**、つまり社会構造や産業構造の変化による失業や労働災害、交通災害など社会の進歩の中で損害を被った人々に対する補償だと述べている（Titmuss 1968 = 1971：73）。このように社会福祉を捉える場合、利用者負担は考えられないだろう。利用者負担の捉え方はこのように社会福祉そのものの捉え方によっても異なるのである。

3 選別主義から普遍主義へ

▷ 選別主義と普遍主義

政策手段について検討する際に、福祉政策における**選別主義**と**普遍主義**について検討しておきたい。なぜなら、福祉政策をどのように構築するのかによって、採るべき政策手段が異なってくるからである。ただし、普遍主義、選別主義もその度合いによって意味合いが変わってくる。平岡（1991：69-70）によれば、第1に、もっとも普遍性を強めた場合、普遍主義とはすべての人が平等に給付を受けることができることであり、選別主義とはそれに該当しないことをいう。しかし、これだと何ら必要がなくても給付が受けられることになる。第2に、少し緩くした定義では、給付やサービスの受給に際して収入と資産、扶養についての**資力調査（ミーンズ・テスト）**、もしくは要介護認定など**ニード・テスト**を受けなければならない場合を選別主義とし、それらがない場合を普遍主義という。しかし、これだと社会福祉の利用にはニード・テストがあるので、ほとんど選別主義となる。第3に、イギリスの社会政策では一般的な定義

として，給付・サービスの受給に際して資力調査を受けなければならない場合を選別主義，その必要がない場合を普遍主義とされる。本章でもこの第3の定義を用いる。

　さて，政策手段の観点から選別主義と普遍主義を捉えた場合，福祉政策上の特徴が生じると考えられる。まず，選別主義については，社会福祉の利用者を資力調査によって選別することを意味する。このメリットは，対応可能な対象者を資力調査で絞り込むことで社会福祉支出を抑制することができる。他方デメリットは，①調査のための人的・金銭的コストが増大する，②財政と必要充足の対抗関係の中で選別のための基準を設定することが困難である，③選別された一部の人しか利用しないため，利用に伴う**スティグマ**（恥辱感）が伴いやすく実質的には権利性が低くなる，④その結果，その政策は一部の人のための特殊な政策として認識され，国民の支持が得られないことなどが挙げられる。

　次に，普遍主義については，必要性が認められれば所得に関係なく誰でも利用できることを意味する。このメリットは，①**所得制限**がないため，その調査の**選別コスト**や**手続きコスト**がかからない，②そのためスティグマが低下する，その結果，権利性が強化されることなどが挙げられる。他方，デメリットは所得制限がない分，中流層や富裕層も給付の対象となっており，その分大きな支出を伴うことである。

　実際の政策では，生活保護のような典型的な選別主義，児童手当など社会手当のような普遍主義を両極において，多くの福祉政策はそれぞれ選別主義と普遍主義の間でグラデーションのような形で設計されているといえるだろう。

▷　**ティトマスの残余的福祉モデルと制度的再分配モデル**

　さて，普遍主義，選別主義に関連して，福祉政策についてはウィ

レンスキーとルボー（1971）の残余モデルと制度モデル，それを発展させたティトマスの残余的福祉モデルと制度的再分配モデルが参考になる。ここではティトマス（Titmuss 1974 = 1981：27-29）の紹介をしておきたい。第1に，**残余的福祉モデル**であり，私的市場および家族が機能しなかった場合にのみ福祉政策が対応するというものである。たとえば，生活保護では補足性の原理により，あらゆるものを利用しても生活できない場合に生活保護は利用できるとされている。しかし，これにはミーンズ・テストに伴うスティグマが付随し，実際に権利として社会福祉を利用することが難しい。これは選別主義モデルといえるだろう。

第2に，**制度的再分配モデル**であり，市場の外側で，その人のニーズに応じて普遍的なサービスを提供するものである。社会変動や経済変動に基づき，また，社会的平等の原理に基礎づけられたモデルだとされている。たとえば，子どもを育てるときには多くの労働者にとって追加的な支出を伴うことから，多くの国では家族手当・児童手当が所得制限なし，もしくは緩和された形で，普遍主義的に給付が行われている。そのため，スティグマも弱く，権利性がより高い政策になっている。

なお，ティトマスは以下の2つのモデル以外に，**産業的業績達成モデル**も提示している。これは主に企業による従業員のための福利厚生（企業福祉）を前提にしたものであり，産業上の業績に応じて対応がなされるものである。たとえば，厚生年金はその人の賃金報酬に応じて保険料を払い，その支払った保険料に応じた年金給付が受けられる。したがって，高い賃金を得ている人は高い保険料を支払うが，その分高い年金給付を受け取ることができる。ただし，このように産業上の業績というある意味所得に応じた仕組みであり，低所得者は十分な給付が受けられないという意味で選別主義的ともいえる。

78　第Ⅱ部　福祉政策の政策過程

イギリスの選別主義から普遍主義への歴史

　福祉政策の歴史を見ると，福祉政策は選別主義から普遍主義の要素を拡大してきた歴史であるともいえる。平岡（1991：71-79）によれば，イギリスの福祉政策は普遍主義の発展モデルとしても見ることができる。1601年の救貧法の成立によって，貧困の救済が整備されたが，1834年の新救貧法の利用対象の制限と劣等処遇の原則により貧困対策に対するスティグマが強化された（残余的福祉モデル）。しかし，1900年前後のチャールズ・ブースらの貧困調査によって人口の３割にも貧困が広がっていることが明らかになり，その対策が行われ，とくに医療保険と失業保険を含む1911年の国民保険法によりはじめて社会保険が導入された。この給付水準は不十分ではあったが，救貧法以外の貧困対策が設けられ，貧困救済のスティグマの緩和につながったという。

　1920年代に入り，世界恐慌による失業者の増大に対して失業保険財政が限界に達し，資力調査のある失業者の給付が導入された。しかし，失業者が救貧法と同じ扱いを受けることに大きな反対運動が生じた。このことがイギリスのその後の政策論議と政策選択に大きな影響を及ぼしたという。1942年にベヴァリッジ報告が公表され，社会保険，包括的な医療サービス，家族手当等の資力調査を伴わない普遍主義的要素を強化し，資力調査を伴う公的扶助は社会保険を補完するものにすぎないとされた。実際に，1945年に家族手当法，1946年に税方式の医療制度である国民保健サービス法等が創設された。こうして，福祉政策は，対象者を最貧困層に限定した選別主義から多くの人が利用する普遍主義へ発展してきたのである。

ワークフェア，ベーシック・インカムと児童手当

(1) ワークフェアとベーシック・インカム

　普遍主義と選別主義でいえば，2000年代に大きな議論になった

第4章　政策手段　**79**

ベーシック・インカムとワークフェアの議論が挙げられる。

まず，**ワークフェア**は，働くことを条件に公的扶助の現金給付をすることである。ワークフェアは1996年にアメリカの公的扶助改革で導入された。つまり，公的扶助を受けるにあたって，一定の労働条件を満たさなければならない。労働条件とは，就労，就職活動，職業訓練，それらが難しい場合は地域でのボランティア活動等をすることである。これらができない場合，公的扶助が減額されたり，廃止されたりする制裁が課される。また，公的扶助の給付は原則5年間（60ヵ月）までとされた。

それまでの公的扶助は，ミーンズ・テストにより所得や資産がなく貧困であれば支給されていた。しかし，ワークフェアの導入によって，単に貧困であるだけでなく，労働条件を満たさなければならなくなったのである（木下 2007）。その意味では選別主義がよりいっそう強化されたといえよう。こうした改革はアメリカだけでなく，イギリスやオランダなどの西欧諸国や日本にも大きな影響を与えた。日本では，母子世帯向けの児童扶養手当に対する一部支給手当の導入，生活保護の自立支援プログラム等，就労支援や就労対策が大幅に強化されてきた。

他方，**ベーシック・インカム**とは，すべての人に生活の基礎となる所得を定期的に給付するものである（小沢 2002，山森 2009）。これは，無条件で，つまり，ミーンズ・テストをせず，また，働いているか等にかかわらず，最低限の生活ができる一定額の現金を給付するものである。その意味でいえば，究極の普遍主義に基づいた現金給付である。ベーシック・インカムにより，選別主義に伴うミーンズ・テスト等のための管理コストを大幅に下げ，スティグマや捕捉率の低下（漏給），貧困の罠のような問題をなくすことができる。また，仕事を強制されないため，低賃金など条件の悪い労働をなくすことができる。他方，財源をどう確保するのか，人が働かなくな

80　第Ⅱ部　福祉政策の政策過程

り社会が維持できるのかなどといった批判がなされることが多い。ただし，近年では，単に議論するだけでなく，フィンランドやドイツ，オランダなど諸外国ではベーシック・インカム導入に関連した実験が実際に多数行われてきていることには注目したい（畑本2023）。

(2) 児童手当の所得制限

さて，児童手当は，社会手当の制度でミーンズ・テスト等が軽減され多くの子どものいる世帯に給付されるため，子ども版のベーシック・インカムともいわれている。しかし，日本では児童手当であっても普遍主義に対する根強い反対がある。その象徴ともいえる議論が民主党政権時に一時的に導入された2010年の「子ども手当」であった（北 2014）。少子高齢化を背景に，児童手当の拡充が政策課題になっていた。2010年9月までは，児童手当の支給年齢は小学校卒業までで，月額で第1子が5000円，第2子が5000円，第3子が1万円で所得制限があった。しかし，民主党政権へと政権交代があった際に「子ども手当」として児童手当の拡充が図られた。つまり，「次代の社会を担う子ども1人ひとりの育ちを社会全体で応援する」「子育ての経済的負担を軽減し，安心して出産し，子どもが育てられる社会をつくる」ことを政策目標として，それまで小学校卒業までしか支給されていなかった児童手当を，中学卒業まで所得制限なしに，つまりミーンズ・テストなしで普遍的に，1人につき1万3000円の子ども手当を支給することにしたのである。そして最終的には1人当たり2万6000円を支給することを目標にした。

しかしながら，2011年10月には民主党・自民党・公明党の3党合意により，子ども手当の廃止と児童手当の復活が図られた。その結果，第1子，第2子の給付額を1万3000円から1万円に減額し，第3子の金額を1万5000円に増額したうえで，所得制限を復活さ

せた。ただし，所得制限の限度額以上の世帯には「当分の間」特例給付として一律5000円の給付をすることになった。ただし，この特例給付も2022年10月で廃止された。

　子ども手当廃止の理由は主に次の5点がある。第1に，所得制限を設定しないことに対して，富裕層に手当を出すのは効果的ではなく，非効率であると批判されたこと。第2に，児童手当額を高くするための財源がないこと。第3に，児童手当よりも保育園の拡充のほうが優先だと批判があったこと。第4に，小学校卒業から中学校卒業まで支給年齢を高くするといっても，一番お金がかかるのは子どもが高校と大学に行くときであるので不十分だと批判されたこと，第5に，子どもは社会で育てるのではなく，家族が第一義的に責任を負うべきであると批判されたこと，などである。

　しかしながら，若者の貧困化・非婚化，また，子育て世帯の負担が大きくなる中で，少子化が急速に進んでいることが判明した。少子化によって人口の高齢化と人口減少が進み日本の経済規模が縮小する中で，ますます増大する年金や介護などの社会保障や水道などの公共事業のための財源も減少させてしまい，将来的に大きな問題だと捉えられるようになってきた。そこで政府は少子化対策として児童手当の拡充を図ることにした。2023年6月13日に閣議決定された『「こども未来戦略方針」——次元の異なる少子化対策の実現のための「こども未来戦略」の策定に向けて』の中で，「児童手当の拡充」として，所得制限を撤廃すること，支給期間を高校生年代まで延長すること，第3子以降3万円とすること，以上を2024年度中に実施できるように検討することが提案された。

　2023年12月22日には『こども未来戦略——次元の異なる少子化対策の実現に向けて』が閣議決定され，上記の児童手当の拡充策が確認された。それを実現するために，公的医療保険に上乗せして費用徴収して財源を確保するための「子ども・子育て支援金」の創

図 4-2 家族関係支出の対 GDP 比の国際比較 (2019 年)：現金給付，現物給付別

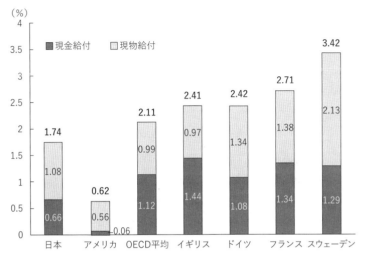

注：日本については 2019 年度，各国の数値は 2019 年。
資料：日本は「令和 2 年度社会保障費用統計，諸外国は」OECD Family Databese「PF1.1 Public spending on family benefits」(2019 年) より作成。
出所：子ども家庭庁 (2023)。

設を含む子ども・子育て支援法案が 2024 年 6 月 6 日に参院で可決され，成立した。

このように少子化対策として所得制限を撤廃し，普遍的給付として児童手当を給付することになった。ただし，子どもを持つ世帯が減ってきている中，子育て世帯への優遇策として批判がある。また，これまでのように，高額所得者にも給付することに対して**バラマキ福祉**といわれていること，また足りないといわれている保育や学童保育などの子育て支援の現物給付・福祉サービスに資金を回すべきだという議論もあり，この動向はまだ不確かである。

しかし，こうした児童手当の議論から所得制限による選別主義か，それを撤廃した普遍主義かの議論が続いている。ただし，2019 年

の家族関係支出，つまり，子ども関係の社会支出の対 GDP 比の国際比較データを見ると，日本は 1.74％ であり，OECD 平均の 2.11％，イギリスの 2.41％，ドイツの 2.42％，フランスの 2.71％，スウェーデンの 3.42％ よりもかなり低い。とくに，現金給付については，日本は 0.66％，児童手当のないアメリカ（0.06％）よりは大きいが，イギリス（1.44％），ドイツ（1.08％），フランス（1.34％），スウェーデン（1.29％）の半分程度しかない（**図 4-2**）。

　1971 年の児童手当法成立時の法第 1 条には，児童手当の目的は，「家庭における生活の安定に寄与する」こと，「次代の社会をになう児童の健全な育成及び資質の向上に資すること」とする。ここから，児童手当は貧困対策ではなく，子どもが生まれ，育てることによる追加的な支出を児童手当で補うことで生活を安定させること，将来社会的な役割を担う子どもを社会全体で育てていこうとしていることが読み取れる。こうした視点から見れば，普遍主義的な視点で児童手当を見ていく必要があるのではないだろうか。

⁄⁄⁄ *Book guide*　読書案内 ⁄⁄⁄

・安藤加菜子，2024，『在宅育児手当の意義とあり方 ── 自治体による新たな現金給付とその可能性』ミネルヴァ書房

　　在宅育児手当は，保育所等を利用せずに子育てをする際に支給される現金給付である。日本では国では実施していないが，自治体や諸外国で実施されている。その導入の理由やどのような政策過程を経て導入されたのかを分析している。

・フィリップ・ヴァン・パリース／ヤニック・ヴァンデルポルト著，竹中平蔵監訳，2022，『ベーシック・インカム ── 自由な社会と健全な経済のためのラディカルな提案』クロスメディア・パブリッシング（原著 2017年）

　　ベーシック・インカム研究の第一人者による最新のベーシック・インカム論である。ベーシック・インカムの基本的な考え方，歴史，実現可能性について

分析している。

・オリヴィエ・ブランシャール／ダニ・ロドリック編，月谷真紀訳，2022，『格差と闘え —— 政府の役割を再検討する』慶應義塾大学出版会（原著 2021年）

　貧困と格差に立ち向かうために政府はどのような手段をとりうるのか。教育，金融資本の再配分，労働市場，社会的セーフティネット等，そのための方策についてさまざまな取りうる手段を検討している。

福祉政策と政策過程

第 5 章

Chapter

Quiz クイズ

Q5.1 住民が自治体の首長に対して条例をつくるように要求すること
ができるが，それを何というか。
a. パブリック・コメント　b. 首長請求
c. 直接請求　d. 住民投票

Q5.2 ジョン・キングダンの「政策の窓」モデルによれば，どのよう
な流れが政策の実現のために必要か。以下の 6 つの中から
該当する 3 つを選べ。
a. 選挙の流れ　b. 政策の流れ　c. 経済の流れ
d. 問題の流れ　e. 人事の流れ　f. 政治の流れ

Answer クイズの答え（解説は本文中）

Q5.1　c　　Q5.2　b, d, f

Chapter structure 本章の構成

> 政策過程分析の主な理論
> ・キングダンの政策の窓モデル
> ・ローズの政策ネットワーク論
> ・ピアソンの歴史的制度論
> ・シュミットの言説的制度論
> ・政策移転論（policy transfer）
> ・非難回避戦略（blame avoidance strategies）

本章の概要

　1980年代，日本の高度経済成長が陰りを見せる中，日本の人口の少子高齢化など福祉課題が大きくなる中で，1990年の社会福祉関連八法改正で在宅福祉サービスが整備され，措置権限が町村に移譲され，老人保健福祉計画策定が義務化されるなど，社会福祉サービスの市町村の役割が拡大する流れができた。2000年の社会福祉法改正で地域福祉の推進が規定され，地域包括ケアや地域共生社会など地方自治体における福祉政策の展開が焦点化してきている。そのため，地方自治体がどのように福祉政策を策定していくのかが重要になっている。本章では，第1に，政策過程のプロセスを順を追って検討したうえで，第2に，政策過程に関わる主な理論を紹介する。そして，第3に，政策過程の具体的事例を見ておきたい。

1 政策過程の概要
政策過程とは

　政策過程とは政策の創設から終了までの一連のプロセスをいう。政策過程については，**図5-1**のように，**政策の段階モデル**があるといわれている（秋吉ほか 2015：50-51，秋吉 2017）。一般的に，政策過程は，政策で取り組む課題を設定し，その課題を解決するための政策案を策定し，それを議会等で決定し，その政策を実施し，実施した政策を評価する。その評価の結果，まだ課題が解決しなかったり，別の問題が生じたりした場合は，最初にフィードバックして，再度，課題の設定をし，政策案を策定するプロセスにつなげる。もし課題が解決したり，解決する必要がないとされると，その政策は終了することになる。以下，詳しく見ていきたい。

政策課題の設定

　政策課題の設定とは，地域社会の中にあるさまざまな課題の中から政策として取り上げる課題を設定することである。地域社会の中にはゴミ処理，路上駐車，公共施設の老朽化，貧困，高齢者介護，子どもの虐待，不登校，外国人の非正規滞在などさまざまな問題がある。問題があると書いたが，実は問題が問題として認識されていないこともある。たとえば，障害児を抱える親の負担は，子育ては

図5-1　政策過程

政策課題の設定 → 政策案の策定 → 政策の決定 → 政策の実施 → 政策の評価 → 政策の廃止

フィードバック

出所：佐々木（1998：35）等を参照。

第5章　福祉政策と政策過程　**89**

親の責任，障害をもっていることを隠したいなどの要因で問題として認識されていないことも多い。

そのため，問題が問題として認識されるためには，きっかけが必要である（秋吉 2017）。そのきっかけとは第1に，大きな事件である。児童の虐待死のような事件が起こるとそれが問題だと強く認識されることが多い。第2に，専門家による調査や行政統計などが公表されることである。たとえば，少子高齢化や人口減少が進んでいること，障害者差別を受けた経験のある人の割合，高齢者の年金額の少なさなど，さまざまな調査や統計が公表されて人々の問題認識につながる。第3に，裁判によって性的マイノリティや非正規労働者などの対応の違法性が明らかになり，問題と認識されることもある。第4に，市民セクターの盛り上がりの中で，ヘイトスピーチの反対や社会保障拡充を求めるデモ行進などの社会運動等によっても問題が認識されることがある。いずれにしても重要なことは新聞やテレビ，最近では SNS のようなメディアを介して多くの人々にその問題が伝わることで，問題として認識，周知されることが多いということである。

そうした問題の中から自治体が取り組むべき課題として取り上げることが政策課題の設定である。その決定に国ももちろん影響力をもつが，もっとも影響力があるのがその自治体であり，とりわけその自治体の首長や議員，行政職員である。たとえば，貧困問題は，個人の自己責任として放置したり，食料支援等をしているボランティア団体や NPO に任せればいい，貧困対策は国の責任だとして，その取り組むべき課題とみなさない自治体もあれば，貧困は社会問題として積極的に政策課題として設定しようとする自治体もある。つまり，さまざまな問題があり，その問題に対応する主体もいくつも考えられる中で，自治体として，租税を支出し，実施のための職員体制を整備して取り組むべき優先的な政策課題とは何かを特定す

図 5-2　自治体の政策課題の設定

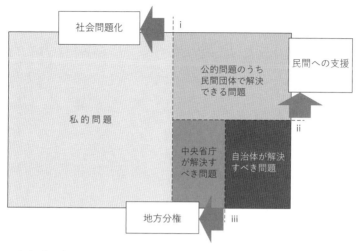

出所：菅原（2017：23）に一部加筆。

ることが必要である。

　菅原（2017）によれば，課題の選定のための公共性の基準として次の3つを指摘している（**図 5-2** 参照）。第1に，社会性のある問題であること（線 i の右側）。つまり，私的，個人的な問題ではなく，社会として取り組む必要がある問題ということである。ただし，女性解放運動でいわれていたように，「**個人的なことは政治的なこと(The personal is political)**」でもある。そもそも介護問題や貧困問題を見ても常に問題は個人を通して現れる。その個人の問題に社会性があるかどうかは，その社会の認識状況や政治状況によって変わるのである。第2に，民間団体では解決できない問題であること（線 ii の下側）。つまり，企業活動や NPO，ボランティア，住民活動を通じて解決できない問題かどうかである。そうした問題は国または自治体で対応せざるをえない。第3に，自治体が解決すべき問題

かどうか（線iiiの右側）。国や国レベルの社会保障である社会保険などでは対応しない，または対応できない問題である。つまり，個人も民間も国も対応できない問題を自治体が担うということである。

　このようにいうと，自治体が対応する問題は個人や民間，国に取り残された「残り物」となってしまう。しかし，実際には，貧困や虐待等に直面する人への支援のように，国民の権利として，また，行政の責任として，行政が積極的に取り組んでいかなければならないこともある。また，子ども食堂への公的助成金のように，民間で対応できる問題であっても，それを促進するための自治体の取組みが求められるかもしれない。とくに近年，行政職員の減少などを背景に行政の仕事を民間事業者に任せることが増えてきており，行政と民間の協働が重要視されてきている。

　また，これまで国が取り組んできた事業なども，住民に身近な市町村で事業を設定し，住民のきめ細かいニーズや要望に対応ができるように，国から自治体への権限の移譲である地方分権が進められている。このように，自治体の取組みは「残り物」ではなく，国や民間の取組みであっても，自治体を主体とした積極的な取組みや支援が求められてきているのである。

▷ 政策案の策定

　政策案の策定は，主に自治体の首長，議員，行政職員によって，政策の目的，政策の対象，実施方法（政策手段），財源，担当部署，手続き等を明示した文書を作成することである。政策案とは行政が取り組む問題の解決案であり，その政策案，つまり，その政策目的を達成するために必要な関連するさまざまな施策，事業をどのように展開するのかを明示する。実際問題として，どの部署が担当し，どれくらいの財源が確保できるかが大きな問題になる段階である。

　政策案の策定のために，次のような方法をとることがある。第1

92　第Ⅱ部　福祉政策の政策過程

の方法は，設定された政策課題についての**調査**である。たとえば，介護政策を策定するために，多くの自治体では要介護高齢者の実態調査等が行われている。この調査によって，たとえば，介護の担い手がいないこと，相談する人がいないことなどといったことが見えてくると，介護人材の育成や相談事業の拡充や周知徹底といった政策案ができる。第2の方法は，専門家や当事者・関係者を集めた**検討会**を開催し，議論をして政策案を策定することである。調査等で明らかになった問題に対してどのように対応していったらいいのか，専門家の知見や当事者，市民の意見を踏まえて政策案を作成することで，より現実的で適切な案が作成できる。第3の方法は，国の方針やモデル要綱，近隣自治体，先進自治体の政策を参考に政策案をつくることである。そのために，議員や行政職員は他の自治体に視察に行ったり，資料を取り寄せることが多い。こうして近隣自治体等でよく似た政策が模倣され広まっていくことがあり，これを**政策伝播**という。

　以上のような政策案策定のプロセスは，福祉政策では主に**行政計画**という形で展開されていることが一般的になってきている。たとえば，介護保険事業計画，高齢者保健福祉計画，障害福祉計画・障害児福祉計画，子ども・子育て支援事業計画，地域福祉計画など，地方自治体で策定すべき計画が法的に規定されている。これらの計画の策定において，実態調査や専門家を交えた審議，国や他の自治体の取組みを参考にした政策が検討されている。

　しかし，このような方法をとらず，自治体内部（首長や議員，行政職員だけ）で人知れず政策案が作成されることもある。たとえば，2023年に大きな議論をよんだ埼玉県のいわゆる「子ども放置禁止条例」は，公の議論がほとんどされることなく条例が可決されそうになり問題になった（『読売新聞』2023年10月11日）。

第5章　福祉政策と政策過程　**93**

政策の決定

政策の決定は，その自治体で実施する政策のために作成した条例を議会で多数派の賛同を得て可決することである。先に作成した政策案を現実のものとして実行するためには，財源や行政職員等を配置したりするので法的権限が必要であり，そのための重要な手続きがこの政策決定である。議会で決議するためには，原則，政策がその自治体およびその住民にとって必要なものであり，過半数の議員，多くの市民の支持を得る必要がある。また，その時の首長や議員，行政職員，そして市民の政策課題に対する熱意なども政策の決定に及ぼす影響は大きい。なお，憲法16条で国や自治体に要望を伝える請願権が国民には保障されている。また，地方自治法74条で地方自治体に対して一定数の署名を前提に条例制定の直接請求が認められている。こうした仕組みを通じて，市民の声を政策決定に反映できるよう期待されている。

政策の実施

政策の実施は，政策で決まった内容を実行するための具体的な施策，事業を担当部署・所管課で策定し，規則や基準等を設定し，それを実施する担当者により実務が担われることである。秋吉(2017) によれば，たとえば生活保護の実施を見ると，生活保護法ができて生活保護が実施されているが，このために国は，内閣府の発する政令である「生活保護法施行令」，担当省が発する省令である「生活保護法施行規則」，担当する省が発する通知・通達，さらに細かい実施要領という法律に規定されていない詳細なルールを，それを実施する自治体に課している。『生活保護関係法令通知集』『生活保護手帳』やその『生活保護手帳・別冊問答集』なども発行されて実際の生活保護の運営で活用されている。加えて，各自治体で作成されている独自のマニュアルもある。それにより，生活保護

が利用できるかできないかが決まることもあり，各自治体の実施の段階で政策が策定されているともいえる状況がある（大山 2023）。

また，生活保護の実施のためには，ルールのみならず，実施機関として「福祉事務所」が各自治体で整備され，その担当職員として「社会福祉主事」の現業員であるケースワーカーやその指導的な役割をする査察指導員であるスーパーバイザー等の公務員を設置することになっている。実際に住民や生活保護の利用者と対面する職員は大きな裁量をもって政策を実施しており，マイケル・リプスキー（Lipsky 1980 = 1986）によって，**ストリートレベルの官僚制**と呼ばれている。よく問題になっているように，生活保護の相談に行った際に，生活保護の同じルールであっても，高圧的な態度で生活保護の申請を拒否する職員もいれば，親身になって話を聞き，生活保護をできるだけ早く利用できるように努力する職員もいる。こうしたストリートレベルの官僚制の対応が政策の実施の対応であり，政策がそれぞれの市民・利用者にどのような影響を与え，経験されるかを実際に規定することになる。

政策の評価

政策の評価は，政策の実施を調査検討することによって政策の目的がどの程度達成することができたのか，どのような問題を抱えているのかなどを明らかにすることによって，政策の改定や廃止に向けた判断をするために活用されるものである。とくに，2000 年頃から**ニュー・パブリック・マネジメント**（new public management：NPM）という民間企業の経営手法を行政運営に活用する動きが顕著になり，政策評価が重要視されだした。NPM では，行政が直接政策を実施するのではなく，企業や NPO 等に競争入札に参加させ，よりコストの低い事業者に政策を実施させようということになったからである。より安く効率よくするためには，行政の細かいルール

が邪魔であり，**規制緩和**をしてそうしたルールを削減する。他方，利用者の満足度調査や就労支援事業の就職率，学習支援事業の進学率といった政策評価をして実施の正当性を説明する**説明責任（アカウンタビリティ）**が求められる。2001年には政策評価法が制定されて，2002年から施行されている。2004年には「福祉サービス第三者評価事業」も開始され，福祉サービスの評価の仕組みが整備されてきた。さらに，情報公開制度も整備されてきて，行政のもっている情報を市民が知る機会も増えてきたことも重要である。

　政策評価の方法としては，いわゆる**ロジック・モデル**が活用されていることが多い（秋吉 2017：160-63）。ロジックというのは論理的という意味であり，資金や人の投入（インプット），それによる活動（アクティビティ）がなされ，その結果，一定の生産物（アウトプット）が出され，社会にどのような成果（アウトカム）が得られたのかを検討するものである。たとえば，就労支援を例にとると，インプットとして資金や就労支援員などを投入（インプット）し，具体的な職業訓練，資格取得支援，職域開発等の活動（アクティビティ）を行う。その結果，資格を取得した人数や就職した人数等が生産物（アウトプット）として評価される。また，その結果，社会的なインパクトとして，失業者や生活困窮者が減少したり，税収が増加したり，社会支出（生活保護費等）が節約されたりするなどの成果（アウトカム）があるかもしれない。

　しかしながら，実際はこのようにロジック的ではないことも多い。たとえば，失業者が減ったのは，就労支援のためではなく，大型店舗が出店され雇用が生まれたからかもしれないし，景気が回復したからかもしれないし，またはこの地域は仕事がないと大都市に失業者が引っ越しをする傾向が強まったからかもしれない。したがって，実際の政策評価ではより広い社会的事象を踏まえた評価が必要である。そもそも福祉政策，たとえば，ひきこもりの支援や福祉のまち

づくりのような場合，短期間に成果がでず，その効果が5～10年後を見据えて取り組まなければならないこともある。

こうした政策評価が行われて，政策課題の設定に反映されて改善された政策案の制定に向けた取組みが行われたり，以下の政策の廃止，終了につながったりする。

▷ 政策の廃止・終了

最後に，政策の廃止・終了である。これには大きく2つのタイプがある。第1に，政策が一時的なものであり，一定期間が終了すると廃止・終了されることがある。たとえば，2002年に成立したホームレス自立支援法は，10年間と有効期限が決められた**限時法**（いわゆる**時限立法**）である。なお，ホームレス自立支援法は現在，延長されて実施されている。第2に，同じ事業が継続するものであっても，責任主体が異なるためにいったん制度的には廃止になるものもある。よくある例としては，国の社会福祉政策の推進のための**モデル事業**として一定期間国が全額補助金を出して取り組まれた事業が廃止になると同時に，地方自治体の事業となる場合がある。これは生活困窮者自立支援事業の創設の際にも見られた取組みである。福祉政策の中には，有効でないものであっても，予算がついているので見直しがなされず，そのまま実施しているものがあったり，必要な政策であっても，予算がない，利用者が少ないという理由で打ち切られることもある。福祉政策の廃止・終了はその政策が必要だった人にとってはマイナスの影響を及ぼす可能性がある。そのため，利用者等の意見をしっかり聞きながら，または代替する政策を用意するなどして対応していく必要があるだろう。

以上が，政策過程の主な流れである。この流れをもう少し簡略化して，**PDCAサイクル**と呼ぶ。これは計画立案（Plan）→実施（Do）→評価（Check）→改善（Action）を略したものである。これは福祉

第5章　福祉政策と政策過程　**97**

政策のみならず、企業や個人が計画を立てるときにも参考になるので、広く使われている。

2 政策過程の諸理論

さて、政策過程について詳細に見てきたが、政策過程に関わる理論について検討しておきたい。理論とは「個々の現象を法則的、統一的に説明できるように筋道を立てて組み立てられた知識の体系」である（『デジタル大辞泉』）。政策過程に関わる理論について見るということは、政策過程をさまざまな視点で見るということである。ここでは、政策過程に関わる主な理論をいくつか取り上げて、政策過程を多様な視点で検討していきたい。

ウェーバーの官僚制論

まず取り上げるのはマックス・ウェーバーの官僚制である。ウェーバーの官僚制を見ることで、政策を担う行政の官僚制の特徴が見えてくる。ウェーバーによれば、支配の仕方には、その正統性の観点から、①制定された規則による合法的支配、②昔から存在する秩序や支配権力を信じる伝統的支配、③英雄性や弁舌力など支配者のもつ資質によるカリスマ的支配の3つがあるという。それを踏まえたうえで、近現代の政策を担う行政・官僚制は法制度による合法的支配に基づくものであるという（Weber 1956 = 1970）。

ウェーバーはこの合法的支配に基づく官僚制の特徴として、①公務を粛々とこなす「人格の自由」（職員の感情を伴わないで仕事をすること）、②ピラミッド型の組織構造をもつ「階層性」、③規則に基づいた「権限」、④契約による選抜（試験で採用されること）、⑤職務の専門的遂行、⑥貨幣形態の報酬、⑦職員のフルタイムの専念、⑧

昇進への期待，⑨公私の分離，⑩厳格な服務規律があるという（西岡・廣川 2021：119-23，真渕 2020：26-29）。このように，大きなピラミッド型の階層と分業による組織の中で上からの命令に基づいて淡々と大量のペーパーワーク，コンピューターワークといったルーティンワークをこなす官僚がイメージされる。ウェーバーは 19 世紀から 20 世紀にかけて活躍した研究者であるが，現代の福祉政策も生活保護や児童手当等大量のペーパーワーク，コンピューターワークが求められており，今に通じる議論を展開したといえよう。

▷ キングダンの政策の窓モデル

次に，政策過程の分析でもしばしば活用されている理論がジョン・キングダン（Kingdon 2011 = 2017）の**政策の窓**（policy window）モデルである（岩崎 2012：31-46 も参照）。先に政策過程のロジックモデルを紹介したが，実は，実際の政策過程はきれいに段階的に展開するわけではなく，さまざまに入り組み，複雑な過程であり，実際に政策に至るまでには 3 つの条件がある。第 1 に，人々の社会問題への取組みや問題解決の必要性の認識が広まる**問題の流れ**，第 2 に，問題解決のための研究やモデル事業などの取組みにより政策アイデアが形成される**政策の流れ**，第 3 に，その問題に対応する世論の動向や議会の派閥構成など政策決定する際の**政治の流れ**である。これらは別々に独立して展開されているが，それら 3 つの流れが合流したときに「政策の窓」が開き，政策が決定されるという。

たとえば，マスコミなどで児童虐待が取り上げられ，人々の問題に認識が広まる中で（問題の流れ），海外や国内の調査研究や事例検討などから親へのカウンセリングや警察との連携などの児童虐待に対する対策案が形成されてくる（政策の流れ）。そして，その政策案を支持する議員が議会で過半数を得られるようになる（政治の流れ）。そうした 3 つの流れが児童虐待の事件などをきっかけに合流して

政策決定がなされるというイメージである。こうして，どのように
して政策が決定されるのかを分析する枠組みを提供してくれること
で，政策決定の分析に活用される。

▷ ローズの政策ネットワーク論

次に，ロッド・ローズの**政策ネットワーク論**を取り上げたい
（Rhodes 1999，古池 2012a：48-53）。政策ネットワーク論とは，政策
に自らの利害関係を反映させようとするさまざまな政府内外の官民
のアクターが，ロビー活動などによって政府に働きかけ，政府はそ
れらの集団の利害調整をして政策を形成するというものである。
ローズはこのネットワークの特徴から大きく2つのネットワーク
のタイプを示した。第1に，「政策共同体」であり，官僚や議員な
ど実際の政策形成に強く関わる少数の限定された人々で構成され，
結束力が強く，閉じられたネットワークである。第2に，「イ
シュー・ネットワーク」であり，政策課題ごとに関心ある人が自由
に参加する，開かれたネットワークである。この2つのネット
ワークを両極にしてさまざまな段階のネットワークがあるとされて
いる（Rhodes 1999：143，韓 2004：40-41）。

こうしたネットワークが政策分野ごとにそれぞれ特徴をもって形
成されることに焦点が当てられている。すなわち，政策形成におけ
る国と地方自治体，産業界，専門家集団，市民団体などの関係性を
明らかにしたのである。たとえば，障害者福祉政策において，国や
自治体の障害福祉担当者，政党や議員，障害者当事者団体，障害者
の家族・親の会，障害者福祉サービス提供団体などの利害関係者で
審議が行われたり，**ロビー活動**が行われたりして，政策決定されて
いることに焦点を当てているのである。

ピアソンの歴史的制度論

さらに，ポール・ピアソンの歴史的制度論を見てみよう（Pierson 2004 = 2010，古池 2012b：117-32）。ピアソンは政治学，また政策形成を，歴史，つまり「時間」という視点から分析してきた。政治学，政策過程の分析をする際，官僚や議員，利益団体などの行為者・アクターがどのように影響を与えたのかに注目されがちである。他方，ピアソンはそのアクターがどのような文脈，条件の中で活動しているのかに焦点を当てたのである。その重要な概念が経路依存（path dependence）である。「経路依存」は，ある時点での制度や政策の選択が，後の時点での制度や政策の選択肢を決定づけるということである（古池 2012b：118）。もしそれを覆すなら，それだけ大きな金銭的，人的なコストがかかる。

たとえば，アメリカは全国民をカバーする公的医療保険制度がなく，高齢者や障害者のメディケア，低所得者のためのメディケイドを除いて，多くの国民は民間医療保険を購入しなければならない。1993 年クリントン政権は公的医療保険を創設しようとしたが，民間医療保険会社等の反発からできなかった。そのため，2010 年にオバマ政権で無保険者の医療を保障するために，民間医療保険の購入助成金を出すことになった（天野 2013）。公的医療保険制度がなく，民間医療保険制度を活用する選択をした場合，民間医療保険の利用促進という選択肢しか出せなかったといえる。その意味で，経路依存がアメリカの医療保障政策に大きな政策決定要因になっていることがわかる。こうした事例は日本でも多く見られ，新しい政策決定も実は過去に決定した政策の条件に制約されることが多く，制度の大きな変化というのはかなり難しいことがわかる。

シュミットの言説的制度論

そして，ヴィヴィアン・シュミット（Schmidt 2010）による言説

的制度論（discursive institutionalism）を取り上げよう（西岡 2021：73-79，西岡 2012：136-39）。シュミットの言説的制度論とはアイデアや言説を用い，制度的文脈の中で政治的変化や特性を説明するアプローチだとしている。すなわち，アイデアや言説を用いて制度改革の障害を克服していく過程，制度変化の動態的な側面を分析することであるという。ここでいう言説とは，多くの人に影響を与える言語表現であり，政策の指針や内容を含むアイデアと，そのアイデアを制度化するための政策アクターと国民との間のコミュニケーションの相互作用過程を含むとされている。

　言説にはアイデアとして，政策の必要性を人々に認識させ，政策を正当化する認知的機能，アイデアのもつ価値や善悪から政策を正当化する規範的機能があるという（西岡 2021：75）。コミュニケーションの相互作用としては，政策プログラムの合意を得るために共通の言葉やフレームワークを含む調整型言説，調整された政策が必要である，妥当であるということを国民に向けて説得をする伝達型言説がある（西岡 2021：77）

　たとえば，現在，「少子化対策」が政府の大きな政策の1つとして掲げられている。しかし，「少子化対策」で議論になっている児童手当，保育園の待機児童，学童保育，育児休暇など，多くは福祉政策の中でも「児童福祉」の中で議論されてきたものである。児童福祉は子どもやその家族の社会権や幸せを目標にしてきたものである。しかし，日本では子どもの福祉を考えるということでは政策課題にならない。そこで，人口減少による経済力の低下，将来の労働力不足，過疎化の進展などの経済対策の一環として「少子化対策」を目的にすることにより，政治や経済の領域からの承認を経て，こうした児童手当や保育園の充実などが展開されているのである。こうして言説を調整することにより，政策が展開されているのである。ただし，子どもの福祉が第一義的に重視されていないままであると

いう問題は残されている（浅井 2024）。

▷ そのほかの理論

そのほか，近年注目される政策過程に関わる理論について簡潔に紹介しておこう。

第1に，**政策移転**（policy transfer）である。政策移転とは，ある国や地域で採用された政策アイデアや制度設計などに関する知識が，別の地域での政策形成に活用されることである（秋吉 2007 参照）。たとえば，1994 年にドイツで介護政策として介護保険がはじめて法律が成立した後，日本でも 1997 年介護保険法が成立した。その後，韓国，中国でも介護保険が導入されている。もちろん，それぞれ国の制度の詳細は異なるが，介護保険というアイデアや財源確保の手法が参照されている。また，それぞれの自治体がそれぞれの政策を策定することが期待されるが，厚生労働省や内閣府などの国と地方自治体や民間事業者とで，全国的にも先駆けて実施されるモデル事業が参照されることが多い，日本国内でも，まずはある自治体でモデル事業が行われ，厚生労働省の審議会等でそれが紹介され，それを他の自治体の職員や議員が視察に行き，それを参考にしながら制度設計をするということは，頻繁に行われている。

第2に，**非難回避戦略**（blame avoidance strategies）である。非難回避戦略とは，政治家や行政職員など政策の策定や実施を担う者が，福祉サービスの削減や利用者負担の増加など非難を受けるリスクのある政策を進めるにあたり，その非難を避けるために採用する戦略である。たとえば，①非難が生じる争点を議題から排除すること（たとえば，2013 年の生活保護費削減では物価の影響による減額を公の場では検討せず導入した），②損失がある政策に積極的な意味づけをすること（たとえば，生活保護費の削減を「適正化」と表現する），③政策を見えにくくさせること（たとえば，議会ではなく民間人が参加する審

議会で議論すること，政策の実施を国ではなく自治体や民間事業者に任せること，政策を段階的に導入すること〔たとえば，保護費削減を「激変緩和策」として少しずつ進めることで大きな反対が生じないようにする〕）などがある（平 2022 などを参照）。

第3に，**ガバナンス**（governance）である。近年政策論でもガバナンスが注目されてきているが，それは辞書的な「統治」という意味ではなく，行政のみならず，企業や NPO，当事者団体，市民などとのさまざまなアクターとの協働を前提にした政策決定や実施を踏まえた概念である。

第4に，**ストリートレベルの官僚制**（street-level bureaucracy）である（Lipsky 1980 = 1986）。ストリートレベルの官僚制とは，直接に市民と対面して，大きな裁量をもって行政手続きや行政サービスを提供する職員をいう。このガバナンスとストリートレベルの官僚制については，**第6章**で詳しく述べる。

3 政策過程の事例

最後に政策過程について分析した研究事例を2つ紹介しておきたい。

第1に，三輪（2023）の生活保護制度の政策決定に関する研究である。三輪（2023）は 2000 年以降の生活保護制度の政策決定がどのように行われてきたのかを詳細に検討している。その中で，国家責任としてほぼ国が独占してきた生活保護の政策決定に，2000 年の地方分権化，小泉政権時の**三位一体改革**などを通して，**法定受託事務**として生活保護の実務を担う自治体の発言権が高まっていることを明らかにした。その中で，厚生労働省と財務省や内閣府との保護費予算の攻防，厚生労働省内の政策決定における審議会や委員

図5-3 生活保護政策決定に関わる組織連関モデル

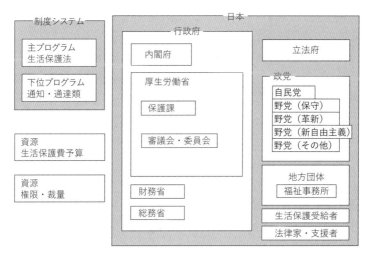

出所：三輪（2023：226）。

会・部会での議論，自治体と国の協議会や全国知事会，全国市長会などによる政策提言，生活保護利用者の保護費減額への対抗としての提訴などが，生活保護の政策決定に影響していることを分析している。三輪（2023）はこのような生活保護についてのさまざまなアクターとの関連を「組織連関」と表現しているが（**図5-3**），ローズのいう「政策ネットワーク」とも言い換えることができるだろう。つまり，厚生労働省の中だけで生活保護の政策を決めているのではなく，政治や地方自治体，社会運動などその他のさまざまなアクターが影響しているのである。

第2に，横尾（2023）の「同性パートナーシップ制度」に関する研究である。同性パートナーシップ制度は，同性カップルのパートナーシップは婚姻と同等であると認めて自治体が証明書等を発行する制度である。この制度が2015年に日本ではじめて東京都渋谷区

で採用された後，社会運動によるツイッター（現X）やフェイスブックなどSNSを通じて，その政策アイデアや具体的な制度などが，とくに世田谷区，札幌市，港区の具体的な事例を挙げて，他の自治体に政策が伝播する，つまり**政策移転**する過程を分析している。

この研究では，シュミットの**言説的制度論**を分析枠組みとした。その言説のフレームについて，性的マイノリティはそれまで声を上げて主張をしにくかったが，SNSを通して匿名性をもったまま主張ができるようになり，性的マイノリティの言説を運動として活用できるようになったと分析している。そして，性的マイノリティにきちんと対応することは，先進的で国際社会のトレンドとなっている**多様性（ダイバーシティ）**を推進することになると訴えることによって，新たな解釈の枠組み（フレーム）をつくることに成功し，政策が実現したという。また，こうした政策が運動家のSNSなどを通じて他の自治体に広まり，その自治体でも運動が住民，首長，議員，官僚などに拡散的に広がっていくこと，その政策を担当する官僚が自治体間で相互参照を行うことなどを通して政策が広がっていったことを明らかにしている。日本では横並び意識が強いので，他に実施している自治体等がないとなかなか新しい政策は実施されにくい。逆にいえば，他の自治体でも実施しているのであれば，それを参考にして実施しようという雰囲気になりやすい。そうして政策移転しやすくなるのである。

以上のように，こうした政策過程の諸理論は，実際に行われている政策過程を分析する重要なツールになる。

///// Book guide　読書案内 /////

・岩崎正洋編，2012，『政策過程の理論分析』三和書籍
　政策過程に関わる理論について紹介したテキストである。本章で詳しく紹介

できなかった公共選択論やガバナンス論，第一線公務員論等，興味深い理論がわかりやすく紹介されている。

・介護保険制度史研究会編，2019，『介護保険制度史 —— 基本構想から法施行まで（新装版）』東洋経済新報社

　　1994 年の介護保険の構想から政策案の作成，政治的議論を経て 1997 年の介護保険法の成立，そして 2000 年の法施行までを，当時の厚生省の実務担当者等による政策過程を詳細に記録した大著である。

・田中英樹・神山裕美編，2019，『社協・行政協働型コミュニティソーシャルワーク —— 個別支援を通じた住民主体の地域づくり』中央法規出版

　　東京都豊島区でコミュニティソーシャルワーカーを設置するため，議会対応や予算，個人情報保護等の課題を克服してどのようなプロセスを経て導入されたのかがわかる。

福祉政策と
ガバナンスの変化

第 **6** 章

Chapter

Quiz クイズ

Q6.1 福祉国家の安定的運営にもっとも適合的な統治のあり方は次
のうちどれだろうか。
a. 神権政治　**b.** 規律訓練型社会　**c.** 排除型社会

Q6.2 民間企業の運営方式を使って行政改革を進めたのはどの制度
理念だろうか。
a. 中央集権　**b.** 公共管理　**c.** NPM　**d.** NPG

Answer クイズの答え（解説は本文中）

Q6.1　b　　Q6.2　c

Chapter structure　本章の構成

表　社会の統治形態の変化

社会全体の体制	支配の社会学	規律訓練社会 包摂型社会	排除型社会 過剰包摂社会	（今後の社会）
統治の技術	官僚的制度（公共管理）		NPM/NPG	NPG
中央・地方関係	中央集権			地方分権（他機関 連携・地域連携）

本章の概要

　第6章では，福祉政策策定や運営の背景となる社会環境・制度環境の変遷について扱う。福祉政策を取り巻く環境は，観点によって見え方が異なってくる。ここでは，①社会福祉行政という特定の領域を超えた社会全体の統治形態の流れ，②行政技術の展開，③中央・地方関係の変化，の3つを扱う。それぞれについてそれぞれの時代に議論が積み重ねられてきたが，議論を行う目的が異なっている。①は国家による統治形態への批判に主眼がある。②や③は実際の行政運営に採用される現実的な方法論を論じるためのものである。そのため，時代区分を設けて，それぞれを対応させるのは難しい。ここでは一応の対応関係を示すが，それは緩やかなものであることに留意してほしい。しかしながら，対応関係が不明確でも，一緒にこうした変化の流れを確認することには意義がある。ある観点からだけでは見えてこなかった問題点が，別の観点からは明らかと

110　第Ⅱ部　福祉政策の政策過程

なることがあるからである。

1 社会全体の統治形態の流れ

　国家が人々を統治する方法は，時代とともに変遷してきたとする理論は多い。ここではそのうちのいくつかを確認したい。取り上げるのは，ウェーバーのいう合法的支配，フーコーのいう規律訓練，ジョック・ヤングのいう排除型社会であり，前から順に継起していくと考えられている。

　ウェーバーは，近代社会の特徴は，法に基づいた合理的な支配（統治）が貫徹する脱魔術化にあるとした。これは「合法的支配」と呼ばれる。この支配は法律の正確な施行が核となるため，そのための技術として「近代官僚制」が発達する。法律の施行には抵抗を排除しなければならない。そのために，国家が実力行使を行う警察権などの暴力を独占することも必要とされた。こうした暴力は権力とも呼ばれる。

　しかし，暴力を背景とした支配・統治は効率が悪い。ウェーバーがいうように，権力行使のために「抵抗を排してまで自己の意志を貫徹する」（Weber 1922 = 1972：86）ことが，国家にいちいち求められたのでは，費用対効果は高くない。**フーコー**は，こうした統治のあり方は近代化が進むにつれて効率化されるとした。フーコーの主著の1つである『監獄の誕生』（Foucalt 1975 = 2020）等において展開されたいわゆる「生権力」論では，人々の主体的な行為がそのまま統治の完遂となってしまう現象が説明された。人々は，権力に抗い不本意に意志を変更するのではなく，はじめから権力に都合がよいように自らふるまうのである。国家をはじめとした統治機関が，軍隊や学校における規律訓練により人々を〈主体〉として形成する

第6章　福祉政策とガバナンスの変化　　**111**

ことで，人々が統治に組み込まれていく様相を描き出すものであった。

　権力に無理に服従させるにしろ，そうと気がつかずに自然に従うようにもっていくにしろ，これらの統治観は，人々を，権力をもつ国家秩序に巻き込んでいく包摂型のものである。これは望ましくない側面ばかりのものではない。たとえば，年金，医療，公的扶助，各種福祉制度といった福祉的給付も，それを受ければ社会秩序へ反抗する気をなくし従順になるのだから，フーコーの唱える規律・訓練の一種ともいえる。もちろん，この状況を統治への従属と捉えることもできるが，質が高く安定した生活を送るための包摂のプロセスと捉えることもできる。第二次世界大戦後に築かれた，福祉給付が整備された福祉国家の黄金期は評価すべき点がないとはいえないだろう。

　しかし，**ジョック・ヤング**は，これらは前期近代の統治のあり方であり，後期近代では大きく変わったと主張した。すなわち，排除型社会への移行である。こうした社会では，逸脱者は包摂されず，単にスケープゴートとなるだけである。社会の豊かさが終わる石油ショックの 1973 年からの 20 年ほどの間に，個人主義が広まりコミュニティが解体され，経済危機のために既存の労働秩序が崩壊した。非正規雇用が増加し，職にすら就けない**アンダークラス**と呼ばれる人々も増えた。この新たな状況では，貧困層やマイノリティなどの排除されがちな人々を，規律訓練により，労働市場や地域社会へ再統合する努力は放棄される。何よりもいっそう効率が重視されるようになった結果，教育や就労支援によって人々を包摂することは非効率的だと切り捨てられるようになった。また，アンダークラスや犯罪者が増えすぎたため，彼らをエンパワーしたり更生したりするよりも，「保険統計的」に管理して，危険とあれば排除することが選ばれるようになった。これこそが**排除型社会**である。

112　第 II 部　福祉政策の政策過程

この社会では，人々は意識のうえでは必ずしも排除されていない。現代の消費社会から逸脱する生き方を選べないという意味で，意識のうえでは社会の中に踏みとどまっていると考える一方で，社会の側では彼らを受け入れない。これは「過剰包摂」と呼ばれている。貧困層や困窮者は，労働市場での自らの位置づけとより上位の者の位置づけを比べて相対的な剥奪感を抱く（期待させておきながら排除する）。一方で，比較的裕福な層の人々も不安定性から不安に駆られて不寛容と厳罰主義の意識を高める（不安定な地位に置きながら包摂する）。こうして人々の分断は進み，犯罪と社会的排除が増加する。福祉政策の文脈では，いわゆる**ワークフェア**がこの過剰包摂にあたると考える場合がある。公的扶助等の社会的給付と引き換えに就労訓練への参加を迫る。これは一見従来の規律訓練と同じものであるかのように見える。しかし，排除型社会における就労訓練は，訓練して就職できても低賃金で不安定な雇用であることも多い。働ければ何でもよいわけではないのに，無理に働かせるのでは意味がない。本来の目的以上のことをやらせて秩序に従わせるが，実際は排除しているから過剰包摂である。

　ちなみに，フーコーも後期の著作になると，「統治性」概念を提示し，統治の技術として，内面をもつ個人への働きかけだけではなく，集団や人口へのリスク管理を重視するあり方を強調するようになった。集団・人口の把握のための確率（rate）が重視されるとの主張である。現代では，排除の技術として，保険統計的なリスク管理が重視されるようになった。その政策的手法の典型が，以下に取り上げる NPM である。

2 統治の技術の展開

公共管理から NPM へ

　行政による統治には，社会の変化に対応して，時代ごとに新たな技術が利用されるようになった。もちろん，ウェーバーの活躍した1900年代初頭には，彼が注目したように近代官僚制がその中心的な技法であった。しばらくはこの近代官僚制による統治が拡大し，第二次世界大戦後の福祉国家の黄金期から1960年代後半にかけて持続していく。こうした行政技術は，行政学では「公共管理」とも呼ばれる。福祉政策の分野でも，全国に法に定められた基準どおりに福祉施設やサービスを整備するためには，もっとも好都合な手法であった。中央集権的な一元管理も大きな特徴であった（トップダウンの行政手法）。

　その後，1973年のオイルショックをきっかけに経済が停滞し，1980年代の安定成長期になると，行政運営においては，それまでの合法律性よりも効率性が重視されるようになった。とくに，アメリカ，イギリス，北欧諸国においては，経済停滞のための財政制約とニーズの多様化への対応のため，こうした行政効率化は大きな課題となった。そのため，市場メカニズムの活用，国民を顧客とみなして顧客満足を追求すること，業績測定といった手法を行政運営に導入することが試みられた。こうした一連の手法を，**新公共経営**（NPM：new public management）と呼んでいる。

　NPM の技術開発がもっとも進んだのは，1990年11月に政権に就いたイギリスのメージャー保守党政権であった。この政権は，それ以前の**サッチャー**政権の民営化路線を一歩進め（次の段階〔next step〕)，行政そのものの管理手法に民間企業の経営的な手法を取り

入れた。それまでの行政管理では，予算を効率化する場合には，ほぼ全予算に削減幅を一律に課すことで金額の削減を行うのがせいぜいであった。一律に天井を設けるから，こうした手法はシーリング（ceiling）と呼ばれる。しかしながら，NPMは，よりきめ細かいノウハウが蓄積された民間の知恵を導入することで，本質的な効率化をめざそうとした。

　メージャー政権におけるNPMにおいてとくに注目されたのは，エージェンシー（独立行政法人）とPFI（private finance initiative）の活用である。エージェンシーとは，行政機関を企画・立案部門と執行部門に分離し，後者を担うために新たに設けられた独立機関である。人事や財務についての自律性を高めることで行政特有のしがらみを断ち，効率化をめざす。また，執行部門を企画・立案部門が監視し，十分な成果が上がらない場合には制裁的措置を取ることで目標管理を厳密にした。日本でも，国立・公立病院や研究所の多くが独立行政法人になったり，大学が国立大学法人や公立大学法人になったように，この手法はすでに本格導入されている。

　次にもう一方のPFIである。このPFIにはさまざまな手法が混在しているが，典型的なタイプは次のようなものだろう。すなわち，従来は公共部門が担ってきた福祉施設や病院等の社会資本整備を，資金調達・建設・運営まですべて民間に任せ，かかった費用を後から返済する手法である。最初は施設建設を伴うものが多かったが，施設を建設せずにサービスを運営する場合にも利用されるようになっている。

　日本においても，1999（平成11）年7月に「民間資金等の活用による公共施設等の整備等の促進に関する法律」（PFI法）が成立し，すでに定着している。施設運営の始めから終わりまですべてを民間委託する方式であるため，長期の契約を結ぶことが特徴となる。そのため，PFI法では，30年もの長期契約ができる仕組みとなって

第6章　福祉政策とガバナンスの変化　　**115**

資料 民間資金等の活用による公共施設等の整備等の促進に関する法律 ─────

（国の債務負担）
第 68 条　国が選定事業について債務を負担する場合には，当該債務を負担する行
為により支出すべき年限は，当該会計年度以降三十箇年度以内とする。

いる。

▷ PFI の展開

　福祉政策の領域では，PFI をそのまま利用することはそれほど多くはない。むしろ，その亜種ともいえる，**指定管理者制度**や**民営化（民間譲渡）**といった手法が利用されることのほうが多い。

　指定管理者制度とは，すでにある公の施設の管理について民間に委託する手法の 1 つである。2003（平成 15）年の地方自治法の改正により創設された（地方自治法 244 条の 2）。社会資本整備の最初から終わりまでを包括的に委託することが多い PFI とは違い，原則的に既存施設の運営・維持管理のみを委託する仕組みとなっている。指定管理者制度導入前にも管理委託制度というものがあったが，委託先が自治体出資財団法人等（第三セクター）に限られ，柔軟な運営は難しかった。指定管理者制度では，民間事業者や NPO 等に広く開放されることになっているし，委託を受けた施設を委託目的に外れた使用に供すること等も一部可能となった。この制度は，すでに数多くの公の施設で利用されており，2021（令和 3）年 4 月 1 日の段階で 7 万 7537 施設に導入されている。また，都道府県のもつ施設だけの数字になるが，全国の公の施設の 59.5% は指定管理者制度が導入されている（総務省自治行政局行政課 2022：1-2）。

　指定管理者制度では，公の施設の所有者はあくまで自治体などの公共団体である。しかし，近年では，公の施設をそもそも公共団体から切り離し，民間移譲する手法も一般化しつつある。たとえば，

116　第 II 部　福祉政策の政策過程

保育所の運営は注目される事例だろう。2001（平成13）年3月より保育所設置主体の制限緩和・運営委託先の制限撤廃が行われた。その後，地方財政改革として有名ないわゆる**三位一体の改革**（2002〔平成14〕年より）のプロセスにおいて，2004（平成16）年度から公立保育所運営費の国庫負担の廃止と一般財源化が実施され，2005（平成17）年度から公立保育施設の整備費の国庫補助金の一般財源化が行われた。保育所の運営・整備に使途が限定された財源が絶たれたため，財政難の自治体では公立保育所を維持することが難しくなっていく。一方で，私立保育所の運営費は公定価格による国庫補助が続いたので，公立保育所を私立保育所化することへの誘因となった。結果として，多くの公立保育所が民間団体へ移譲される流れができあがった。2000（平成12）年では公立57.1％，私立42.5％だったのが，2019（平成31）年では公立35.4％，私立64.6％となっている（杉山 2020）。

　保育所をはじめとした福祉施設の民営化（民間移譲）は，コストが抑えられるため，少ない財源ながら，増大する住民の福祉ニーズに応えてサービス量を増大させることに役立つ。一方で，そこに勤める労働者の労働環境・待遇は悪化する。民営化に伴う非正規雇用の増大や安定した雇用の減少は，労働者を排除された状態へと導くものである。これは労働者の不利益（排除）と引き換えに利用者の利益を導くため，人々の分断を生むものでもある。こうして見ると，NPMは**排除型社会**に対応する行政手法という側面が強いということが見えてこよう。

▷　**NPMからNPGへ**

　NPMは，増大するニーズに対応し，利用者に選択肢を用意する効用をもつ行政手法であった。しかし，①**マネジメント主義**（成果管理主義）を重視しすぎることや，②参加や公正といった価値が再

第6章　福祉政策とガバナンスの変化　　**117**

表 6-1 福祉行政のモデル

	参加者	実践	プロセス
官僚的制度（公共管理）	政府機関	現場の職員が手続きとルールを適用する。	国民国家が中心的役割にとどまる。
新公共経営（NPM）	民間法人と契約パートナーとしてのNGO	現場の職員がパフォーマンス目標に向かって職務を遂行。	国民国家には調整と統制の役割が与えられる。
［新公共］ガバナンス（NPG）	政府，民間法人，NGO，その他の主体のネットワーク	現場の職員が多様な利害関係を前提に職務を遂行。	超国家的および地方レベルの団体と同時進行。

出所：Henman and Fenger (2006：263).

び見直されても，NPM はこうした価値を必ずしも汲み取れないこと，等の弊害がある。

　まずは①である。マネジメント主義で個々の職員や個々の部門にその成果の責任をもたせ効率性を追求しても，それは個々においての効率化（最適化）であり，必ずしも全体としての効率化（最適化）ではない。たとえば，業績主義的な人事評価は，業務の効率化につながるが，人材育成機能を阻害してしまう等の事例が考えられるだろう。NPM の効率追求は，わかりやすい数値目標の達成に注目するあまり，全体を見る視点が不足していた（Bovaird and Löffler 2003＝2008：57-59）。

　次に②である。行政は，財政運営，人材マネジメント，情報システムや業績管理といった内部のマネジメント・システムを整備し，効率的に運営されるだけでは十分ではない（Bovaird and Löffler 2003＝2008：170）。行政プロセスに利用者や国民・住民が参加する仕組みが必要である。また，効率の重視は，社会福祉サービスに携わる労働者の低賃金化を招き，地域住民でもある彼らの生活の質を

118　第Ⅱ部　福祉政策の政策過程

低下させる。低賃金化は女性やマイノリティ等に偏ることが多いため，多様性への配慮も大きく後退する（Bovaird and Löffler 2003 = 2008：186）。

よって，次の時代には，参加や公正という価値を共有し，地域の各アクターの連携・協働を可能とすることで，全体最適を達成して，持続可能な公共政策・社会福祉行政を可能とすることが必要となる。もちろん，NPM による行政運営の刷新の利点は残しつつ，その問題点を改善する方向性である。こうした新たな行政のあり方を，NPM の次の段階として，**新公共ガバナンス**（NPG：new public government）と呼ぶことがある。

3 地方分権改革

▷ 中央集権的行政運営と機関委任事務

地方自治体における福祉政策を取り巻く制度環境の変化を考えるときには，地方分権改革について触れておく必要があるだろう。中央集権から地方分権に移行することで地方自治体と住民の主体性と参加が高まる。こうした変化は排除型社会や過剰包摂社会から抜け出す1つのきっかけとなるはずである。

長らく日本の地方行政は**中央集権的**国家体制の中に位置づけられてきたといわれている。かつては，地方自治体（地方公共団体）が事務（業務）を行うなら何ごとも中央政府に指示を仰がなければならないといわれていた。細川護煕元首相が，熊本県知事時代の経験を引き合いに出して，バス停の設置場所を数メートル動かすだけで運輸省にお伺いを立てなければならないといって，地方分権の必要性を訴えていたことは有名である（細川 1991：10）。

こうした中央集権的な制度を支えた代表的行政手法は**機関委任事**

第6章 福祉政策とガバナンスの変化 **119**

務である。機関委任事務を撤廃するために，1999（平成 11）年の地方分権一括法制定を 1 つの山場とする地方分権改革が行われた。

　機関委任事務とは，個別の法律またはこれに基づく政令によって，国から「地方公共団体の長」などの執行機関に委任され，国の仕事として地方自治体において実施される事務（業務）のことである。すなわち，都道府県知事，市区町村長といった地方公共団体の長を国の機関の一部として借り出し，上意下達の指揮監督関係に置く制度であった。この制度のもとでは，地方公共団体の執り行う機関委任事務に対する「包括的指揮監督権」を中央省庁がもち，強力な統制を及ぼしてきた。一括法による改革前には，都道府県の事務の約 8 割，市町村の事務の約 3～4 割を占めていた（「地方分権推進委員会中間報告」）。

　とりわけ福祉政策は，機関委任事務制度により強い統制を受けてきた分野である。1950 年代までの**福祉三法**（生活保護法，児童福祉法，身体障害者福祉法），1960 年代からの**福祉六法体制**（三法に加えて精神薄弱者福祉法，老人福祉法，母子福祉法）では，福祉サービスとは，生活保護による現金給付以外は，**措置制度**により施設に収容措置するというものが主流であった。この収容措置事務は機関委任事務であり，それぞれの個別法に基づいて全国一律に実施されてきた。運営費も人件費，事業費，管理費等といった費目に分かれ，国の設定した基準に基づいて支弁されていた。

　もちろん今となっては前時代的制度であるが，当時は合理性のある制度であったとはいえよう。社会福祉分野では，戦後しばらくは基本的な社会福祉施設が整備されておらず，その数量が不十分であった。そのため，最低水準（**ナショナル・ミニマム**）を達成するには，地方でそれぞれ整備を行うよりも，中央集権的な手法で一挙に整備したほうが効率的であった。よって，各地域における社会福祉の資源が一定水準以上に蓄積されるまでは上意下達の機関委任事務

の存在意義があった。

　しかし，次第に時代に合わなくなってくる。中央で一律に定めた基準どおりに地方の社会福祉施設等の社会資本整備を行うよりも，地方に自律性をもたせて分権的な行政運営をするほうが望まれるようになってくるのである。

> **地方分権一括法**

　1999（平成 11）年 7 月に成立し，その条項の多くが 2000（平成12）年 4 月から施行されている**地方分権一括法**（「地方分権の推進を図るための関係法律の整備等に関する法律」平成 11 年法律第 87 号）は，地方自治に関連する法律 475 本を改正するものであり，機関委任事務を完全廃止した画期的な法律であった。中央省庁による地方自治体統制の柱であった仕組みをなくしたのだから，この法律によって権限の分権は一応の完成を見たといってよいだろう。この法律を中心とした改革を第一次分権改革という。

　一括法以前の地方自治体の事務は，機関委任事務，団体（委任）事務（機関委任事務よりも地方の自由度を高めたもの），自治事務に分かれていた。自治事務とは，旧地方自治法 2 条 2 項に定められた事務であり，管理・執行が地方自治体の長その他の執行機関の自治権に基づいて行われるものであった。すなわち，地方自治体固有の仕事である。

　地方分権一括法では，機関委任事務と団体事務を廃止し，新たに設けた**法定受託事務**と**自治事務**に振り分け直された。これ以後は，地方自治体の仕事の基本は刷新された自治事務であり，国が本来果たすべきもので，その適正な処理を国が確保しておくべきと認定されるもののみを，特別に法定受託事務とすることにした。そのため，自治事務の定義は「地方公共団体が処理する事務のうち，法定受託事務以外のもの」（地方自治法 2 条 8 項）と大変広いものとなった。

第 6 章　福祉政策とガバナンスの変化　　**121**

具体的には，従来の自治事務は一括法後の自治事務になったし，団体事務も自治事務とされた。機関委任事務に関しても多くが自治事務とされ，一部のみが法定受託事務にとどめられた。

　福祉政策においては，「たとえば『介護保険法に基づく介護保険制度の確立と運用』という仕事は，『法定受託事務』ではありえないので，当然『自治事務』である。その他，老人福祉，児童福祉，障害者福祉もその基本的な部分は『自治事務』である。この領域での『法定受託事務』は，生活保護に係る給付事務など，ごく一部」（澤井 2002：10）を残すのみとなった。

　法定受託事務には，機関委任事務と違って国の包括的指揮監督権はなく，法令に反しない限りは事務の執行方法に関して条例を制定できる。また，法定受託事務・自治事務の両事務はともに権限と責任が地方自治体にあるので，国が関与する場合には，通知・通達による強制的な関与は廃止され，原則的に技術的助言・勧告，是正要求，資料提出の請求に限られるものとなった。しかも，これらの関与に関しても法令に明確な規定が必要とされる（**関与法定主義**）。

　さらに，それまで機関委任事務として地方に委任されていた仕事の一部は，国が直接執行することになった。具体的には，社会保険関係事務や職業安定関係事務などである。こうした業務は，従来，地方事務官と呼ばれる公務員が執行していた。都道府県の業務に従事し都道府県知事の指揮監督を受ける立場にありながら，身分は国家公務員である特殊な事務官である。一括法の施行に合わせて，これらの事務官は廃止された（地方事務官制度の廃止）。

　一括法とそれに伴う分権改革は，そのほかにも，地方自治体の課税自主権の拡大，国と地方の紛争処理制度の設置（国地方係争処理委員会），必置規制の見直し等も行った。

　地方分権一括法の中で，合併特例法の改正も行われた。これは，地方自治体が地方分権の受け皿となる基礎体力を高めるために，大

規模化を進めるためのものであった。この法改正により，市町村が合併するためのインセンティブが設けられた。それは，①合併後の地方交付税減額を実施しない期間を，従来の 5 年から 10 年へ延長したこと（合併算定替の大幅期間延長），②合併後の新市町村整備のために，元利償還金の 7 割が地方交付税措置となる特別債権を地方に許したことである（合併特例債の創設）。1999（平成 11）年からその期限が切れる 2006（平成 18）年度末まで，**市町村合併が大きく進**むことになった。この期間の合併を，とくに平成の大合併と呼ぶこともある。市町村数は 3232 から 1821 に減少した。

▷ そのほかの改革

第一次分権改革において権限の改革は一段落したが，同時に財源の改革を進める必要があった。そのため，地方分権改革推進会議（会長・西室泰三）が設置された。この会議では，2006（平成 18）年に財源の**三位一体の改革**がめざされた。これは，①国庫補助負担金（国庫支出金）制度改革，②国から地方への税源移譲，③地方交付税の見直しを，同時一体的に行うものである。3 つの財源改革を一体的に行うことにより，地方分権一括法で地方が手にした権限に財政的裏づけを与え，地方分権を実質的なものにしようとした。当時の小泉内閣で進められた「国から地方へ」の改革の目玉となっていた。とはいえ，政治プロセスの中で逆に地方交付税が引き締められてしまい，結果としては，地方自治体の自主的な財源は十分に確保されなかった。

財源の改革でぜひ確認しておくべき論点は，財源の地方分権を行う際，多くの場合に国庫補助負担金（**国庫支出金**）を廃止して，その分の財源保障として地方税改革（地方税の増額）や**地方交付税**交付金の増額を行うことで，地方自治体の財政運営の自由度を高めるという手法が取られるということである（地方交付税の仕組みについて

表 6-2 条例制定基準の 3 類型

従うべき基準	国が設定する「従うべき基準」は，条例の内容を直接的に拘束する，必ず適合しなければならない基準であり，当該基準に従う範囲内で地域の実情に応じた内容を定める条例は許容されるものの，異なる内容を定めることは許されないものである。
標　　準	法令の「標準」を通常よるべき基準としつつ，合理的な理由がある範囲内で，地域の実情に応じた「標準」と異なる内容を定めることは許容されるものである。
参酌すべき基準	条例の内容そのものを直接的に拘束しているものではない。十分参照した結果としてであれば，地域の実情に応じて，異なる内容を定めることは許容されている。地域の実情に応じて，地方自治体が条例で異なる内容を定めることを許容するものであることから，地方自治体の条例による国の法令の基準の「上書き」を許容するものである。

出所：「地方分権推進員会第 2 次勧告」（平成 20 年 12 月 8 日：8-9 頁）。

は，第 12 章を参照のこと）。**三位一体の改革**でも，2004（平成 16）年〜2006（平成 18）年度で 4.7 兆円の国庫補助負担金が削減された代わりに，2006（平成 18）年度に所得税（国税）から個人住民税（地方税）へ 3 兆円規模の税源移譲が行われた。

　その後も地方分権改革は継続している。2010 年代になると，2024（令和 6）年の第 14 次まで数次にわたる**地域主権改革一括法**が制定されるようになっていく。これは，地方分権一括法が行政運営方法の分権改革であったのに対し，法令の中に定められた各種基準設定（義務づけ・枠づけ）を分権し，地方自治体が独自に条例で定めることができるようにしていくものであった。まずは第一次地域主権改革一括法（「地域の自主性及び自立性を高めるための改革の推進を図るための関係法律の整備に関する法律」平成 23 年法律第 37 号）において，施設・公物設置管理の基準を条例に委任するため，都道府県では養護老人ホームおよび特別養護老人ホームをはじめとする介護施設の設備，運営および居宅サービスに係る基準を条例により規定するこ

124　　第 II 部　福祉政策の政策過程

ととなり，市町村では地域密着型介護サービスの設備・運営基準等の条例化を図ることになった（鏡 2013：20）。

義務づけ・枠づけを見直すために，法令を条例に委任するに当たって，条例制定基準の3つの類型が提示されている（**表6-2**）。

改革の意義

地方分権することは，福祉政策にいかなる意義をもつだろうか。ここでは2つを強調しておきたい。すなわち，①地域ニーズの適正評価と，②自治体職員の主体性確保である。

1つは（①），一般的にいわれていることである。中央で一元管理することは必ずしも地域ニーズを正確に汲み取ることにつながらない。たとえば，社会福祉施設設置における各種最低基準として，国によって一元的に「定員基準，施設設置基準，職員配置基準，専門職資格基準，処遇基準などが定められる」（西尾 2005：27）と，これらが最低水準保証（**ナショナル・ミニマム**）となる。その確実な実施のために国から地方自治体への財政移転の規模が膨張していく。すると，「みずからの取捨選択と優先順位」に基づいた自治体の自律性は阻害され，非効率な行政運営が縷々と続けられていくことになる。地域のニーズに対応するには，もっとも住民に身近な地方自治体自らの判断が尊重されなければならない。

一度，基準が国により設定されれば，「その途端に全国の市区町村と都道府県のこの基準の達成度について格付けがなされ公表されるようになる」から，地域差を解消しようと全国の自治体が動き出す。こうした動きは，自治体の「貴重な個性差まで駆逐」（西尾 2005：28）してしまうことも弊害である。

もう1つは（②），公務員のモチベーション確保のための手段となることである。地方自治体は地域社会であると同時に，組織をもった1つの団体でもある（**団体自治**）。団体構成員としての公務員

第6章　福祉政策とガバナンスの変化　　**125**

は，営利事業に携わるわけではないので，仕事の達成度と報酬が必ずしも結びつかない。そのため，創意工夫が生まれにくく，ともすれば怠業傾向（サボタージュ）まで生み出してしまう。仕事をせずに組織に寄生する**フリーライダー**が生まれかねない団体特性をもつ。こうした組織のモチベーションを維持するためには，仕事を上から押しつけられたものとせず，自らの発案により主体性を発揮して業務遂行する環境を整備していく必要がある。自ら生みだし判断した仕事なら，人は努力して懸命に取り組むものである。福祉政策においては，とくにこの点の配慮が必要である。社会福祉は，住民1人ひとりのニーズに応じた個別対応にこそ核心があるから，一律に評価基準を設定することは難しい。どうしても，職員1人ひとりの裁量を発揮して運営する場面が多々存在する。そのため，職員の主体性を高めることでモチベーションを確保することが，他領域よりも重要となるのはいうまでもない。

⚹⚹⚹ *Book guide* 読書案内 ⚹⚹⚹

・ジョック・ヤング著，青木秀男・伊藤泰郎・岸政彦・村澤真保呂訳，2007，『排除型社会——後期近代における犯罪・雇用・差異』洛北出版（原著 1999 年）

現代社会のガバナンスを考える際には，社会がどのように成り立っているかを理解する必要がある。排除型社会という現代社会の特徴づけをぜひ理解したい。

・トニー・ボベール／エルク・ラフラー編，みえガバナンス研究会訳，2008，『公共経営入門——公共領域のマネジメントとガバナンス』公人の友社（原著 2003 年）

新公共管理（NPM）の問題点を整理している。少々難しいが今後の行政のあり方を考える際の基本書であるので挑戦したい。

・西尾勝，2007，『地方分権改革』東京大学出版会

地方分権改革をリードした研究者が，制度成立の経緯について詳細にまとめている。現代の行政のあり方の問題点がすべてわかるといっても過言ではない。

第 **7** 章

Chapter

福祉政策の
計画と評価

Quiz クイズ

Q7.1 ゴールドプランを地方において実施するため策定することに
なったのはどの計画だろうか。
a. 社会福祉施設緊急整備 5 か年計画　**b.** 老人保健福祉計画
c. 新ゴールドプラン　**d.** 介護保険事業計画

Q7.2 政策によって介入対象および社会に生じた変化のことは何と
いうだろうか。
a. インプット　**b.** アウトプット　**c.** アウトカム
d. ベスト・プラクティス

Answer クイズの答え（解説は本文中）

Q7.1　b　　Q7.2　c

Chapter structure 本章の構成

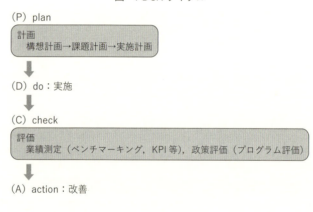

図　PDCA サイクル

本章の概要

　第Ⅱ部では，福祉政策の政策過程を分析するための各種概念や理論について確認してきた。最後に位置する本章では，もっとも具体的な政策過程の議論を扱うことになる。それは，福祉政策の計画と評価に関する議論である。現代の政策過程においては，「計画」の形で政策の方向性を示し，実施・運営した後に「評価」を行うというプロセスが明確である。このプロセスこそが，政策を客観的なものとする EBPM（evidence-based policy making：証拠に基づく政策立案）を確立するものである。よって，計画と評価の確認こそが，政策過

程を理解する際のポイントとなる。以下それぞれを説明していく。

1　福祉政策の計画

指示的計画

　西尾勝によれば，「計画とは，『未来の複数または継起的な人間行動について，一定の連関性のある行動系列を提案する活動』と定義し，かくして作成された提案を『計画』と定義しておくことにしよう」（西尾　1990：196）とされる。一定の関連性のある未来の行動群が系列として提案されていれば，それを計画という。

　民主主義社会では，計画策定は難しい。選挙によって政権が変わることはよくあることなので，計画の前提となる，常に変わらない目標を定めておくことは難しいからである。可能だとしても，「公共の福祉」とか「共生社会の実現」とった抽象的でどうにでも解釈できる目標となるだろう。それならば，なぜ計画が必要となるのだろうか。

　直井優は，その理由を次のように示している。社会計画には，次の2つの種類があるという。1つ目は，中央計画当局によって立案され強制的に実施される計画である「命令的計画」である。もう1つは，政治的妥協の産物として立案し，強制によらずに説得や誘因によって実施する計画である**指示的計画**である。民主主義社会で利用可能なのは，「指示的計画」だけである。この「指示的計画」は示した行動に従わせる強制力はないが，次の3つの機能をもつために意味がある。

　すなわち，①ばらばらの政策を体系化・整合化する機能，②将来の経済や社会の状態について予測を提示し，人々の活動の指針とする予測的機能，③計画の策定過程において社会の諸集団の利害を調

整し，合意形成を促進する機能，である（直井 1980：256-57）。民主主義の政治体制では，立てた計画を実施に移すにあたって，さまざまな利害関係者からの干渉があり，駆け引きの中で妥協が図られることになる。ここでの駆け引きとは，国会での政党間の争いもあろうし，国と地方の政府間関係もあろう。そのために，計画を各関係者に示し，調整のための道具として利用することが重要になるのである。

計画の類型

　行政計画は，構想計画→課題計画→実施計画といったステップを踏んで作成される。「構想計画」とは，目下のところは制度的・財政的裏づけは存在しないが，望ましいと構想される状態を将来において実現するために，目標として掲げられるものである。理念型計画とも呼ばれる。目標実現のために，比較的長い時間をかけて徐々に資源を蓄積することが，この計画を立てる目的である。「課題計画」とは，目標を掲げるだけでなく，具体的に解決すべき問題を掲げる計画である。組織や団体のレベルでは，一般方針と日常業務の中間にあって，両者を調整するためのものである。最後の**実施計画**とは，具体的・現実的な個別事業の計画であり，数値目標が掲げられることが多い。福祉計画に事例をとるなら，住民の福祉ニーズの実態を把握したうえでサービスの整備目標を設定したり，福祉サービス事業を実施する組織や団体を可能な範囲で設置するための供給体制整備方針を決めたりして，実際に実現可能な事業の内容を設計するものである。よって，この計画は手続き型計画とも呼ばれる。

　行政計画は，こうした段階を踏まえなければ，具体的な問題解決のための計画とはならない。なぜなら，行政はさまざまな部署を抱えた組織体であるし，行政庁外の各機関とも連携・協働するので，組織内・組織間の調整が常に必要となるからである。先の節で示し

た指示的計画ならば,こうした調整はいっそう重要になる。

さらに,うまく実施計画の策定にこぎつけたとしても,行政機関において,計画を作る企画部門と予算を預かる財政部門は異なっていることも多い。計画の実現のためには,別部門で策定している毎年度の予算との調整が必要になってくるのである。たとえば,国であれば,厚生労働省主導で福祉計画を立てたとしても,財務省が予算査定を行い,計画に予算をつけない場合もあるだろう。地方自治体では,総務・企画課や福祉課で企画した計画と,財政課の予算策定では,齟齬をきたすことがあるだろう。

また,予算は単年度主義であることが多く,1年度のうちに組んだ予算を執行し,その後に決算をしなければならない。しかし,行政計画は複数年度にまたがることが多い。たとえば,介護保険法に基づく介護保険事業計画は3年を1期とするし,子ども・子育て支援法に基づく子ども・子育て支援事業計画は5年を1期とする。行政内の担当部門間の違いだけではなく,期間の違いも擦り合わせなければならない。

2 福祉計画の歴史

これまでは,行政計画全般について概要の説明をした。それでは,行政計画の中でも福祉分野に的を絞った福祉計画は,どのように策定されてきたのであろうか。本節では,戦後の福祉計画の歴史を振り返りたい。各時代の概要と特徴を見ていくことにする。

福祉計画の萌芽期:1950年代と60年代の福祉計画

1950年代には,社会福祉はどのようなものか明確ではなく,まずは社会保障制度の中での位置づけを確立することが福祉計画の目

的であった。当時は社会福祉の上位概念である社会保障制度すら確立されていなかった。そのため，1950（昭和25）年に出された社会保障制度審議会の勧告（「**社会保障制度に関する勧告**」）で，わが国の社会保障制度は社会保険，公的扶助，社会福祉，公衆衛生からなるとする制度体系の基本設計がなされた。この時期には，経済計画である1955（昭和30）年の「経済自立5か年計画」に対応して，同年に「社会保障5か年計画」が出されるなど，経済計画と連動して社会保障・社会福祉計画が策定されるという計画策定パターンが生み出された時期でもあった。

1960年代は，高度経済成長も本格化し，政府も積極的に経済計画を立案していくことになる。池田内閣での「所得倍増計画」立案に際しては，政権の掲げた減税，公共投資，社会保障という三大政策目標に従って，今後の社会保障の規模についての推計も行われた。この推計に対応して，当時の厚生省は1961（昭和36）年に「厚生行政長期計画基本構想」を作成した。経済計画と同じく，こうした社会保障計画も，当時の先進国へと追いつくことを目標とした「キャッチアップ論」に基づくものであった（栃本 2002：99）。

以降，経済計画に対応して，社会保障計画が作成されることになる。1963（昭和38）年の「国民所得倍増計画中間検討報告」に対応して1964（昭和39）年に「厚生行政の課題」が，1970（昭和45）年の「新経済社会発展計画」に対応して同年に「厚生行政の長期構想」が，それぞれ策定された（和気 1996：34，栃本 2002：100）。

また，この時期には，地方自治体が国に先行して社会福祉の課題を発掘し，政策の充実をめざす計画を策定することがあった。1968（昭和43）年の**東京都中期計画**は，松下圭一の**シビル・ミニマム**論を基盤に，「都民生活にとって必要最低限の水準であり，現代の大都市が当然に備えていなければならない最小限度の物的施設・設備」（大杉 2010：2）を定めたものだった。この最小限度（ミニマム）

132 第Ⅱ部　福祉政策の政策過程

には福祉の指標も多く，経済計画とは独立した福祉計画を策定する先駆けとなった。また，後で取り上げる**ローリング・システム**を取り入れたことでも有名である。

この時期の終わりを締めくくる1970（昭和45）年には，1971（昭和46）年を初年度とする**社会福祉施設緊急整備5か年計画**が策定された。これは，緊急に必要な，老人（高齢者）や重度の心身障害者のための施設などの数量と整備費とを明示したものであった。実際の施設・サービス整備のための実施計画が策定される先駆けともいえる。

▷ 福祉計画の停滞：1970年代と80年代の福祉計画

1970年代から80年代は，1973（昭和48）年のオイルショックによって高度経済成長期が終わりを告げ，安定成長期に入った時期であった。そのために，福祉計画の策定は抑制されてしまった。第二臨調に先行して策定された1979（昭和54）年の「新経済社会7か年計画」では，福祉全体を抑制する，いわゆる「**日本型福祉社会**」論が唱えられた。これは，家庭や地域といったコミュニティでの相互扶助を強調して，公的責任を回避するものだった。

もちろん，この時期にもいくつかの成果があった。たとえば，1982（昭和57）年には，障害者施策としては初の長期計画である**障害者対策に関する長期計画**が策定された。また，1989（平成元）年には，東京都において**東京都地域福祉推進計画**が，区市町村が策定する「地域福祉計画」，社会福祉協議会などの民間セクターが策定する「地域福祉活動計画」とともに三相計画として策定された。これは，後の社会福祉法における地域福祉計画策定へとつながっていくものである。

第7章 福祉政策の計画と評価 **133**

▷ 福祉計画の拡大：1990 年代前半の福祉計画

1990 年代前半は，社会福祉にとって抑制から拡大へと転換する時期である。1989（平成元）年 12 月に作られた「**高齢者保健福祉推進 10 か年戦略**」（ゴールドプラン）が大きなきっかけである。これは，消費税導入論議が行われる中でのものであり，栃本一三郎によれば，厚生省と「大蔵省と自治省の合意のもとで財政的な裏づけと実施体制の整備が現実に行われる『計画化』が社会福祉の領域で実現」（栃本 2002：113）する，画期的なものであった。

また，1989（平成元）年 3 月に福祉関係 3 審議会合同企画分科会が答申した「今後の社会福祉のあり方について」を受ける形で，1990（平成 2）年に**社会福祉関連八法の改正**が行われた。八法の中の老人保健法および老人福祉法が改正されることにより，**老人保健福祉計画**（老人保健計画と老人福祉計画を一体的に策定するもの）の策定が，都道府県と市区町村に義務づけられた。これは，先のゴールドプランを地方において実施するために市町村が主体となって策定する，日本初の本格的な社会福祉の「実施計画」となった（森 1998：244，山本隆 2002：108）。市町村老人保健福祉計画は，当時地方自治法 2 条 4 項に規定されていた基本構想に即して策定するものとされており（老人福祉法旧 20 条の 8），市町村で独自に「区域において確保すべき老人福祉事業の量の目標」を設定することが可能になった。

そのほかにも，この時期には次々と数値目標と財源が明記された福祉計画が策定されていった。1993（平成 5）年に身体障害者対策基本法を改称して制定された障害者基本法に，国の**障害者基本計画**（障害者対策に関する新長期計画）と，それに合わせた都道府県・市町村障害者計画の制定が義務づけられた。この時策定された国の障害者基本計画に対応して，1995（平成 2）年には，数値目標を掲げる重点施策実施計画**ノーマライゼーション 7 か年戦略**が策定された。1994（平成 6）年には，市町村老人保健福祉計画で積み上げた福祉

サービスの整備目標量が，1989（平成元）年のゴールドプランでの
目標量を上回ったために，このプランを修正し，**新・高齢者保健福
祉推進十か年戦略（新ゴールドプラン）**が策定されることになった。
また，数値目標は盛り込めなかったが，子育て支援に関して，「今
後の子育て支援のための施策の基本的方向について」（エンゼルプラン）
が策定されている。

▷ **福祉計画の転換（地方分権化）：1990 年代後半以降の福祉計画**

　1990 年代後半は，福祉計画の主導権が地方に移っていく時期で
あった。1994（平成 6）年の **21 世紀福祉ビジョン**がきっかけとなり，
1997（平成 9）年に**介護保険法**が制定された。この「21 世紀福祉ビ
ジョン」とは，厚生大臣（当時）の懇談会が出した報告書であり，
年金，医療，福祉等の給付を 5：4：1 から 5：3：2 程度の比率に
転換することを提言した。福祉の比重を上げるということは，介護
保険制度を導入するということを意味した。また，個人の自立を基
礎としたうえで，「**自助，共助，公助**」からなる地域福祉システム
の構築を提唱した。

　1997（平成 9）年には，介護保険法が制定され，その中で**市町村
介護保険事業計画**と**都道府県介護保険事業支援計画**の策定が義務づけ
られることになった。介護保険の保険者は市町村であり，この制度
を利用しながら地域の高齢者福祉サービス整備目標量をそれぞれに
定め，その達成をめざすことになった。従来のゴールドプラン・新
ゴールドプランといったように，国が主体となって計画を策定し，
その整備目標量を達成するために，国から地方に補助するといった
仕組みからは大きく転換している。障害者福祉の分野でも，2005
（平成 17）年に**障害者自立支援法**（現 障害者総合支援法）が制定され，
厚生労働大臣の示す「基本指針」にのっとって，**市町村障害福祉計
画**（88 条）と**都道府県障害福祉計画**（89 条）を，それぞれの地方自治

体が主体となって策定することが義務づけられた。

とはいえ，1999（平成11）年には，介護保険法制定を受けた全国プランとして，「ゴールドプラン21」が国で策定されており，国が主導する計画策定が完全に解消されたわけではなかった。この年には，新エンゼルプランも策定されている。

2000（平成12）年には，社会福祉事業法を改称し，**社会福祉法**が制定された。内容が大きく改定され，地域福祉を推進する旨の条文が新たに盛り込まれた。107条に**市町村地域福祉計画**が，108条に**都道府県地域福祉支援計画**の策定を求める条文が定められている。地域福祉計画は，地域に必要な福祉サービスや地域の各機関・団体や主体の連携について総合的に取り決めを行うものである。策定主体は国ではなく，あくまで地方であり，地域のことを地域自らが計画する時代を象徴するものであるといえよう。

▷ 福祉計画の増殖

近年では福祉計画の策定は，地方行政にとって日常となっている。むしろ，法令によって策定が望まれている福祉計画は過剰になりすぎている。たとえば，児童分野では，「子ども・子育て支援法61条に基づく『子ども・子育て支援事業計画』，子どもの貧困対策の推進に関する法律9条に基づく『子どもの貧困対策についての計画』，母子及び父子並びに寡婦福祉法に基づく『自立支援計画』，児童福祉法33条の20に基づく『障害児福祉計画』，再犯の防止等の推進に関する法律8条に基づく『再犯防止推進計画』，平成24年の厚生労働省雇用均等・児童局長通知に基づく『家庭的養護推進計画』」（野村 2021：251），子ども・若者育成支援推進法9条に基づく「子ども・若者育成支援計画」といったように，自治体に膨大な計画策定を求めている。こうした計画を策定するにも，自治体の職員体制は限られているので，どれも似たようなものにならざるをえない。

136 第Ⅱ部 福祉政策の政策過程

中央省庁の部局ごとに打ち出される縦割り計画の弊害である。

　日本の行政の悪弊として，何かの行政手法を発見したら，仕事をさぼっていないアリバイを作るかのようにその手法を過剰に利用することがある（いわゆる「やってる感」をだす）。これは，横を見て他の部局がやっていることを自らの部局がやらないわけにはいかないと考えてしまう，縦割り思考と横並び主義の帰結である（第6章を参照のこと）。

3　福祉政策の評価

　現代行政システムにおける政策過程においては，計画は評価されなければならない。策定した計画が，本当に達成されたのか，その結果は適切だったのかを評価してこそのEBPMだからである。このことを明確なものにするために，近年では，PDCAサイクルが頻繁に言及されている。計画の策定（plan）→実施（do）→評価（check）→改善（action）といったプロセスの中に計画を位置づけるのである。こうした手法の嚆矢として，先にも取り上げた，1968（昭和43）年の**東京都中期計画**において採用された**ローリング・システム**がある。これも，計画の結果を評価して計画自体に適宜修正を加えるプロセスをめざすものであった。

　評価するといっても，何を対象に，誰が評価をするのか，によって性質が大きく異なってくる。以下にそれぞれ説明したい。

▷　**評価の対象と種類**

　行政における「評価」において幅広く行われているのは，**業績測定（業績評価）**である。これは，「評価対象に対して指標や目標値を設定しておき，行政活動の実施後に指標の実績値を計測」（田中

図7-1 評価のロジック・モデル

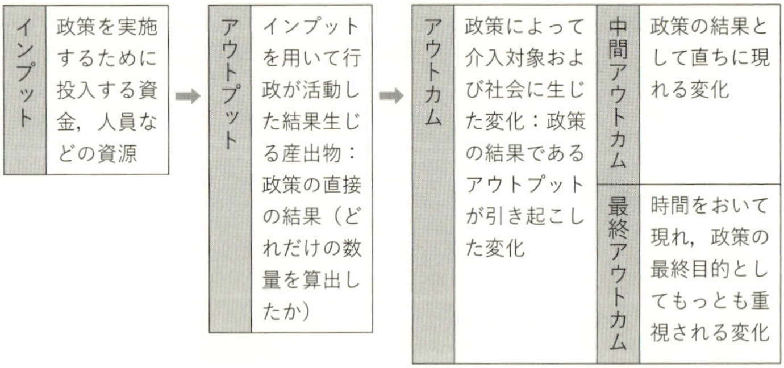

インプット	政策を実施するために投入する資金，人員などの資源	→	アウトプット	インプットを用いて行政が活動した結果生じる産出物：政策の直接の結果（どれだけの数量を算出したか）	→	アウトカム	政策によって介入対象および社会に生じた変化：政策の結果であるアウトプットが引き起こした変化	中間アウトカム	政策の結果として直ちに現れる変化
								最終アウトカム	時間をおいて現れ，政策の最終目的としてもっとも重視される変化

2014：250）するものである。これを政策が実施されるプロセスの中に組み込むと，先ほどのPDCAサイクルとなる。

　それでは，ここで評価される指標にはどのようなものがあるだろうか。行政活動が政策を形成し成果を生み出す過程の中に，評価すべきポイントを設定していくことが，よく利用される手法である。一般的に，この過程は次のように考えらえる。行政機関などが人員や資源を投入し（**インプット**），事業を実施する（**アウトプット**），この事業が社会において何らかの成果を生むことになる（**アウトカム**）。この成果は，事業実施直後の中間的な成果（中間アウトカム）と，時間がある程度経過した後の政策が最終目標とする成果（最終アウトカム）に分類することもある。以上のそれぞれのポイントにおいて，指標を設定し業績を評価するのである。これをロジック・モデルの形で示すと，**図7-1**のようになるだろう。

　利用される指標は，基準が明確化されることが望まれる。明確化のための古典的な手法としては，「費用便益分析」（CBA，B／C［ビー・バー・シー］）と「費用効果分析」がある。これらは，どちらも効率性という基準に基づいて政策評価を行う手法である（平岡

138 第Ⅱ部 福祉政策の政策過程

1996：196）。

費用便益分析は，費用と便益（結果）の両方を金銭換算して，費用と便益の比率（B/C）を計測して効果を測定する。この値が1を上回る政策だけが，実施の価値があると考える。これは，単一の政策を取り上げ，その政策を実施してよいかどうかを判断するための分析である。

費用効果分析は，費用に関しては金銭換算するが，効果に関しては必ずしも換算しないものである。何らかの結果を達成する費用がどれだけかかるかを評価する。この分析では，通常は単一の政策だけを取り上げるということはしない。類似した効果をもたらす複数の政策を取り上げ，どれがもっとも費用がかからないかを調べ，そのうちもっとも効率性が高いものを選び出すためのものである。

近年になって，いっそうの成果の明確化を求めた手法が開発・活用されるようになっている。たとえば，生まれた業績がどの程度のものであるかを，他機関・組織があげた業績の水準に達しているかどうかでもって判断することを**ベンチマーキング**と呼び，非常に多く利用されている。福祉政策においては，先進的な取組みを行ったり，優れた業績をあげたりしている自治体等をベンチマーキングの対象とすることが多い。こうしたベンチマーキング先の取組みを**ベスト・プラクティス**と呼ぶ。

評価結果が政策改善に即応するように，すぐに着手すべき重要業績指標を定めておく手法もよく利用されるようになった。この重要業績指標のことを KPI（key performance indicators）と呼んでいる。この KPI は，もともと企業経営の指標として活用されてきたものである。まずは，業績全体を改善するために政策プロセスにおける因果関係等を特定する。次に，その因果関係をたどることによって，業績を決定的に向上させる要因（パフォーマンス・ドライバー）を成果指標として特定する。こうして特定された指標が KPI である。

第7章　福祉政策の計画と評価　**139**

このKPIは，業績改善の目標として活用しやすいように，定量的に把握可能な指標から構成されることが望ましい。このKPI向上にむけて，さまざまな施策を展開すれば業績が向上するのだから，KPIは業績改革の進捗管理や効果測定のためのガイドラインとなる。

▷ 業績評価と政策評価

　とはいえ，福祉政策で利用される評価は，業績評価だけではない。業績評価は，あくまでその上位概念である政策評価の一部である。

　業績評価は，行政改革時代の行政理論であるNPM（新公共経営）を代表とする政策思想の中で，よく取り上げられるようになった。財政危機を回避するための経費削減や予算重点化のために，事業を評価してリストラクチャリングするための手法として注目されたのである（山谷 2006：6）。そのため，この場合の評価は，制度や政策の全体を見直すというよりも，行政過程の中に組み込まれ，定期的な業績のレビューを行うものとして実施されていく。

　政策評価は，行政過程というよりは，より上位の概念としての政治過程全体における制度・政策見直しのことである。政策の総合的な効果をアウトカムとして捉え，その全体を評価する手法を取る。この際に，政策をプログラムの形式などで捉え，その全体像をつかむ手法が典型である。山谷によると，政策評価では，「政策とその政策手段であるプログラムやプロジェクトのアウトカムやインパクトを見て政策，プログラム，プロジェクトの効率性，有効性，公正さを調査する」（山谷 2012：19）。また，業績評価が効率性を評価基準とするのに対して，政策評価は有効性を評価基準とする（山谷 2012：190）（表7-1）。

　政策評価の重要な特徴となるのが「プログラム」の概念である（山谷 2012：193）。プログラムとは，「一定のタイム・スケジュールと予算を持った一連の組織化された活動のことを言い，政策を実施

140　第Ⅱ部　福祉政策の政策過程

表 7-1 評価の基準

適 切 性	法令等の基準に従って適正な処理がなされているか。
経 済 性	コストは最小で実施されているか。
効 率 性	コストに対して成果（業績）は最大となっているか。
有 効 性	所期の目標を達成しているか（効果をあげているか）。

するため，言い換えれば，期待された政治目標を達成するための条件を作る活動である」（山谷 2012：204）。端的にいえば，政策評価とは，政策をプログラムと捉え，もしくは政策をプログラムとして形成し，体系的に組織化された目標達成のための適切な活動かどうかを「評価」することであろう。山谷は，**プログラム評価**とは個別の事業ではなく政策の枠組み自体を評価対象とするものとしている（山谷 2012：193）。

　前項で取り上げた KPI は，業績を企業業績と同じと捉え，ともすれば政策評価としての側面を過小評価している。過度に成果主義を強調した結果，評価の弊害を生み出している。企業であれば，企業業績，すなわち利益最大化といったような単純な目標を最終目標として達成するために，KPI を全体目標として設定すればよい。しかし，社会全体のことを考える政策には，そうした単純な最終目標など設定できない。全体目標として設定されたものから零れ落ちる目標が，必然的にできてしまう。たとえば，社会福祉にかかる費用を抑える KPI は，社会保障費抑制という目標には適合するだろうが，社会福祉サービスの低位平準化を避けるという目標には適合しないかもしれない（川上 2016：21）。

　こうした過剰な成果主義を避けるためにも，評価を行う主体を明確化しておく必要がある。評価基準を設定するのが，評価の受け手である行政自身であったり団体自身であったりすることがある（内部評価）。しかし，政策に国民や住民が民主的に参加するためには，

資料 7-1 障害者の日常生活及び社会生活を総合的に支援するための法律（市町村障害福祉計画）

88条の2　市町村は，定期的に，前条第2項各号に掲げる事項（市町村障害福祉計画に同条第3項各号に掲げる事項を定める場合にあっては，当該各号に掲げる事項を含む。）について，<u>調査，分析及び評価を行い，必要があると認めるときは，当該市町村障害福祉計画を変更することその他の必要な措置を講ずるものとする。</u>

評価プロセスが外部に開かれ，結果がわかりやすく説明され，評価の結果を判断する回路が作られていなければならない（外部評価）。こうしたプロセスを確保する説明責任を，**アカウンタビリティ**と呼んでいる。

▷　近年の社会福祉関連法への評価規定追加について

　福祉計画に対して評価の実施を行うことが，法律に規定されるようになってきた。

　まずは，障害者自立支援法が**障害者総合支援法**（「障害者の日常生活及び社会生活を総合的に支援するための法律」）に題名改正された際に，88条の2及び89条の2が追加され，「障害福祉計画の調査，分析及び評価の実施」の規定が生まれた（平成24年改正障害者自立支援法，平成25年施行）。これを出発点に，**地域福祉計画**（平成29年改正社会福祉法，平成30年施行［107条3項，108条3項]），**介護保険事業計画**（平成29年改正介護保険法，平成30年施行［117条7項・8項，118条7項・8項]）にもその後評価規定が追加されている。

　これらの評価規定は，福祉計画策定とその実施・運営を上記のPDCAサイクルの中に組み込み，そのサイクルの一部として評価を行うという発想によるものである。業績評価を強く推し進めているといえよう。各福祉計画の達成状況等について市町村が自ら実績評価を行い，新たな取組みにつなげることがめざされる。また，その評価の結果は，公表するように努めなければならないとされる。

Book guide 読書案内

・坂田周一ほか編，1996，『社会福祉計画』有斐閣

　　福祉計画について書かれた専門書は数が少ない。もっぱら計画を扱う比較的読みやすい書籍としてはほぼ唯一のものである。

・坂田周一，2020，『社会福祉政策 —— 原理と展開（第 4 版）』有斐閣

　　本書と同じく福祉政策についての概要が書かれた書籍である。社会福祉の計画と評価についてもまとめられた章があり，本書とともに参考にされたい。

・田中啓，2014，『自治体評価の戦略 —— 有効に機能させるための 16 の原則』東洋経済新報社

　　行政学の立場から政策評価についてまとめている。福祉政策を直接扱っているわけではないが，「評価」を考える基礎を理解するにはわかりやすい。

第 III 部

福祉政策の実施体制

Chapter

8 福祉政策の実施体制 1 ローカル・ガバメントの形態変化
9 福祉政策の実施体制 2 公私関係論の変化
10 相談支援業務の発展 ソーシャルワーク業務へ
11 ローカル・ガバメントの専門性・裁量
12 福祉政策と自治体財政

福祉政策の実施体制 1

ローカル・ガバメントの形態変化

第 **8** 章

Chapter

Quiz クイズ

Q8.1 児童虐待について相談する機関はどれだろうか。
a. 基幹相談支援センター　b. 児童相談所
c. ひきこもり地域支援センター　d. 精神保健福祉センター

Q8.2 地域包括支援センターの設置根拠法は何だろうか。
a. 障害者総合支援法　b. 介護保険法
c. 老人福祉法　d. 児童福祉法

Answer クイズの答え（解説は本文中）

Q8.1　b　　Q8.2　b

Chapter structure 本章の構成

表　社会福祉サービスの提供主体

		団体の性格	活動体の事例
公共部門（公共的福祉供給システム）	行政型供給組織	公的責任をもつ国や地方自治体。	福祉事務所，児童相談所など。
	認可型供給組織	行政の規制のもと認可を受けて運営されるサービス提供組織。日本の基幹的システム。	社会福祉法人やそのうちの社会福祉協議会など。
民間部門（非公共的福祉供給システム）	非営利型供給組織	利用者自身や地域住民などが主体的に企画・運営する組織や企業内での福祉等。	ボランティア団体，NPO，生協など。
	営利型（市場型）供給組織	介護保険制度等をきっかけに新しく参入した利潤を追求する団体。	営利企業。

出所：三浦・宇山（2003：87）をもとに著者作成。

本章の概要

　第Ⅲ部では，福祉政策の実施体制の説明を行う。本章はその最初なので，まずは福祉政策を実施する機関や団体の種類や置かれた状況の概要について説明したい。

1 福祉サービスの提供体制

　日本における福祉サービスの供給システムは，公共部門と民間部門に分かれている。さらに，公共部門は，行政が直接担当するもの（行政型）と，社会福祉法人のように行政の認可を受けサービスの委託を受けるもの（認可型）が存在する。民間部門は，非営利型と営利型（市場型）に分かれる（冒頭の表）。

　もともとは，公共部門が福祉サービス供給の中心であった。しかし，現在では，福祉サービスのニーズ増大に対応するために，民間部門が大きく成長している。公共と民間がミックスされて福祉サービスが提供されるのは，もはや当然のこととなった。こうした体制は**福祉多元主義**と呼ばれる。また，とくに地域運営の仕組みに注目して，行政だけではなく地域のさまざまなアクターが協働して福祉サービスを提供する体制へと，地域の福祉サービス提供体制が変化した状態を指して，**ローカル・ガバナンス（協治）**と呼ぶ。

　さらに，公共部門内部も多元化している。これまでは，福祉事務所を中心とした措置制度を担う機関が，行政における福祉サービスを提供する中心であった。しかし，現在では，主に社会保険を担う福祉担当部局（福祉課・厚生課）も大きな比重を占めるようになった。むしろ，その対象者数や投入される資源の量から考えると，こちらのほうが主役となったといってもよい。

　以下では，基本的には以上の提供体制のもとにある，それぞれの機関や団体を紹介していくが，こうした提供体制の変化についても，適宜触れていく。

第8章　福祉政策の実施体制1

2　公共部門

▷　**福祉事務所**

　地方自治体で社会福祉行政の中心となる機関は，福祉事務所である。この**福祉事務所**とは，**社会福祉法**に「福祉に関する事務所」として規定された行政機関である（社会福祉法14条～17条）。当初は生活保護制度を運営するための機関として設置されたものだったが，業務を広げ，現在では主に福祉六法（都道府県事務所では福祉三法）に関係する措置の事務を行っている。

　社会福祉法の規定では，市（特別区を含む。以下同じ）および都道府県は，福祉事務所を設置しなければならない（社会福祉法14条）。また，町村は福祉事務所を任意に設置することができる（14条3項）。これは，町村が連合して設置する一部事業組合または広域連合でもよい（14条4項）。2024（令和6）年4月現在で，福祉事務所は市に992，都道府県に205，町村に47あり，全部で1244カ所が設置されている。

　市の福祉事務所（町村が設置していれば町村部福祉事務所）は，その市の区域を所管地域として業務を引き受けるので，福祉六法すべてを所管（14条6項）する。都道府県福祉事務所は，福祉事務所を設置していない町村の業務を引き受けるためのものである。そのため，**郡部福祉事務所**とも呼ばれる。町村が直接事務を所管していない事務のみを行うので，福祉三法のみの所管である。

　もともとは，市部も郡部も福祉事務所の所管は同じであった。しかし，後述するように，老人福祉法，身体障害者福祉法，知的障害者福祉法に関する措置の事務が，都道府県から市役所や町村役場に移されたため，都道府県福祉事務所は福祉三法のみとなった。

表 8-1 福祉事務所の所管事務

都道府県福祉事務所（郡部福祉事務所）	福祉三法	生活保護法，児童福祉法，母子及び寡婦福祉法
市町村（特別区も含む）福祉事務所	福祉六法	生活保護法，児童福祉法，母子及び寡婦福祉法，老人福祉法，身体障害者福祉法，知的障害者福祉法

市町村福祉担当部局

　福祉事務所の措置事務として行われてきた各種福祉サービスの提供は，近年の制度改正により，都道府県・市町村**福祉担当部局**（**福祉課，厚生課**等の名称で設置される）によって代替されるようになってきている。人員体制や予算の大きさを考えると，地方自治体における社会福祉行政の中心は，むしろこうした福祉担当部局のほうへ移行していると考えてもよいだろう。

　高齢者福祉分野では，1993（平成5）年4月には老人福祉法に基づく施設入所措置事務等が，都道府県福祉事務所から町村役場へ移譲された（市部には福祉事務所があるので，もともと所管していた）。また，1997（平成9）年の**介護保険法**制定後は，多くの高齢者福祉関連サービスが，市町村の介護保険担当部局の担当へと移管された。さらに，2005（平成17）年の介護保険法改正により，**地域包括支援センター**が創設され，相談支援業務もこちらに多くが引き継がれた。

　障害者福祉分野でも，1990（平成2）年に成立した**社会福祉関連八法改正**により，1993（平成5）年4月には身体障害者の施設入所措置事務等が，都道府県福祉事務所から町村へ移管された。また，2003（平成15）年4月には，**支援費制度**導入に備えた児童福祉法および知的障害者福祉法の一部改正により，知的障害者の施設入所措置事務等が，都道府県福祉事務所から町村へ移管された。

　2003（平成15）年の支援費制度の後を受ける2006（平成18）年施

第8章　福祉政策の実施体制1　**151**

行の**障害者自立支援法**，その後の 2013（平成 25）年に施行された**障害者総合支援法**（「障害者の日常生活及び社会生活を総合的に支援するための法律」）では，サービス提供主体が市町村に一元化され，障害の種類（身体障害，知的障害，精神障害等）にかかわらず，障害者の自立支援を目的とした共通の福祉サービスは，共通の制度により提供されるようになった。これらは基本的に，市町村の福祉担当部局によって担われる（市部では市部福祉事務所が担う場合もある）。

　児童福祉分野では，もともと措置権が市町村であった分野が多く，1997（平成 9）年に児童福祉法が改正され，保育所などの入所方式が契約制度となってからも，それは変わらない。

　このように，社会福祉サービスを所管する行政機関は，大きく移り変わった。とはいえ，福祉事務所と市町村福祉担当部局は，以前から一体的に運営されてきたのも事実である。そもそも福祉事務所所長には，専任規定が緩和されていた（社会福祉事業法附則 9 昭和 26 年）（平野 2007：83）。そのため，福祉事務所長を，市町村福祉関連部局の長（福祉部・課長，厚生部・課長等）が兼任することが多くなっていた。こうなると，福祉事務所と市役所などの福祉関連部局は，同一の管理職のもとに運営されるために，実質的に両者は融合して運営されることになっていた。すると，福祉六法以外の社会福祉サービス・社会保険関連業務も同一機関で一手に担われることになる。こうした運営形態は，**大事務所制**と呼ばれる。それに対して，福祉事務所が独立している形態は，「小事務所制」と呼ばれる。

▷　**各種相談所・センター**

　福祉関係法によって設置が求められる福祉専門の各種機関は，福祉事務所以外にも存在している。これらは，「相談所」もしくは「センター」と呼ばれている。

(1) 児童相談所

児童相談所は，児童に対する相談を受け，調査・診断・判定を行い（相談機能：児童福祉法 12 条 2 項），児童福祉施設，指定国立療養所等に入所させたり，里親，保護受託者に委託したりするといった措置権を行使する（措置機能：26 条，27 条）機関である。必要に応じて，児童を家庭から離して一時保護することもある（一時保護機能：12 条 2 項，12 条の 4，33 条）。また，市町村による児童家庭相談への対応について市町村相互間の連絡調整を行い，市町村に対して情報を提供する役割もある（市町村援助機能：12 条 2 項）。

都道府県および指定都市には設置義務がある（児童福祉法 12 条，59 条の 4 第 1 項，地方自治法施行令 174 条の 26 第 1 項）。また，2006（平成 18）年 4 月からは，中核市程度の人口規模（30 万人以上）を有する市を念頭に，政令で指定する市（児童相談所設置市）にも児童相談所を設置することが任意にできることとされた（児童福祉法 59 条の 4 第 1 項）。現在のところ，児童相談所は全国に 234 カ所（2024〔令和 6〕年 4 月現在）が設置されている。また，その機能の一部を担う一時保護所は，154 カ所設置されている。

職員には，所長，配置が義務づけられている相談および指導の中心となる児童福祉司のほかに，精神科医，児童心理司，保健師，理学療法士等が配置されることがある。

(2) 身体障害者更生相談所・知的障害者更生相談所

身体障害者更生相談所は，原則として 18 歳以上の身体障害者が補装具，更生医療，施設利用等の各種福祉サービスを適切に受けることができるように，専門的・技術的立場から各種の相談業務や判定業務などを行う機関である。身体障害者手帳に関する判定・交付の事務を行う。

知的障害者更生相談所は，原則として 18 歳以上の知的障害者の福祉の向上のために専門的な援助を行うとともに，家庭その他からの

第 8 章　福祉政策の実施体制 1　　**153**

相談に応じて医学的・心理学的・職能的判定を行う機関である。療育手帳等の判定・交付の事務を行う。

それぞれ都道府県に設置義務がある（身体障害者福祉法11条・知的障害者福祉法12条）。また，指定都市は任意に設置することができる（身体障害者福祉法43条の2・知的障害者福祉法30条・地方自治法施行令174条の28第2項，174条の30の3第2項）。2024（令和6）年4月現在で，全国にそれぞれ78カ所と88カ所設置されている。職員には，専門的な知識および技術を必要とする相談や，市町村などへの助言を主に担当する**身体障害者福祉司・知的障害者福祉司**の配置が義務づけられている。

(3) 女性相談支援センター・婦人相談所

婦人相談所は，もともと売春を行うおそれのある「要保護女子」の更生保護のために，1956（昭和31）年に制定された売春防止法に基づいて設置された機関であった（売春防止法34条）。しかしながら，その役割は多様であり，当初より「婦人保護事業」として，女性の家庭問題や就労問題一般に関する相談も担ってきた。また，2001（平成13）年に配偶者からの暴力の防止及び被害者の保護に関する法律（DV防止法）が制定されてからは，家庭内暴力等への対応機関（配偶者暴力相談支援センター）としての役割も期待されるようになった。

2022（令和4）年5月に「困難な問題を抱える女性への支援に関する法律」（2024年4月施行）が成立した。これにより，相談所の名称を変更し，女性相談支援センターが設置されることになった（根拠法もこちらの法律に変更）。都道府県に設置義務があり（9条1項），指定都市は設置することができる（9条2項）。2022（令和4）年4月現在で全国に49カ所設置されている。職員には，所長，**女性相談支援員**等が配置されている。また，一時保護所を設置することが義務づけられている（「困難な問題を抱える女性への支援に関する法律」9

表8-2 福祉行政の相談機関

名　称	根　拠　法	職　員	特　徴
地域包括支援センター	介護保険法115条の46	原則的に社会福祉士，保健師および主任介護支援専門員を配置（介護保険法施行規則140条の66第1項）	・老人福祉法に基づいて設置されていた在宅介護支援センター（老人福祉法20条の7の2）を実質的に引き継ぐ形で（田中 2012：140），2005（平成17）年の改正介護保険法によって設置。 ・権利擁護，介護支援専門員に対する助言・指導，介護予防ケアマネジメントなども必須事業。
児童家庭支援センター	児童福祉法44条の2	相談・支援を担当する職員2名，心理療法などを担当する職員1名（「児童家庭支援センターの設置運営について」平成10年5月18日児発第397号）	・都道府県知事，指定都市・児童相談所設置市市長が社会福祉法人等に委託する。 ・専門的な知識および技術を必要とするものに応じ助言を行う。また，市町村へ技術的助言や必要な援助を行う。
母子家庭等就業・自立支援センター	「母子家庭等就業・自立支援事業の実施について」雇児発第0722003号　平成20年7月22日		・都道府県・指定都市・中核市が実施主体（母子福祉団体等への委託が可能）となり，母子家庭の母等に対して，就業相談から就業支援講習会の実施，就業情報の提供等一貫した就業支援サービスの提供を行う。 ・弁護士等のアドバイスを受け養育費の取り決めなどの専門的な相談を行う。
子育て世代包括支援センター[1]（母子健康包括支援センター）	母子保健法22条	保健師，助産師，看護師および社会福祉士等のソーシャルワーカー（「保健師等」と呼ばれる）を1名以上配置。	・母子保健法に基づく母子保健事業，子ども子育て支援法に基づく利用者支援事業，児童福祉法に基づく子育て支援事業等の多様な制度のワンストップ拠点。 ・市町村は設置の努力義務。

基幹相談支援センター	障害者総合支援法 77 条の 2		・障害者総合支援法に基づいて設置される機関であり，市町村が自ら行うか社会福祉法人や NPO 法人等が運営することができる（障害者総合支援法 77 条の 2）。地域生活支援事業の中核的な役割を担う。
発達障害者支援センター	発達障害者福祉法 14 条，25 条		・都道府県および指定都市が自ら行うか，指定した社会福祉法人や NPO 法人等が運営。
ひきこもり地域支援センター	ひきこもり支援推進事業		・ひきこもり支援コーディネーターが，ひきこもりの状態にある人やその家族へ相談支援を行う。 ・NPO 等への委託も可能であるが，直営の場合，精神保健福祉センターに併設れることが多い。

注：1. 子育て世代包括支援センターは，2024（令和 6）年 4 月以降に「子ども家庭総合支援拠点」と統合され，「こども家庭センター」になる（令和 4 年 6 月 15 日法律第 66 号〔第 2 条〕令和 6 年 4 月 1 日施行）。

条 6 項）。

（4）精神保健福祉センター

　精神保健福祉センターは，1995（平成 7）年 7 月に精神保健法を改称した精神保健福祉法（「精神保健及び精神障害者福祉に関する法律」）に基づいて設置される機関である。1965（昭和 40）年の精神衛生法改正によって，「精神衛生センター」という名称で任意設置の機関として発足したのが起源である。精神障害者福祉手帳に関する判定・交付事務を始めとして，地域精神保健福祉活動推進の中核となる機能を担う。障害者自立支援法の施行以降は，市町村の支給要否決定に対する支援も行う（精神保健福祉法 6 条第 2 項 4～6 号）。

都道府県および指定都市に設置義務があり（精神保健福祉法6条，51条の12），2024（令和6）年4月現在で全国に69カ所設置されている。

職員には，所長，精神科医師，精神保健福祉士，臨床心理技術者，保健師，看護師，作業療法士，その他の職員を配置することに努めることになっている（精神保健福祉センター運営要領：1996〔平成8〕年1月19日健医発第57号）。

そのほかの相談機関

地域の相談機関として，行政の相談所と機能を分担する機関が増えている。一覧表の形式でまとめる（**表8-2**）。

3　認可型供給組織

社会福祉協議会

社会福祉協議会は民間の団体ではあるが，社会福祉法（109条から111条）に根拠をもち，行政機関と密接な連携を取りながら活動する団体である。

社会福祉協議会は，社会福祉法人としての法人格をもつことが多い。各レベルの地区のさまざまな社会福祉事業体や住民の協議の場として機能し，**地域福祉の推進**を図ることを目的としている。社会福祉協議会には，全国社会福祉協議会（全社協），都道府県社会福祉協議会，市区町村社会福祉協議会といったように，公共団体の各レベルに対応した組織が整備され，縦の系列のつながりがある。とはいえ，社会福祉協議会の各組織は，こうした縦の系列よりもそれぞれのレベルの行政機関（市町村や都道府県等）とのつながりのほうが密接であるともいわれている。行政機関から各種の補助を受け，事

業を受託しているために，その関係性は必然的に密接なものとなるからである。

各社会福祉協議会の中でも住民にもっとも密接した，市区町村社会福祉協議会の主な活動は次のようなものである。すなわち，①地域福祉活動推進部門（小地域ネットワーク活動，ふれあい・いきいきサロン事業等），②福祉サービス利用支援部門（生活福祉資金貸付事業，日常生活自立支援事業等），③在宅福祉サービス部門（介護保険事業等）等である。さらに，これらの事業経営を支援する法人運営部門等が設置される。近年では災害対応にも力を入れている。地域福祉の推進にはさまざまな側面があるため，時代に合わせてさまざまに地域の組織化や福祉サービス提供のプログラムを考える，柔軟な運営を行うことが特徴である。

▷ **社会福祉法人**

社会福祉法人とは，戦後の措置制度を確立する過程で，憲法に規定される「**公私分離**原則」（憲法89条）を遵守しつつ，措置制度を円滑に運営するために作られた法人格である。民間部門を措置委託の受け皿とするために創設された（**第2章第5節**を参照のこと）。厳格な審査のもとに認可を受けた法人であるため，公共的性格が強いと考えられている。そのため，国・地方公共団体以外では**第一種社会福祉事業**を行える唯一の団体であり，公費による助成が容易であるが，質の向上・透明性の確保といった経営の原則を遵守する必要がある。また，十分な資産を備えなければならないという要件がある。

ここで取り上げた第一種社会福祉事業とは，社会福祉法に規定される社会福祉事業の1つである。社会福祉事業は，第一種と第二種に分かれる。

第一種社会福祉事業とは，社会福祉事業のうち，とくに公共性の高い事業である。利用者への影響が大きいため，経営安定を通じた

利用者の保護の必要性が高い事業，すなわち主として入所施設サービスである。そのため，原則として，国，地方公共団体，社会福祉法人に限り，事業経営が認められる。その他の者が経営するときには，都道府県知事の許可が必要となる。

第二種社会福祉事業とは，経営の安定性よりも，相対的に民間の自主性と創意工夫を重視するものと考えられる事業である。主として在宅サービスなどの事業が多い。事業主体の制限はとくになく，届出をすることにより事業経営が可能となる。

社会福祉法人は，社会福祉法22条に規定されるように，第一種社会福祉事業を始めとした「社会福祉事業」を行うことを目的として設立される法人である。しかし，経営を支えるために，26条に規定されるその他の事業を行ってもよい。その他の事業には，「公益事業」および「収益事業」がある。

4　民間部門

従来の福祉サービスの提供は，いわゆる公共的福祉供給システムの中に位置づけられた認可型供給組織である，社会福祉法人によるものが中心であった。しかし，近年では，非公共的福祉供給システムである，営利型（市場型）供給組織や，非営利型供給組織によるものも増えてきた。以下には，NPO，営利企業，ボランティア等の市民セクターについて順次説明する。

▷ NPO

まずは，NPO（non-profit organization）である（法人格をもつ場合は非営利活動法人）。1998（平成10）年に施行された**特定非営利活動促進法（NPO法）**は，NPOが法人格を取得するのを容易にした。法

第8章　福祉政策の実施体制1　159

人格は福祉サービス提供事業者になるための前提であるため，NPO がこうした事業者となる条件を整えることになった。例えば，2000（平成 12）年より始まった**介護保険**制度の事業者指定には，原則として法人格が必要とされる。ここでの法人格は，営利法人（株式会社等），医療法人，NPO 法人等ととくにその種類は問われない。行政からの措置委託や補助が十分でなくとも，介護保険制度等の事業者となることで，利用者と契約し，地域の介護サービスを担うことが可能となった。

さらに，保育所や就労継続支援 B 型等の**障害者総合支援法**（障害児の場合は児童福祉法も）に基づくサービスの一部の事業への参入も法人格の種類はとくに問われない。そのため，NPO が児童福祉サービスや障害福祉サービスを提供する条件も，ある程度整った。

以上のような制度改正によって，以前の措置制度よりも，非営利セクターが独自性をもって活動する制度的環境が大きく改善されたといってよいだろう。もちろん，特別養護老人ホームのような施設サービス（第一種社会福祉事業）は，民間部門では原則的に社会福祉法人だけが担えるものである。また，生活基盤がぜい弱であったり，より重点的なサービスの提供が必要であったりする人々への支援のためには，措置制度が必要である。あれかこれかではなく，最適な福祉サービス提供主体の組み合わせを模索していく必要があるだろう。

営利企業

介護保険制度や障害者総合支援制度等には，NPO だけではなく民間**営利企業**（以下，営利法人）も参入することができる。サービスによっては，社会福祉法人よりも多くのシェアを占める領域もある。近年ではさらに進んで，とくに保育所の運営においては，営利法人の参入が政策的に強く求められている。

160 第 III 部 福祉政策の実施体制

認可保育所の設置主体については，従来は市区町村と社会福祉法人に限定されてきた。これに対して，厚生省の通知「保育所の設置認可等について」（平成12年3月30日児発第295号）により，保育所の設置主体規制が緩和され，社会福祉法人以外の民間部門が認可保育所を設置することが可能となった。とはいえ，社会福祉法人と比べて審査の基準が厳格であり，出された通知の法的性格が市町村への技術的な勧告であることもあって，市町村が及び腰となったために，営利法人の保育所参入は進まなかった。

その後，2012（平成24）年8月に成立した**子ども・子育て関連3法**では，都道府県に対し，**子ども・子育て支援事業支援計画**に定める需給調整が必要な場合を除き，保育所設置の申請があれば，営利法人も原則として認可することを求める規定が設けられた。また，営利企業等のさまざまな設置主体が参入しやすいように，補助金にも新たな形態のものが導入された。これは，「子どものための教育・保育給付」であり，利用者が個々に認定を受け，その認定に応じて支給されるものである。すなわち，施設全体に対して行われるものではなく，保育所の利用者個々人の認定実績に応じて支給されるというものである。こうした新制度の導入のため，営利法人が保育所運営に参入する条件が次第に整備された。今後はいっそう営利法人の参入が進んでいくことだろう。

市民セクター

体系的なサービスではないが，従来からボランティアなどの市民セクターは，福祉サービスを提供する重要な主体であった。

1960年代，70年代には社会福祉協議会を中心とした「地域組織化」の試みが始まった。これは，アメリカのコミュニティ・オーガニゼーション理論の影響を受けたものだった。1980年代には，社協活動が，施設入所とは別のもう1つの福祉サービスのあり方で

ある**在宅福祉**という考え方を生みだした。この流れは，1990 年代には**住民参加型福祉**につながっていくことになる。これは，在宅福祉サービスは行政だけに頼ることができないと考える全国の市民団体が，**ボランティア**として自発的なサービス提供を開始したものである。この住民参加型福祉の盛り上がりは，のちの NPO 法制定の機運を高めることにつながった（武川 2005：26）。現在の福祉サービス供給の主体は，行政や法人格を備えた団体であることが多いが，こうした法人格をもたない任意団体としての市民セクターの存在を忘れてはならない。市民セクターの人々のボランタリズムは，高齢化が進む現代社会においては，地域包括ケアの基盤としてもますます重要なものとなっている。

⟋⟋⟋ *Book guide* 読書案内 ⟋⟋⟋

・畑本裕介，2021，『新版 社会福祉行政 —— 福祉事務所論から新たな行政機構論へ』法律文化社

　社会福祉に関する行政機構のあり方とその変化についてわかりやすく体系的に解説している。ガバナンスの中心となる行政について深く学ぶ際に役立てていただきたい。

・山口道昭，2016，『福祉行政の基礎』有斐閣

　福祉行政について法律学の立場から解説している。社会福祉の各機関や制度がどのような法的根拠によって設置されているかを学びたい。

・宇山勝儀・船水浩行，2016，『福祉事務所運営論（第 4 版）』ミネルヴァ書房

　福祉行政はかつて福祉事務所を中心に運営されていた。その影響が消えたわけではないので，福祉事務所がどのように運営されるかを確認するのは今でも重要である。

162　第 III 部　福祉政策の実施体制

Chapter

第 **9** 章

福祉政策の実施体制 2

公私関係論の変化

Quiz クイズ

Q9.1 最低限必要な部分を行政が，それ以上は民間事業者が対応
するという公私関係論を何というか。
a. ガバナンス論　b. 準市場化論
c. 第三者政府論　d. 繰り出し梯子理論

Q9.2 次の文章の（　　）にもっともあてはまるものを選べ。
　　コ・プロダクションとは，（　　）が公共サービスのデザイ
ン・提供・マネジメントに積極的な役割を果たすことをいう。
a. 国・地方自治体　b. 利用者や住民
c. NPO や地域団体　d. 営利企業

Answer クイズの答え（解説は本文中）

Q9.1　d　　Q9.2　b

Chapter structure 本章の構成

表　公私関係論の系譜

公私関係論	行政モデルの進展
平行棒理論 繰り出し梯子理論	行政管理
福祉ミックス論 第三者政府論	民営化
準市場化論	NPM・市場化
ガバナンス論 →地域福祉ガバナンス	NPG

本章の概要

　本章では，福祉政策の公私関係論の変化を歴史的に概観していく。公私関係論について考えるということは，福祉政策における行政の役割と民間の役割，また，その協働のあり方について検討するということである。

　第4章でティトマスの社会福祉の**残余的福祉モデル**と**制度的再分配モデル**について紹介した。残余的福祉モデルは市場や家族が生活問題に対応できないときに公的な福祉が対応するという考え方であった。まずは市場や家族から率先して対応が求められ，行政の対応は補完的な位置づけとなる。こうして，公的な福祉の利用が制限され，自助努力が強く求められ，社会権が弱いという特徴をもつ。

他方，制度的再分配モデルは，まずは公的な福祉が生活問題に第一義的に対応するものであり，そのための根拠となる社会権が確立し，権利として福祉の利用が保障される。この場合，市場や家族の対応は行政の補完的なものになる。このように公私関係について考えることは，社会福祉における行政の役割＝行政責任と民間の役割について考えることでもある。

そこで本章では，第1に，行政と民間による福祉の特徴を検討する。第2に，公私関係の前提となる行政がどう行動すべきかを示した行政モデルの変遷を紹介する。第3に，社会福祉の歴史的な進展の中で示された**公私関係論**を分析する。最後に，多様な主体が福祉政策を実施する現代において注目すべきキーワードとして**コ・プロダクション**の考え方を提示する。

1 行政と民間の種類と特徴

▷ **行政，家族・コミュニティ，NPO，営利企業**

公私関係について見ていく前に，その前提となる公と私，つまり，行政と民間団体の特徴について確認しておきたい（Johnson 1987 = 1993参照）。ここでは，第1に，国や自治体である行政，第2に，家族やコミュニティというインフォーマル部門，第3に，NPO，第4に企業について見ていきたい。

第1に，国や自治体，つまり行政の特徴について検討しよう。1つ目の特徴は，基本的な行政の役割は国民の権利を守ることである。日本では第二次世界大戦前は，欽定憲法の下，国民の権利は制限され，ときには特攻隊のように国のために死ぬことさえも求められた。第二次世界大戦後は日本国憲法が制定され，1人ひとりが日本の主権者として位置づけられた。それにより国家は主権者の権利，つま

第9章　福祉政策の実施体制2　**165**

り命や生活を守ることが重要な役割となる。

2つ目は，税や保険料を徴収することができ，もっとも財力があることである。3つ目は，法や通達などによりコントロールできるが，この拘束力はもっとも強力であることである。4つ目に，財力はあるが，その利用には明確な説明責任や公平性・平等性などが求められ，また，何か新しいことをするには法律や規定を設けなければならず，議会承認等のプロセスが必要なことである。このため，行政は迅速で柔軟な対応が難しい。5つ目に，そこで働く公務員は，大きな権限をもつが，日本では専門性とは関係なく採用と異動がなされるため，専門性に乏しく，経験が積み上がりにくいことである。6つ目に，最終的に国民の権利として社会福祉を提供できるのは行政のみである。

第2に，家族やコミュニティの特徴について見てみよう。1つ目に，家族やコミュニティ（近隣や友人，住民団体など）は，公式なものではなく，インフォーマル（非公式）な取組みであり，ルールもなく，家族やコミュニティの成員によって大きく対応が異なる。福祉に積極的な家族やコミュニティもあれば，そうではない家族やコミュニティもある。2つ目に，家族やコミュニティは資金力がなく，ボランティアに依存しているため，活動が継続しにくく，専門性がない場合が多い。そのため，専門性が必要なより深刻な問題（貧困や虐待，重度障害など）を抱えた人への対応は難しい。3つ目に，家族については，未婚や離婚，少子化等により一人世帯が増え，そもそも対応できる家族がいなくなっている。地域活動もその主力を担ってきた専業主婦や定年退職者も共働きや雇用延長が進み，活動への参加が難しくなっている。さらに，地域も地方を中心に人口減少と過疎化が進み，コミュニティの衰退自体が問題になってきている。

第3に，NPO（non profit organization：非営利団体）について見て

みよう。NPO とは，営利企業との対比で，収益（profit）を得ることを目的とせず，社会的課題を解決することを目的とした団体のことをいう。イギリスでは**ボランタリー・セクター**といわれている。日本では社会福祉法人等が当てはまる。

　1995 年の阪神淡路大震災後に多くのボランティアが誕生したことをきっかけとして，こうしたボランティアの団体に法人格を与えるべきとして 1998 年に**特定非営利活動促進法**，いわゆる **NPO 法**が成立した。しかし，日本の NPO 法人には，アメリカ等で行われている寄附金の税額控除等が不十分だという問題があった。ただし，2012 年に認定 NPO 法人制度ができ，厳しい条件をクリアした認定 NPO 法人は寄附金の税額控除が受けられるようになっている。

　近年，持続的に社会的課題に対応するために積極的に収益事業を行う**社会的企業**（social enterprise）が注目されている。生活協同組合や労働者協同組合等はここに当てはまるだろう。また，こうした行政部門でもなく，営利企業部門でもない団体は第三の部門として**サードセクター**（third sector）とも呼ばれている。ただし，日本では行政と民間で出資して設立した事業者を「第三セクター」としてきたので注意が必要である。

　さて，その NPO の特徴は以下のとおりである。1 つ目に，NPO は生活に困難のある人々の支援を目的に設立されることが多く，社会問題対応に積極的な団体も多い。そのため，積極的なサービス提供やアドボカシー・政策提言等を担うこともあり，社会的な期待が大きい。2 つ目に，日本には欧米のような寄付文化が発展していないため，活動のための資金が少なく，職員の賃金も低いことが多い。その結果，行政の委託事業を受託する NPO が多く，行政の下請け業者になっているともいわれている（田中 2006，後 2009）。そのために，**アドボカシー**や政策提言をすることも難しく，NPO の独自性が失われ，行政に従属しがちである。3 つ目に，NPO は行政の

第 9 章　福祉政策の実施体制 2　**167**

ように活動範囲が明確ではなく，組織内の民主的決定や応答責任について問題がある場合もある。

第4に，営利企業の特徴について見てみよう。1つ目に，営利企業は多くの場合，収益をあげることを目的としている。とくに，**株式会社**では**株主**という出資者に**配当**する。2つ目に，とくに福祉分野は介護や保育など人手がかかる**労働集約産業**なので，収益を多く出すために人件費が強く抑制されることが多い。そのため，賃金の低下，サービス残業，過重労働など労働条件が厳しくなりがちである。3つ目に，行政が社会福祉を削減・抑制すると，企業が参入できる市場が広がるため，行政の社会福祉を否定的に考える企業が多い。しかし，社会福祉分野では利用者がお金を支払って福祉サービスを買える状況にないことが多く，NPOと同じく，行政の委託費や介護報酬のような公的資金は収入源として重要である。4つ目に，企業は行政と比較して資金の使い道や組織編成等は自由に行いやすいため，突発的な問題に対しても迅速な対応が可能なことが多い。また，株式会社などは株式を発行するなどして資金調達がしやすい。

▭ ペストフの福祉の三角形

さて，こうした各福祉の主体の特徴についてペストフが3つの軸から整理している（**図9-1**）。その3つの軸とは，①公的と私的，②公式と非公式（法律や制度で区分されているか否か），③非営利と営利である。公的・公式・非営利が国家（公共機関）であり，私的・営利・公式が市場（民間企業），私的・非公式・非営利がコミュニティ（世帯・家族等）とされ，**アソシエーション**（ボランタリー／非営利の組織）は，それらの中間にあり，どの分野にも関わるものとして位置づけられている。こうした3軸で整理することで，それぞれの主体の特徴が理解できるだろう。

以上のように，行政，家族・コミュニティ，NPO，営利企業に

図9-1 ペストフの福祉の三角形

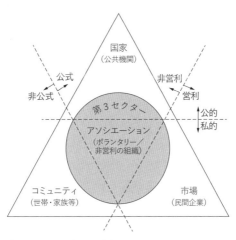

出所：Pestoff（1998 = 2000：48）より引用。

はそれぞれに特徴がある。そのため，どのようなアクターが主に活躍するかによって，その国や地域の社会福祉の特徴（たとえば権利性など）も大きく異なってくるだろう。たとえば，アメリカでは，社会福祉の提供でもNPOや企業が大きな役割を果たしている。他方，スウェーデンでは，行政機関などが大きな役割を果たしている。

2　4つの行政モデル

さて，福祉政策では上記のように多様な主体が関わっているのであるが，そのような状況の中で，行政は何をして，民間は何をするのかということが長年，問われてきた問題である。福祉サービスなどの提供の際に行政と民間の役割分担や関係性をどう位置づけるの

かという議論を**公私関係論**という。この公私関係論は，歴史的に社会福祉や福祉政策のあり方を特徴づけてきた。本節では，公私関係論の変化の前提として，行政の捉え方がどのように変化してきたのかを検討していきたい。

斉藤・ペストフ（2023：106-08）によれば，行政の基本的な特徴がどのように変化してきたのかを，行政管理モデル，ニュー・パブリック・マネジメント（new public management：NPM）モデル，ニュー・パブリック・ガバナンス（new public governance：NPG）モデル，コミュニタリアン（共同体主義）モデルとして整理している。以下，それを参考に 4 つのモデルを見てみよう。

▷ 行政管理（public administration）モデル：～1980 年代

第 1 に，1980 年代までに強く見られた**行政管理モデル**は，典型的なウェーバーの官僚制の行政モデルである。つまり，垂直的権限・責任のピラミッド型の階層モデルで組織された集権的な行政モデルである。そこでは，公的サービスは公務員の専門知によって作られたルールに従って提供される。また，全市民を平等に扱う官僚的規範をもっている。そのため，行政サービスは個別の市民のニーズに対応することが難しい。その帳尻を，市民と対面し，行政サービスを直接に提供するケースワーカーや福祉施設職員，教員，警察官等の**ストリートレベル官僚**が裁量をもって行うことになる。

▷ New Public Management（NPM）モデル：1980～2010 年代

New Public Management（新行政運営）**モデル**は，1980 年代に入って，行政の非効率性が批判される中，経営学や営利企業の論理やビジネスの視点から，行政も営利企業のように振る舞うように提唱されたモデルである。このモデルでは市場化，ビジネス化，分権化によって，公的サービスの効率性と生産性の向上が意図された。

170 第 III 部 福祉政策の実施体制

そのために，選択の自由，提供者間の競争，成果重視（パフォーマンス）に焦点を当てた改革が行われた。そこでは福祉サービスの利用者は消費者として，その自らの選好・選択をすること，またそれに不満がある場合は，苦情申立や賠償請求をして，自己本位の顧客になることが，行政サービスの向上に役立つと主張された。

New Public Governance（NPG）モデル：2010 年代～

New Public Governance（新公共ガバナンス）モデルは，NPM による行き過ぎたコスト削減，人件費削減による行政サービスの質の低下などが批判される中で提唱されたモデルである（Osbone 2009）。このモデルでは，複雑な社会問題に対応するには，行政のみならず，民間企業や NPO，住民団体など多様な主体との連携が必要だとされた。とくに，その連携のために，関係団体とのネットワークの構築や参加型民主主義を行政がどのようにリードしていくかが重視されている。**参加型民主主義**とは，市民運動や住民投票，パブリックコメント，行政の委員会への市民参加などに見られるように，住民や市民のさまざまな直接の参加によって住民や市民の意見を行政に反映させることである。数年に 1 度しか民意を反映できない**議会制民主主義**の壁を克服して市民の意見を行政に反映させる動きをいう。NPM が生産されたアウトプットに注目するのに対して，NPG では，その民主的なプロセスや，アウトプットによってどのような**アウトカム**（社会的な影響）が生じたのかを重視している。現在は行政モデルとしては NPG が重要視されている。

コミュニタリアン（共同体主義）モデル：2000 年代～

コミュニタリアン（共同体主義）モデルは，コミュニティの属性に基づく貢献（ボランティア，チャリティ等）に価値を置くモデルである。ここでは，公共サービスを削減することで，家族やコミュニ

ティ，NPO の参加を奨励され，コミュニティが強化されると考えられている。行政はサービス提供の設計をして，市民が福祉サービス提供の責任を負うとされている。たとえば，日本では1970年代に社会福祉は行政ではなく，家族や地域で提供することで，これまでの家族や地域社会の価値を温存することを図った**日本型福祉社会論**があったが，その主張に近いものである。2016年に入って国は地域住民の助け合いを求める**地域共生社会**を提唱しており，日本ではコミュニタリアン・モデルは根強い。

行政モデルの特徴

斉藤・ペストフ編（2023：106）は，これまでの4つの行政モデルの特徴を，①市民や利用者がサービス提供にどのように関わるのか，また，②生活課題をどのように解決するのかの2つの軸で整理している。

第1に，行政管理モデルは，市民や利用者はサービスを受動的に使うだけで**受給者**であることが想定されているが，個々人の生活課題を集合的に，つまり，社会的に解決していこうとする。

第2に，NPM モデルは，市民や利用者はサービスを利用するだけで**消費者**として位置づけられ，生活課題を個人的に解決するものとされている。

第3に，NPG モデルでは市民や利用者は，サービスを事業者や専門家と共同で作り上げる**コ・プロデューサー**として，サービスの決定や利用に積極的に関わることが期待され，個々の生活課題を社会的に対応していくことを求めている。

第4に，コミュニタリアン・モデルでは，市民や利用者は地域のために積極的にサービスに関わることが求められるが，生活課題は行政ではなく，住民により私的に解決することが期待されている。

以上のように，生活課題を個人的・私的に解決するのか，集合

図9-2 行政レジームとそれぞれの考え方

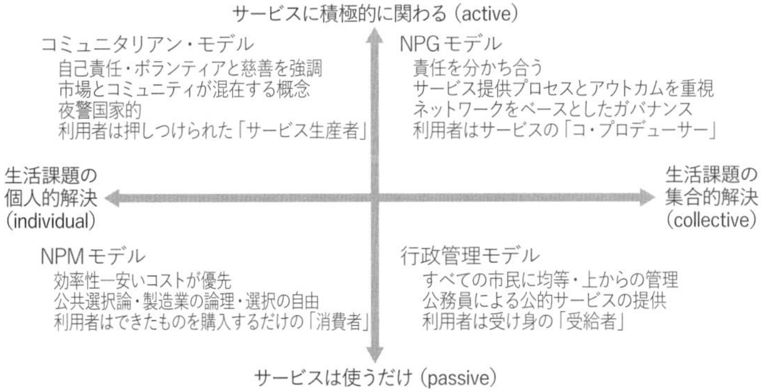

```
                    サービスに積極的に関わる (active)
                              ↑
  コミュニタリアン・モデル          NPGモデル
   自己責任・ボランティアと慈善を強調    責任を分かち合う
   市場とコミュニティが混在する概念     サービス提供プロセスとアウトカムを重視
   夜警国家的                 ネットワークをベースとしたガバナンス
   利用者は押しつけられた「サービス生産者」 利用者はサービスの「コ・プロデューサー」

生活課題の                                            生活課題の
個人的解決  ←                              →        集合的解決
(individual)                                        (collective)

   NPMモデル                  行政管理モデル
   効率性─安いコストが優先         すべての市民に均等・上からの管理
   公共選択論・製造業の論理・選択の自由  公務員による公的サービスの提供
   利用者はできたものを購入するだけの「消費者」 利用者は受け身の「受給者」
                              ↓
                    サービスは使うだけ (passive)
```

出所：斉藤・ペストフ編（2023：106）を一部変更。

的・社会的に解決するのかは見通しがないが，市民や利用者が行政サービスに積極的に関わることが求められるようになってきているといえよう。

3 公私関係論の歴史的変化

　行政モデルの変遷について見てきたが，ここでは社会福祉を歴史的に振り返りながら，公私関係論がいかに論じられてきたのかを検討してみよう。

▷ **平行棒理論**

　19世紀のイギリスの救貧法時代，子どもや障害者など「**価値ある貧民**」（deserving poor）は慈善団体が救済し，働くことができる年代の人は自己責任として慈善団体の救済の「価値のない貧民」（un-

第9章　福祉政策の実施体制2　　173

deserving poor）であり，救貧法で対応するという考え方である。このように救済の価値があるかないかで誰が対応すべきかが決まり，それは厳格に交わることなく平行棒のようになっているとして**平行棒理論**（parallel bar theory）と呼ばれた（岡村 1970：227-28，金子 2007：43-44）。平行棒理論により，慈善団体と行政の役割を明確に区分し，救貧法による救済，つまり行政による福祉サービスは制限されることになった。

▷ 繰り出し梯子理論

その後，20世紀はじめにイギリスのシドニーとベアトリスのウェッブ夫妻は，国が最低限の国民生活や労働の保障をするようにナショナル・ミニマムを主張した。そこで民間との関係については，国がまずは国民の権利として最低限の生活を確保する役割を担い，そのうえで，慈善団体や企業がナショナル・ミニマム以上の豊かさを充実させる役割を担うべきとした。これは繰り出し梯子のようになっているとして**繰り出し梯子理論**（extension ladder theory）と提起した（岡村 1970：230-31，金子 2007：47）。このような考え方はイギリスの福祉国家を推進し，行政による福祉サービスを拡大していく理論的な根拠となった。これにより，行政管理モデルも発展してきたといえよう。

▷ 福祉ミックス論

イギリスのリチャード・ローズによって提唱された**福祉ミックス論**（welfare mix theory）は，その国の福祉の全体は家族，コミュニティ，NPO，企業，行政の福祉サービスの総和であるとする考え方である（Rose 1986 = 1990）。第二次世界大戦後，社会福祉は国家の役割と見られるようになったが，1970年代のオイルショック以降の経済不況に端を発した福祉国家の危機にあって，行政が福祉を

担えないなら，家族，コミュニティ，NPO，企業の福祉サービスを増やして対応できると主張した。福祉ミックス論以外にも，**福祉多元化**（welfare pluralism），**福祉の混合経済**（mixed economy of welfare）などと呼ばれた。こうして国の役割は後退し，非営利団体や企業，コミュニティの役割に注目がいくようになった。福祉ミックス論の問題は，家族の福祉提供と行政の福祉提供が同じ質のものとして捉えられていることである。多くの家族は素人であり，行政の専門職員と同じ質の福祉サービスは提供できないだろう。しかし，不況の下，行政による福祉サービスが抑制される中で，民間の福祉サービスに期待がもたれるようになった。

▷ 第三者政府論

第三者政府論（third party government theory）は1990年代にレスター・サラモンによって提唱された考え方であり，政府（第一者）の市民（第二者）への公共サービスを，直接には関係のない第三者である民間を含むさまざまな団体が委託や助成金等を通じて担っているという意味である（Salamon 1995＝2007：23）。日本では行政が出資して設立した民間団体を「第三セクター」というが，それとは違うことに注意されたい。

さて，この第三者政府論の中でサラモンは，公共サービスの担い手としてNPOが重要な役割を果たすとした。企業は収益を見込める分野にしか参入しないので，低所得者が多く，また多額の支出を伴う福祉サービスを提供することはできないという**市場の失敗**がある。そのために，行政介入の必要性があるが，行政もルールに縛られ自由度がなく，また公務員のコストが高く，財政難になると対応が困難である**政府の失敗**がある。他方，NPOは資金不足であり，ボランティアが多くて専門職員が少なく，宗教や障害など特定の利用者にサービスを集中しがちであるなどの**ボランタリーの失敗**があ

る。しかし，行政が NPO に委託をして資金を提供し実施すれば，政府の失敗とボランタリーの利点，政府の利点とボランタリーの失敗をお互い補い合った福祉サービスの提供ができるという（Salamon 1995＝2007：45-57）。これにより行政の福祉サービスを NPO 等に民間委託していくことが強調されるようになった。

▷ 準市場化論

　福祉サービスを行政が民間委託するだけでは，行政のルールや規制を民間団体にもたらし，非効率になってしまうと批判されるようになってきた。そこで単に委託するだけではなく，競争を導入し，規制を減らし，コスト削減を進め，成果を求める声が強まってきた。その中で，**準市場化論**（quasi-market theory）がルグランらによって提唱された（Le Grand 2007＝2010）。イギリスでは，1990 年代に入り，NPM モデルの考え方が広まり，行政施策に市場の論理，つまり行政サービスの提供を競争入札によって安く効率的に事業を行える営利企業や NPO に委託する方法がとられるようになった。福祉サービスでは，利用者が直接福祉サービスを購入することが難しく，また，専門職員の配置などが必要なため，行政がルールを設定し，利用者に代わって行政が事業者に資金を支払い市場を形成する，いわゆる**官製市場**であり，市場に擬したものとして「疑似市場」や「準市場」と呼ばれた。

　日本では，1997 年に成立した介護保険法によって準市場化の考え方が導入され，2000 年の社会福祉法により措置制度から利用契約方式に変更し，多様な民間事業者が参入して，準市場化が進められた（佐橋 2006）。なお，こうした民間事業者間の競争が進められたため，社会福祉法人に認められている補助金や非課税措置等の優遇措置に対して，そうした優遇措置がない営利企業や NPO から，不当な競争を強いられていると訴えられ，こうした優遇措置をなく

すイコール・フッティングが主張された。その後，社会福祉法人改革が進められ，優遇措置の分，社会福祉法人は地域貢献を進めていくことが求められるようになった。

ガバナンス論

2000年代に入り，コスト削減や効率重視の準市場化論では社会福祉領域の改善が難しいことがわかり，近年は**ガバナンス論**（governance theory）が主流となっている（東京大学社会科学研究所編 2016）。ガバナンス論の意味合いについては，1つに，行政（government）からガバナンス（governance）への変化として捉えられている。政府が直接に社会福祉を実施するのではなく，多様な民間事業者と協働により実施していくという意味をもつ。1990年代に準市場化が進んだことによって，競争による事業者間や利用者間の分断が生じ，事業者間の連携を難しくしたことに対する反省がある。

もう1つは，公私を含めてさまざまな主体の連携や協働を行政が推進していくということである。たとえば，在宅介護のためには，ホームヘルパーやデイサービス，医療，福祉用具，住宅改修，買い物支援など公私の多様な主体が関わる必要があり，こうした主体の連携や調整をする場をそれぞれの地域で設けて行く必要がある。こうした場を設定できるのは法的権限をもち中立的公平な立場である行政の役割である。ここでも民間事業者が福祉サービスを提供することが前提になっているが，これらの民間事業者間の連携や協働を行政が促し，より効率的，効果的な対応が意図されているのである。

2020年代に入り，NPGモデルの下，ガバナンス論が広く認識されるようになってきたが，介護保険制度など福祉制度の基本設計がNPMモデルで作られており，大きく変化することが難しい。実態としては，NPMモデルの中で，ガバナンス論を徐々に浸透させている状況である。

第9章　福祉政策の実施体制2　**177**

▷ 地域福祉ガバナンス

近年, ガバナンス論の中でも, 第15章でも見るように, 2000年の社会福祉法により地域福祉が注目されるようになり, **地域福祉ガバナンス**が注目されている（原田ほか 2020, 永田 2021）。ガバナンス論は, さまざまな企業やNPO, 住民団体, 行政機関との協働に重点をおいた地域福祉との親和性が高いからである。とくに, さまざまな供給主体との協働は, 地域によって企業や団体の有無, 福祉への取組みの度合いなどが異なり, 全国統一的にできるものではなく, それぞれの地域, つまり, 自治体レベルや中学校区・小学校区レベルなどでガバナンスを構築していく必要がある。また, そのガンバナンスを構築するためには, 行政や企業, NPO, 住民団体などが連絡し合い, 話し合い, 協議し, ある程度の共通の目標をもち, 定期的な会議や協働での事業などを進めていく必要があり, 計画的に取り組んでいかなければならない。そのため, こうした話し合いの場を設定することが重要である。

その方法として, 地域福祉の領域では, **地域福祉計画**が注目されている。計画策定の中で, さまざまな主体が話し合い, 共通の理念を構築し, 事業を進めていくことができるからである。また, 大変困難な生活状況に置かれた人をサポートするためには, 住宅支援, 食料支援, 衣類や金銭サポート, 精神的サポート, 就労支援など**包括的支援体制**をつくっていく必要があるが, そうした体制整備をするためには, 具体的な事例を話し合う「支援会議」を通して実際に連携, 協働しながら進めていかなければ, そうした支援は機能しない。つまり, 政策レベルの話し合い, 支援レベルでの話し合いの両方を進めていくことが重要である。

参考までに, 近年注目されるようになってきた, 子どもや若者が家族の介護や日常生活の世話のために, 精神的, 身体的な負担を抱え, 教育や友人関係等に支障をきたした状態にあるヤングケアラー

図 9-3 ヤングケアラーおよびその家族を支える関係機関

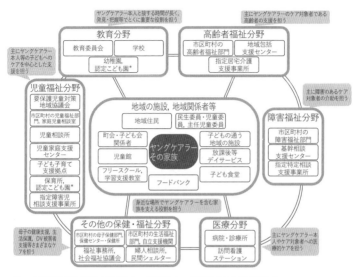

注：＊認定こども園は 4 類型あり，類型によって関係する分野が異なる。
出所：有限責任監査法人トーマツ（2022：19）。

を見てみよう。このヤングケアラーを取り巻く関係機関は図 9-3 のように表されている。一度にすべての機関が関わることはないが，複数の複雑な問題を抱えたヤングケアラーとその家族の支援には，学校だけでなく，さまざまな福祉機関も関わって支援をしていく必要がある。そのときに，困難にある人にとってもっとも適した方法でもっともよい支援を必要なときに提供できるようにしていかなければならない。そのためには，こうして関係者が話し合い，支援の方向性や内容を確認し合いながら，進めていかなければならない。そのための会議や集まりが重要なのである。

第 9 章　福祉政策の実施体制 2　　179

4 福祉サービスの民主化
コ・プロダクション

　これまで公私関係論の展開を見てきた。福祉サービスを提供する企業やNPO，住民団体，行政などさまざまな供給主体があり，その中でガバナンス論が唱えられているが，実際にそれをどうガバナンスしていくのかが重要である。

　こうした中で，斉藤・ペストフ（2023）らが注目するのが，**コ・プロダクション**（co-production，共同生産）である（木下 2011，小田巻 2016，史 2020 参照）。コ・プロダクションとは，利用者や住民が公共サービスのデザイン・提供・マネジメントに積極的な役割を果たすことをいう。コ・プロダクションには3つのレベルがあるといわれている。

　第1に，対人レベル（**コ・プロダクション**）であり，個々の市民による参加をいう。たとえば，ケアプランに利用者や家族の意見を反映したり，地域ケア会議への民生委員・町内会役員等の住民の参加などが挙げられる。

　第2に，運営レベル（**コ・マネジメント**）であり，組織運営に利用者が参加したり，組織間同士の協働，連携することが含まれる。たとえば，障害者施設における利用者の自治会，親の会・保護者会の設置，夏祭りへのボランティア団体の参加，施設建設のための寄付金の公募，また，利用者アンケートをして運営に役立てるようなことも含まれる。

　第3に，政策レベル（**コ・ガバナンス**）であり，福祉計画の委員会やワークショップ等への市民・利用者，団体の参加，パブリック・コメントやサービス提供者会議の開催なども含まれる。こうしたことによって，利用者や市民が政策に大きな影響をもてるように

なるのである。

　福祉サービスの展開をするためには，実はこのコ・プロダクションという考え方は非常に重要である。たとえば，就労支援を考えてみよう。支援者は利用者の就労に関するニーズの評価・アセスメントをして就労のためのアドバイスやサポートを担う。しかし，そのためには，利用者の協力が欠かせない。たとえば，利用者からはどのようなことで就労に困っているのかを話をしてもらわなければ，支援の課題が見えてこない。また，実際の就労のためには，利用者の仕事に関してコミュニケーションや手作業などの得意・不得意を知らなければならないし，どのような仕事をしたいか希望等を聞いておかなければならない。コミュニケーションが苦手だと思う人に，接客の仕事を提供しても就労を続けることは難しいだろう。最終的に，仕事を探して，採用の面接をし，就労するのは利用者であり，支援者ではないのである。つまり，就労支援というのは，実際には，利用者と支援者の協働作業なのである。そのためには利用者と支援者の協力関係が重要である。

　このようなことは，専門性の高いとされる医療でも，患者への説明と同意がなければ適切な治療ができないとして，インフォームド・コンセントが広まっている。医師も患者からどこが痛いのかを話をしてもらえなければ適切な診断ができない。また，検査への協力，入院時の家族の付き添いなど利用者やその家族の参加が不可欠である。つまり，適切な福祉サービスの提供のためには，利用者の情報提供など利用者やその家族からさまざまな協力が必要なのである。そうした過程を通って，利用者のエンパワメントにつながることが重要である。

　こうしたコ・プロダクションの前提として，以下の点が重要である。第1に，福祉サービスはさまざまな場面，関係性の中で経験されるということである。たとえば，ボランティア，多職種連携，

施設，職員対応，食事，風呂等の経験など，一連のプロセスの中で福祉サービスが利用されるため，それぞれの場面で利用者のニーズや意見等を踏まえて提供する必要がある。そうすることにより，よりよいサービスの提供や利用者の満足度・やる気を向上させることができるだろう。

第2に，サービス提供，施設運営，政策運営における民主化を推進することである。たとえば，利用者に，専門職の福祉サービスや施設運営，福祉政策についての理解をしてもらうことにより，より福祉サービスの必要性や参加意欲が高まると考えられる。そのためには，福祉サービスや施設運営，政策実施の情報提供や決定過程の透明性，説明責任の向上を図っていく必要があるだろう。

第3に，福祉サービスにおける専門職の対応を，これまで以上に利用者と協働的なものにしていく必要がある。たとえば，就労支援のような場合，支援者自らがサービスを提供して終わるものではないため，利用者自身の行動が重要である。そのために，支援者がとる方法としては，対人援助の知識や専門性がなければ，きちんと職業訓練を受けないと支給を打ち切るというような場合，強制や脅しを活用していることになる。これでは利用者と支援者の関係は悪化してしまう。他方，対人援助の知識や専門性があれば，職業訓練を受ける必要性について説明し，職業訓練を受けるように説得する。そうして理解してもらえるように働きかける。こうした場合，利用者と支援者の間には信頼関係が構築される。そうすることによって，職業訓練を真剣に受けることができ，就労しても，その仕事に定着しやすくなるのである。無理やり職業訓練を受けても，仕事が嫌になり定着しないだろう。こうしたことを考えてみても，コ・プロダクションが重要であることがわかる。

以上のことから，ペストフの考えによれば，サービス提供者が誰かというよりも，どのように福祉サービスが提供され，運営されて

いるかのほうが大事だということである。ただし，そのような利用者の参加が進められているのが NPO であることが多く，NPO のような運営が重要であるとしている。長い年月で見た公私関係論であるが，営利，非営利，行政等さまざまな機関・団体が福祉サービスに参入する時代にあっては，そうした組織属性を超えて，コ・プロダクションの観点から福祉サービスを改善していくことが求められる時代になってきている。

/// *Book guide*　読書案内 ///

・岡村重夫，1970，『地域福祉研究』柴田書店（戦後社会福祉基本文献集23，日本図書センター，2001）

　　社会福祉の公私関係をどのように考えるのかを歴史的に検討したうえで，公私分離原則がいわれる中で，公私の共通点に着目し，公私の批判的協働を提唱した。

・田尾雅夫・吉田忠彦，2009，『非営利組織論』有斐閣

　　非営利組織・NPO について，組織論の観点から体系的に解説したテキストである。NPO の存在理由や立ち上げ，ミッション，マネジメント，社会との関係など，多角的な視点から説明されている。

・木戸芳史，2023，『クライエントとともに創るコプロダクション型精神看護過程 ── 基礎知識・事例 & 計画シートで実践に活かす』中央法規出版

　　看護師国家試験出題基準に「共同創造〈コプロダクション〉」が採用され，医療分野でコ・プロダクションが浸透している。精神看護の現場で具体的にどのように実践したらよいのかを解説したテキストである。

相談支援業務の発展

ソーシャルワーク業務へ

第10章

Chapter

Quiz クイズ

Q10.1 ケアマネジメントが制度化されているものはどれだろうか。
　　a. 生活保護制度　　b. 介護保険制度
　　c. 生活困窮者自立支援制度　　d. 措置制度

Q10.2 ソーシャルワークの手順で正しいものはどれだろうか。
　　a. インテーク→アセスメント・プランニング→実施→モニタリング
　　b. アセスメント・プランニング→実施→モニタリング→インテーク
　　c. インテーク→マネジメント→実施→アセスメント・プランニング→モニタリング
　　d. プランニング→実施→アセスメント・モニタリング→改善

Answer クイズの答え（解説は本文中）

Q10.1　b　　Q10.2　a

Chapter structure 本章の構成

図　相談支援の展開（前の時代のあり方を残しつつ累積されていく）

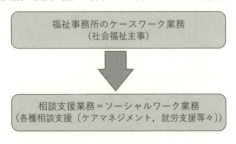

本章の概要

　社会福祉行政を担う地方自治体の業務では,「相談支援」の比重が増してきた。相談支援とは, 単なる窓口相談のことではなく, ソーシャルワークを典型とする専門的相談のことである。そうした意味では, ソーシャルワーク業務といってもいいだろう。とはいえ, この相談支援は一般の理解も進んでおらず, 行政庁内でも十分な地位を確立したとはいえない。今後は業務を周知し, 理解を進めていくことが求められている。

　本章では, まずは相談支援業務が重視されるようになった経緯についてまとめる。その後, 相談支援業務とはいかなるものか, その特質について考察する。

1 相談支援業務の展開

相談支援業務の増加

地方自治体をはじめとした公的機関の業務の中で,金銭給付や許認可等をはじめとするいわゆる書類の処理で完結する業務ではなく,相談支援業務の比重が多くを占めるようになった(畑本 2018)。本書ではこの状況を**相談支援業務の主流化**と呼んでおこう(畑本

表 10-1 行政に配置される相談援助職

福祉事務所	生活保護制度	査察指導員(スーパーバイザー),現業員(ケースワーカー),老人福祉指導主事,知的障害者福祉司,身体障害者福祉司,家庭児童福祉主事,母子・父子自立支援員,婦人相談員 就労支援員,生活保護相談員(面接相談員)
	児童福祉制度	家庭相談員
	生活困窮者自立支援制度	主任相談支援員,相談支援員,就労支援員
基幹相談支援センター等 (障害者総合支援制度)		主任相談支援専門員,相談支援専門員
市町村・都道府県障害福祉部局		身体障害者相談員・知的障害者相談員,巡回支援専門員(発達障害等に関する知識を有する専門員)
身体障害者更生相談所・知的障害者更生相談所		身体障害者福祉司,知的障害者福祉司 心理判定員,職能判定員
精神保健福祉センター		精神保健福祉相談員
児童相談所		児童福祉司,指導および教育を行う児童福祉司(スーパーバイザー),児童心理司,児童指導員
市区町村児童福祉部・課等		子ども家庭支援員,虐待対応専門員,心理担当支援員
女性相談支援センター		女性相談支援員
地域包括支援センター		社会福祉士,主任介護支援専門員,(保健師)

出所:畑本(2021:94-98)を簡略化したもの。

2021：259）。

　歴史的に，相談支援業務は，福祉事務所の現業員が，いわゆる
ケースワーカーと呼ばれる専門職として位置づけられ担ってきたも
のである。また，社会福祉専門職ではなく医療職ではあるが，保健
所には保健師が専門職として雇用されており，社会福祉部局での人
員が不足している時代には，地域の社会福祉的な相談支援を代替す
る局面も多かった。その後時代が進むにつれ，相談支援業務を担う
専門職員は次第に拡大していき，現在では多様な種類の職員体制と
なっている（**表 10-1**）。

▷　**相談支援業務の歴史**

　1950（昭和 25）年に**生活保護法**が制定されるのと同じ年に，「社会
福祉主事の設置に関する法律」も制定された。この経緯からわかる
ように，**社会福祉主事**は，生活保護の業務を実施する専門職である
と想定されていた。法律制定の理念を示す生活保護法 1 条にも規
定されるように，生活保護費の支給だけではなく，「自立助長」と
いう相談支援業務も担うことになった。これは，一般にケースワー
クと呼ばれ，担当する社会福祉主事はケースワーカーと呼ばれる。
ケースワーカーは，相談支援業務の専門家であり，社会福祉主事を
任用資格として，**社会福祉法**（当時は社会福祉事業法）に基づき**福祉
事務所**に設置されることになった（社会福祉法 15 条 6 項，18 条 1 項）。

　その後，相談支援は生活保護のケースワーク以外にも拡大し，生
活保護以外の福祉サービスにも対応が求められていくようになる。
福祉政策はさらに展開し，児童福祉法（1947〔昭和 22〕年），身体障
害者福祉法（1949〔昭和 24〕年）といった生活保護法以外の福祉関
連各法が制定された。また，1950（昭和 25）年には生活保護法が全
面改正され，いわゆる「福祉三法体制」が整備された。この頃に
『福祉事務所運営指針』（1953〔昭和 28〕年）が出され，生活保護以外

188　第 III 部　福祉政策の実施体制

の福祉政策を含めた福祉事務所運営体制について標準化が進められた。さらに、精神薄弱者福祉法（1960〔昭和35〕年 現 知的障害者福祉法）、老人福祉法（1963〔昭和38〕年）、母子福祉法（1964〔昭和39〕年 現 母子及び父子並びに寡婦福祉法）が制定され、福祉事務所の業務はいわゆる「福祉六法体制」へと移行していった。生活保護は金銭を支給する経済給付が1つの柱だが、残りの5法は福祉サービス提供の比重が高いものなので、サービス提供を調整するための利用者との相談支援はいっそう重視された。

　とはいえ、職員体制の整備は追いつかなかった。6つの法律の現業を行わなければならないにもかかわらず、福祉事務所は生活保護制度を運営する人員体制が基本とされ続けた。1968（昭和43）年になり、やっと生活保護法以外の「福祉5法に関する実施体制の確立を目的とした現業員の増員が地方交付税によって措置」（六波羅1994：70）されることになった。具体的には、人口10万人ごとに2人、10万人に満たない自治体では1人以上が追加で配置されることになった。

　その後も相談支援業務の体制整備はなかなか進まなかったが、その重要性が確認され続けてきたのも確かである。1967（昭和42）年に、東京都社会福祉審議会が『**東京都における社会福祉専門職制度のあり方に関する中間答申**』を出した。これは、福祉事務所の業務をより多様化する、いわゆる**センター化構想**の先鞭をつけた（六波羅 1994：72）。ここにおいて、「社会資源を駆使して人間関係の調整にあたることを特色とするソーシャル・ワーカー」（相談支援）の必要性が提言されていた。また、社会福祉行政機関における相談支援業務の機能を強化するため、横浜市、堺市をはじめとする指定都市や都道府県では積極的に**福祉職**を採用してきた実績もある（横浜市保険福祉局 2006）。その後、2000（平成12）年の社会福祉法制定以後、一挙に相談支援体制が整備されていくことになる。

▷ 相談支援体制についての対立点

　ケースワークを中心とした相談支援業務の整備が進んだのは，以上に確認したとおりである。しかし，福祉政策の歴史の中では，この業務の実施について賛否両論があった。相談支援は対面的な関係性を形成するものであるため，支援者と支援対象者の間に権力関係が形成されやすいからである。そのため，当時の福祉政策の中心である生活保護制度の相談支援（ケースワーク）の性質をめぐって，いくつかの論争が行われている。

　1つ目に取り上げる論争は，**公的扶助サービス論争**と呼ばれるものである。これは，厚生省社会局保護課長であった黒木利克が，雑誌『社会事業』第36巻1号（1953［昭和28］年1月）に掲載した論文「生活保護制度におけるサービスの問題」を皮切りに，各論者が公的扶助サービスをめぐってそれぞれの見解を示したものである。とりわけ，最初の黒木の見解と，同誌同巻7・8合併号（同年8月）に掲載された小川政亮の論文「社会事業サーヴィス論の意味」での見解が大きく対立したのが特徴的である。対立点はいくつかあったが，公的扶助サービス（のちにケースワークと呼ばれるもの）のあり方についての見解の相違がとくに大きい。黒木は，生活保護による金銭給付は要保護者（受給者）に依存性を身につけさせることがあるので，こうした状況を回避する自立助長をサービスであるとした。すなわち，惰民防止論である。一方で，小川は公的扶助の目的をあくまで経済保障におき，サービスは保護を獲得するためのものであるとした（河合 1979：61）。生活保護の手続き的側面をサポートすることを，サービス（ケースワーク）であるとしたのである。黒木の主張は支援対象者である被保護者への権力的な関係を肯定するものであるので，反発が生まれたのは当然である。ひいては，相談支援全体に疑いの目が向けられることにもなった。

　以上の公的扶助サービス論争を前哨戦として，次の岸・仲村論争

190　第 III 部　福祉政策の実施体制

につながっていく（河合 1979：71）。これは，**仲村優一**が 1956（昭和31）年 11 月に『日本社会事業短期大学研究紀要』第 4 集に発表した論文「公的扶助とケースワーク」を岸勇が批判したことから始まった。岸の批判は，1957（昭和 32）年に『日本福祉大学研究紀要』第 1 号に掲載された論文「公的扶助とケースワーク ―― 仲村氏の所論に対して」から始まっている。

　仲村論文の主張は，公的扶助に則したケースワークを確立することだった。当時の限られた保護でも扶助対象者の利益となるよう活用するにはどうしたらよいか，扶助対象者とともに検討するというのが，この論文でのケースワークである。よって，その目標は「上下関係になりやすい公的扶助的対人関係を，心理的に平等な専門的対人関係の域にまで向上させること」（仲村 2002：191）である。また，ケースワークを誤解して，最低生活保障のための金銭・現物給付を，自立助長のための手段のように考える傾向に歯止めをかけるのも，仲村論文の目的であった。

　これに対して，岸論文とそれに続く諸論では，ケースワークは不可避的に「人権を侵害する」（岸 2001：130）として，全面的に否定した（内田 2013：31-32，畑本 2021：154-55）。福祉サービスの中でも生活保護は，とくに保護の要否の決定において，福祉事務所の社会福祉主事と申請者の間に形成される権力的関係は大きなものである。公的扶助を適用する際には資産調査が行われるが，ここにケースワークを導入すれば，「保護の制限と引きしめのために」（岸 2001：138）利用されかねない。仲村のように，ケースワークを民主主義的な体裁のものとすれば，なおさら有効に悪用されてしまう危険性は拭えない。ケースワークは，「公的扶助の課題である貧困の問題をさえも基本的にパーソナリティ等々個人的な問題に帰し，社会を個人に対してでなく個人を社会に対して適応させることによって問題の解決をはかろうとする」（岸 2001：129）ため，社会や制度

第 10 章　相談支援業務の発展　**191**

の改善運動を後退させる。この時代は，資産調査や保護基準のあり方を批判し，生活保護制度の経済的保障機能を改善・充実させることが求められていた。そのためには，社会福祉主事の専門性である自立支援を行う相談支援の職能は，むしろ改革の障壁になると懸念された。

　仲村と岸の双方の主張の決着がついたわけではない。しかし，生活保護制度をはじめとした公的な福祉サービスの水準が次第に向上すると，相談支援の問題点よりも，その必要性のほうが強調されるようになっていく。次項では，なぜ相談支援業務が公的機関に求められるようになったかについて確認したい。

▷　**相談支援業務の主流化：相談支援業務が求められる社会的・制度的背景**

　近年，社会福祉行政における認識が相談支援業務をいっそう重視するように，大きく変化している。本書冒頭では，この状況を**相談支援業務の主流化**と名づけた。その理由として，①社会福祉基礎構造改革や自立支援が重視される制度改革，②包括的支援体制の構築が求められるようなったこと，③人権意識の高まり，といったものが挙げられる。それぞれ簡単に確認した後で，節を改めて解説する。

　まずは，①についてである。2000（平成12）年の**社会福祉法**制定で一応の形ができあがった**社会福祉基礎構造改革**は，社会福祉の提供体制として契約制度を中心にしていくものであり，措置制度は後退した。契約制度では，サービスが単位化され，その組み合わせと提供事業者を福祉サービス利用者が自ら選択する。利用者は必ずしもサービスの種類や仕組みについての知識があるわけではないので，利用するサービスを選択する利用支援の専門職が必要となる。これは，介護保険制度における**介護支援専門員**であり，障害者総合支援制度における**障害者相談支援専門員**である。こうした相談員はいわ

192　第Ⅲ部　福祉政策の実施体制

ゆる**ケアマネジャー**と呼ばれる職種である。こうした相談支援への需要の制度的増大は，相談支援業務への注目を高めていった。

次に②についてである。包括的なケアシステムの構築は，まさにナショナル・ポリシーとなっている（高橋・武藤 2013：vi）。近年の制度改正においても，2020（令和2）年の社会福祉法改正（令和2年法律第52号）で，新たに106条の4として「**重層的支援体制整備事業**」の条文が追加された。これは，属性を問わず広く地域住民を対象としたものであり，1）相談支援（属性を問わない相談支援，多機関協働による支援，アウトリーチ等を通じた継続的支援），2）参加支援，3）地域づくりに向けた支援を一体的に実施することがめざされている。まさに，相談支援による包括性が求められている。

最後に③についてである。人権意識が高まったことは，困窮や虐待が見過ごされることを許さない世論を形成した。また，高齢，児童，障害などのそれぞれの福祉関連法による金銭やサービスの給付にとどまらない，それぞれの当事者に寄り添った支援を社会が提供することが当然と見なされるようになった。2013（平成25）年6月には**障害者差別解消法**（「障害を理由とする差別の解消の推進に関する法律」）が制定され，障害者への不当な差別的取り扱いの禁止と合理的配慮の提供が求められるようになった。行政におけるサービスの提供においても，合理的に考えてどのような配慮が必要かを，相談を重ねつつ確認しなければならない。この法律の制定も，相談支援業務の主流化を進めるものだったといえるだろう。

相談支援業務への無理解

もはや相談支援業務は，自治体にとっての中核をなすともいってよい基幹業務のはずである。実際，現在の自治体の人員体制や予算規模から考えて，社会福祉行政は最大である（**第12章**を参照のこと）。地域住民は生活の困難からくるさまざまな福祉ニーズを抱えており，

その解決こそもっとも大きな住民課題である。そのための，第一歩となるのは相談支援であるが，その重要性に対する認識は低い。冒頭に掲げた多様な相談専門職は，必ずしも正規雇用の職員によって担われているわけではない（第11章を参照のこと）。

そもそも，相談支援業務の特質に対する理解すらなされていない現状があるのではなかろうか。相談支援とは，単なる窓口相談や申請の受付のことではない。ソーシャルワークの知識と技術を駆使して，住民の生活上のニーズ（生活を続けるうえで欠かせない資源の必要性）をつかみ，必要な支援へとつなげる専門性の高い業務である。公務員の人事ローテーションの中でたまたまめぐってきた役職としてこなすことのできる業務ではない。そうした意味では，相談支援業務という名称を変更して**ソーシャルワーク**業務と呼び，行政庁内での位置づけを明確化する必要があるかもしれない。

次節では，この福祉政策の中に位置づけられる相談支援業務とは何かについて，さらに詳細に論じたい。

2 相談支援業務とは何か

ソーシャルワーク

専門的な実践や技術としての相談支援は，社会福祉学においては**ソーシャルワーク**と呼ばれている。相談支援という言葉がその他の福祉用語を指し示していることもあるが，それらのもっとも上位概念であると考えてよいだろう。この節では，ケアマネジメントや就労支援といった相談支援の一形態について取り上げるが，これらはソーシャルワークの手法の1つであったり，ソーシャルワークを補助するための技術であったりするものである。よって，社会福祉の相談支援は，ソーシャルワークの理論的背景のもと実施されるべ

きである。

それでは，ソーシャルワークとは何であろうか。実際の福祉の実践においてなされる活動のあり方から要約すると，「困窮した人々および福祉サービスにニーズのある人々を支援するために，社会福祉の専門職が，相談等を通じて，利用可能な社会資源（必要なものがない場合は開発することもある）を活用する活動全般のこと」である。その適用範囲は広く，個人に焦点を置くミクロなものから，社会政策，社会計画，社会開発を含むマクロなものまで幅広い活動や政策全般にわたるものである。

もちろん，ソーシャルワークの範囲は広いが，もっとも一般的で実際の業務や活動において行われているのは，次のような手順による一連の手続きであろう。

① 行政や福祉事業者が，利用者の相談を受け付けたり，そのもとに出向いたりしてニーズを発掘する（インテーク）。

② 情報を整理し適切な支援のプランを立て，利用可能な福祉資源と接続する（アセスメントおよびプランニング）。このとき，資源が不足していれば資源の開発が求められる。

③ 支援が実施されれば，その状況把握を行い不備な点の改善を行う（モニタリング）。

④ 全体を振り返り，効果（適切性，経済性，効率性，有効性）を評価する。

これはソーシャルワークの一般的な業務手順であるが，本書の関心からはさらに政策的な視点を加えることが重要である。個々の利用者への支援を踏まえ，問題点を抽出し，自治体や国の政策形成プロセスへとつなげるためのアクションを担当者は起こさなければならない。②の段階で必要な社会資源が不足する場合は，政策によってその資源を開発しなければならないのはいうまでもない。他の段階において手続きをより有効で効率的なものにするためにも，政策

化は重要である。自治体職員は個々の支援をコーディネートし，法令や条例による制度化に直接関与することまでが相談支援業務に含まれていると自覚をもつ必要があるだろう。

　ソーシャルワークに基づいた相談支援業務は，今後ますます行政活動をはじめとした地域のガバナンスにおいて主流になっていくものである。従来の福祉関連領域の給付は，利用したい住民が申請することによって支給が始まる「申請主義」であり，困窮状況を行政が発見し支給につなげるのは例外的であった。これは福祉関連領域を離れた行政（ガバメント）全体の傾向でもあった。行政サービスを利用するにしても，その運営業務を事業者として受託するにしても，申請を前提としていた。しかしながら，近年必要が高まっているのは，申請ができなかったり，申請に来たとしても本来の必要を把握していなかったりする人々への対応である。また，よりよい制度の利用のために，利用開始後のケアをする必要もある。こうしたニーズに応える活動こそソーシャルワークであり，ガバナンスの中心領域となっていくだろう。相談支援業務は，ソーシャルワーク業務へと展開していかなければならない。

　最後になるが，ソーシャルワークを行政制度や政策の中に位置づけ，行政における相談支援業務と銘打つときに考慮すべき点を1つ指摘しておきたい。それは，行政運営において一般的に行われるものとしての相談支援業務と，法律などの法令に根拠をもつ特定の業務とを区別する必要があるということである。むしろ，前者への認識が乏しいことが問題である。制度として特定の業務だけに限定して相談支援を行うという姿勢では，事務処理だけを重視する申請主義は改まらない。本書での提案は，行政運営全体として，相談支援を日常化し，ニーズの掘り起こしと，住民への寄り添いを重視するように変化していくことである。

　後者の法令に根拠をもつ相談支援業務は，各領域において制度が

196　第 III 部　福祉政策の実施体制

展開し専門職の配置が進んだことは，先に指摘したとおりである。
次節以降では業務のあり方に注目し，近年とくに注目されるものと
して，ケアマネジメントと就労支援について取り上げたい。ここに取
り上げる以外にも，子育て世代包括支援センターを中心とした育児
支援等取り上げるべきものは多く，ここでのものがすべてではない。

▷ ケアマネジメント

（1）ケアマネジメントとは何か

まずは，**ケアマネジメント**である。先にこの業務の概要は取り上
げた。契約制度導入に併せて福祉サービス提供体制に導入された考
え方と仕組みである。日本においては，介護保険制度を導入する際
に，制度の中に取り入れられたという経緯がある（河野 2006：92）。
1994（平成 6）年に出された介護保険制度導入に向けた報告書『新
たな高齢者介護システムの構築を目指して』の中で使われたのが，
この概念が広まるきっかけであるといわれている（白澤 1996：21）。

そのため，日本でのケアマネジメントは，**介護保険**（および，その
後介護保険の仕組みに倣ってつくられた障害者総合支援制度）の仕組みと
考えられ，相談支援全般を指すソーシャルワークとは別物と考えら
れる傾向がある（河野 2012：90）。しかしながら，相談過程全体と
切り離して，利用者に対する支援を行うのは現実的ではない。利用
者のニーズや困窮を理解することなしに，ケアの管理（マネジメン
ト）を完結させると考えるのはあまりにも不自然だからである。
よって，ケアマネジメントは，ソーシャルワークの 1 つの手法，
すなわちレパートリーと考えるべきである。

それでは，ケアマネジメントとは具体的にどのような手法であろ
うか。この用語を簡単に定義すれば，「サービスや資源を効果的か
つ効率的に活用できるよう調整し，利用者のニーズにあわせて提供
する支援方法」（河野 2012：95）である。ソーシャルワークの中で

第 10 章　相談支援業務の発展　**197**

も，利用者のニーズと福祉サービスをはじめとした社会資源を効率的に結びつける作業を中心に構成された業務・活動と考えればよいだろう。

　一般的には，ケアマネジメントが導入される制度は以下のように構成されることが多い。サービス提供者の側では，制度の取り決めに従って，提供する福祉サービスが単位化され，点数がつけられたり，価格がつけられたりする。利用者の側では，あらかじめ利用できる点数や金額が決められており，その範囲で福祉サービスなどを利用することができるようになっている。すなわち，利用できる単位が需給両面から決まっている（パッケージ化）。こうすることによって，利用に際して選択がしやすくなり（選択性の向上），利用を効率化しやすくなる。利用者が自ら選択するのが原則だが，ニーズや福祉サービス等が複雑で理解しづらい場合は，その支援を行う相談員が必要となる。この相談員をケアマネジャーと呼ぶことが多い。

（2）制度化されたケアマネジメント

　ケアマネジメントは，日本では，介護を要する高齢者を対象に用いられる場合が多い。すなわち，高齢者世帯に対して，保健・医療・福祉・住宅の各種サービスだけでなく，ボランティアや近隣の支援と結びつけることで，効率的に在宅生活を支えていくことと解釈されてきた。**介護保険法**では，ケアマネジメントは8条24項に「居宅介護支援」として規定され，ケアマネジャーは7条5項に**介護支援専門員**として規定されている。

　その後，適用範囲は広がり，高齢者福祉だけではなく障害者福祉においても取り入れられるようになった。しかし，法律上の名称が混乱を招きやすいものになっている。介護保険法における介護支援（ケアマネジメント）と区別するために，障害者総合支援法ではケアマネジメントのことを相談支援と呼称している。これは，**障害者自立支援法**が，2012（平成24）年に障害者総合支援法に改称された際

198　第Ⅲ部　福祉政策の実施体制

に明確にされたものである（萩原 2019：121）。ソーシャルワーク全般を指すこともある一般的名称である相談支援という言葉をあまりに限定的な意味で利用しているので大変混乱を招く。障害者総合支援法では，ケアマネジメントに関して，5条18項に「相談支援」として（および児童福祉法6条の2の2第6項），77条および77条の2に「相談支援事業」として規定されている（萩原 2019：19）。ちなみに，相談支援は「特定相談支援事業」，「一般相談支援事業（地域移行支援・地域定着支援）」，「障害児相談支援事業」からなる。「相談支援事業」は市町村が行うものとして「障害者相談支援事業」，「基幹相談支援センター」，「地域活動支援センターⅠ型」からなり，市町村ごとの運営基準と委託先が設定される。

（3）ケアマネジメントの問題点

ケアマネジメントは，日本においては先の2つの法律に明記されたため，公的責任が明確なものになったことは確かである（萩原 2019：81）。しかし，福祉資源の効率的な活用を求めて導入された経緯があるため，福祉サービスの拡大を抑制し，ソーシャルワーカーの裁量を制限するものとして批判の対象になることも多い。

ケアマネジメントは，もともとアメリカで開発された。その後，**国民保健サービスおよびコミュニティ・ケア法**が1990年に制定されることで，イギリスに導入された（Dustin 2007＝2023：71, 77）。福祉サービスが民間ではなく公的に提供されるイギリスでも，サービス提供の効率化のためにその管理を行う手法が求められたからである。そのため，「ケアマネジメントは，社会サービスの提供に対してビジネスの原則を適用することにソーシャルワーカーを直接関与させ，ソーシャルワーカーの技能を流用し，国家支出を削減」（Dustin 2007＝2023：108）することに貢献しているとの批判にもつながった。

もともとソーシャルワークは，産業革命後の資本主義の興隆によ

り，生活基盤がぜい弱化して困窮する人々を支援するために開発された社会福祉実践である。そのため，専門職倫理として，ビジネス的な手法には違和感を覚えるものである。困窮している人々への福祉サービスをはじめとした社会資源を開発し増大させるのが役務であるはずなのに，コストの節約にコミットさせられるジレンマを抱えることになった（Dustin 2007＝2023：92）。また，ソーシャルワークは，対象者と長期にわたる継続的な支援関係を築くことが求められることが多いが，サービスの割り当てに集中せざるをえないケアマネジメントでは，支援関係が断続的なものとなり，それは難しい。また，ソーシャルワーカーの専門性を支える裁量性も抑制されてしまう。

就労支援

就労支援を相談支援の一類型として捉える見方には，違和感を覚えるかもしれない。しかしながら，就労支援は，具体的な就労訓練や教育を提供するだけのものではない。むしろ，教育・訓練の実施は就労支援活動のごく一部である。全体としては，支援対象者のニーズ・アセスメントをもとにプラン化し（個別支援計画），各種支援関係機関や地域の事業所などが連携して段階的な支援を形成するものである。まさに相談支援の一連の流れの中に組み込まれている。

就労支援を組み込んだものとして典型的なものに，**障害者総合支援法**と**生活困窮者自立支援法**をもとにする制度がある。障害者総合支援法に規定される就労支援では，就労移行支援事業所等が「就労アセスメント」を行い，サービス等利用計画が作成される（2024〔令和6〕年4月1日より「就労選択支援」として法的根拠が明確化されるが，それまでは業務の一環として実施されていた）。その後，就労継続支援A型（福祉事業所と雇用契約を結ぶもの），就労継続支援B型（福祉事業所と雇用契約を結ばないもの），就労移行支援（一般企業への就職

200　第Ⅲ部　福祉政策の実施体制

〔一般就労〕をめざす支援）等へとつながっていく。一般就労に移行した利用者に対して，おおよそ6カ月が経過したところから，職場での生活面・就業面の課題に対処する支援を行う就労定着支援を行うこともある。

　生活困窮者自立支援法に規定される就労支援では，まずは包括的な相談支援である自立相談支援事業によって，支援対象者のニーズ・アセスメントが行われ，支援計画が作成される。その後，自立相談支援事業の枠の中で就労支援員が就職活動の各種支援（キャリアコンサルティング，履歴書作成指導，ハローワークへの同行訪問など）を行う。また，就労自立の手前の日常生活自立・社会生活自立に向けた基礎能力形成を行う就労準備支援事業，支援付き就労・訓練の場を提供する就労訓練事業（中間的就労）等へつなぐ場合もある。

　就労支援は政策的なものであり，行政機関に実施責任がある。しかしながら，その運営は民間の事業者に委託されることが多い。福祉サービスが新しく創設される場合，ノウハウと専門性を行政機関がもっていないことが多い。そのため，行政内に新たに専門的な人材を養成するだけでは追いつかず，外部の専門機関にサービス運営を委託する手法が取られるのが一般的となっている。就労支援はまさにこの典型として当てはまる。

　就労支援がめざす目的も変化したことを確認しておくべきであろう。個人の福祉的支援からの自立状況についての定義が多様化したことによって，就労支援は就職活動のバックアップをするだけのものでないと考えるのが常識となった。社会保障審議会福祉部会**生活保護制度の在り方に関する専門委員会**が2004（平成16）年に出した報告書で，生活保護制度を利用した自立の概念には従来の「就労による経済的自立」だけではなく，**日常生活自立**と**社会生活自立**があると提言した。「日常生活自立」とは，「自分で自分の健康・生活管理を行うなど日常生活において自立した生活を送る」ことである。

「社会生活自立」とは，「社会的なつながりを回復・維持するなど社会生活における自立」である。こうした社会保障制度における自立の考え方の変化を受けて，就労支援のめざす自立にも変化が生まれている。もちろん，就労による経済的自立もめざされるが，その手前である日常生活や社会生活の自立の確立も守備範囲となった。そのため，対象者本人と支援者，地域の企業等の関係するアクターすべてが連携し，どのような自立に向けて活動するかを，常に相談支援するプロセスが介在するようになった。必要であれば，支援調整会議・地域支援会議などの調整機関を設ける工夫もなされている。

このように，就労支援は支援対象者に寄り添う長い期間にわたる相談支援である。そのため，そのあり方の理想形として**伴走型支援**が提起されている。職を得てお終いということではなく，「その後の日常生活，次に訪れる危機，さらに看取りに至るまで」（奥田2014：65）が支援対象となる。

⚡⚡ *Book guide* 読書案内 ⚡⚡

・ドナ・ダスティン著，小阪啓史・圷洋一・堀田裕子訳，2023，『マクドナルド化するソーシャルワーク ── 英国ケアマネジメントの実践と社会理論』明石書店（原著2007年）

　　日本ではソーシャルワークという概念とケアマネジメントという概念の区別が明確になされていない。少々難解だが，理論的整理のために挑戦したい。

・空閑浩人，2016，『ソーシャルワーク論（シリーズ・福祉を知る）』ミネルヴァ書房

　　本書は福祉を制度・政策論の立場から取り上げているが，ソーシャルワークの実践についてもぜひ知識を得たい。この本は基本をわかりやすく学ぶことができる。

・菊池馨実，2019，『社会保障再考 ──〈地域〉で支える』岩波書店

　　相談支援の法律的位置づけについて詳述している。本書の主張とは違って，相談を特定の制度と関連させて論じている。本書と読み比べてほしい。

第 **11** 章 *Chapter*

ローカル・ガバメントの専門性・裁量

Quiz クイズ

Q11.1 任用資格はどれだろうか。
a. 社会福祉士　b. 介護福祉士
c. 社会福祉主事　d. 看護師

Q11.2 近年求められる専門性にもっとも関係の深いのはどれだろうか。
a. 経験年数　b. 3科目習得
c. 職務分析や資格制度　d. 法令順守

Answer クイズの答え（解説は本文中）

Q11.1　c　　Q11.2　c

Chapter structure 本章の構成

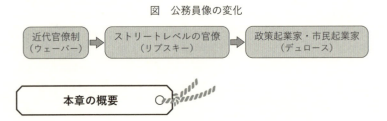

図　公務員像の変化

本章の概要

　本章では，福祉政策を担うアクターに求められる専門性について扱う。福祉政策実施の中心となるのは，自治体の職員である。自治体に求められる職務は大きく変化したが，変化に対応するように職員体制が変更されたかというと，そうではない。地域の福祉ニーズに適切な対応を行うには，専門性が求められるが，行政庁内にそれを確保する体制はできていない。

　ローカル・ガバナンス（協治）の時代となってからは，福祉政策は行政庁内で閉じた形で実施されるものではなくなった。行政庁外との連携・協働が求められる時代である。こうした時代には，外部に開かれた専門性が必要である。庁内だけで通用する専門性からの脱却も望まれている。

　行政職員が専門性を発揮するために，行政職員の理念型（典型的な姿）においても変化が迫られている。従来は，不正を働くことを勘繰られるストリートレベルの官僚として捉えられていた公務員像は，政策起業家としての公務員像に刷新されている。

1 福祉政策における専門職

　福祉政策を実施する専門職が存在している。地域運営の専門機関は地方自治体であるから，もちろん自治体庁内には専門職が雇用される。一方で，福祉サービスの提供等において，公的機関と民間団体を通じて活躍する専門職も存在する。福祉政策を運営する専門性について考えるには，両方の専門職についての理解が必要だろう。まずは，後者の専門職について説明していく。

社会福祉の国家資格

　社会福祉にかかわる**国家資格**は，相談支援業務のための資格と，介護・介助等の福祉サービスを提供するための資格に分かれる。前者については社会福祉士や精神保健福祉士等があり，後者については介護福祉士や保育士等がある。

　社会福祉士と介護福祉士は，「社会福祉士及び介護福祉士法」（昭和62年法律第30号）に規定される資格である。同法が1987（昭和62）年に制定されてから，両者は順調に資格取得・登録者数を伸ばし続けている（所定のカリキュラムを修め［資格によっては受験資格を得た後の試験合格後］，登録することで資格保持者となる）。

　社会福祉士は，相談援助（ソーシャルワーク）を行う専門職が取得する，土台となる資格である。福祉に関する相談であれば，分野を超えて全般的に扱うことになる。この土台となる資格のほかに，より専門領域を限定した専門職も存在している。専門資格化された**精神保健福祉士**（精神保健福祉士法：平成9年法律第131号）や，資格化されていないが領域を限定して活動している医療ソーシャルワーカーやスクール・ソーシャルワーカーがある。

第11章　ローカル・ガバメントの専門性・裁量　205

表11-1　福祉専門職：社会福祉士・介護福祉士等

		スペシフィックな資格	
社会福祉士	地域のさまざまな福祉資源を紹介・開発し，利用につなげる相談業務。（ジェネリックな資格）	精神保健福祉士	精神障害者等を担当する相談業務。
		医療ソーシャルワーカー（公的な資格化はしていない）	病院から退院後の生活環境の整備等を行う相談業務。
		スクール・ソーシャルワーカー（公的な資格化はしていない）	学校において貧困や地域からの孤立などの問題を抱える子どもや家庭についての相談業務。
介護福祉士	高齢者や障害者などへの介護・介助を実際に担う業務。		

　介護福祉士は，高齢者や障害者などへの介護・介助の業務を実際に担う。ただし，同様の業務を担うために，より短い期間で修了可能な介護職員初任者研修や，介護福祉士実務者研修が実施されている。これらの修了資格を得たのちに一定の実務経験を積めば，介護福祉士資格の受験資格を得ることができる。

　保育士は，もともとは「保母」という名称の任用資格だった（後述）。しかし，1999（平成11）年に保育士に名称変更され，2003（平成15）年に改正児童福祉法が施行されたことにより国家資格化された。

　社会福祉士と精神保健福祉士は資格が作られた出自が異なっており，それぞれのつながりは明確ではない。しかし，実際の業務分担の現状を考えると，**表11-1**のように整理すれば理解しやすいだろう。

　医師，歯科医師，看護師，理学療法士などのような医療職従事者の国家資格は「業務独占」である。業務独占とは，その資格がないと業務を行うことが禁止されている資格である。一方，福祉職従事者の国家資格は**名称独占**である（社会福祉士及び介護福祉士法48条，

精神保健福祉士法42条）。名称独占とは，その資格がなくても業務を行うことができるが，無資格であるとこれらの資格を名乗ることはできないという意味である。無資格者がその名称を名乗ると罰則がある（社会福祉士及び介護福祉士法53条，精神保健福祉士法47条）。

　名称独占とはいえ，実質的に業務独占に近いものになっている場合も多い。施設が雇用する際の条件に，資格保持を求めることは多くなっている。また，2005（平成17）年の改正介護保険法により，市町村に設置されることになった**地域包括支援センター**では（施行は2006〔平成18〕年4月1日），その設置基準に総合相談・連携担当者として社会福祉士を原則的に配置することになった。資格自体に業務独占の効力がなくとも，施設や制度の規定により資格をそれに近いものとして取り扱い運用することもある。

▷ 社会福祉の任用資格

　福祉専門職の資格として，国家資格以外に**任用資格**というものがある。

　国家資格とは，大学や専門学校およびその他の指定校において一定のカリキュラムを習得し，国家試験等で合格することを前提として，国および国の指定した団体等が資格所持を認定するものである。一般的には行政庁内外を問わず通用する専門職認定資格である。

　任用資格とは，すでに公務員として勤務している者が，何らかの専門職に就く際にその専門性の証明として利用される資格である。よって，公務員として職に就かない限りはその効力は生まれない。ただし，国家資格の整備が不十分であった時代には，この任用資格が一般の国家資格のように代用された時代もあった。

　福祉政策においてもっとも基本となる任用資格は，**社会福祉主事**である。戦後社会福祉行政の基礎構造を規定する社会福祉事業法（現 社会福祉法）を根拠法としている。都道府県，市および福祉に

関する事務所を設置する町村に，この社会福祉主事を置くことになっており（18条），福祉事務所のない町村でも任意に置くことができる（18条2項）。

社会福祉主事制度が生まれたのは，生活保護法改正の経緯が関係している。戦後最初に制定された1946（昭和21）年の旧生活保護法では，**補助機関**（保護に関する事務を実際に行う人材をこう呼ぶ）は，**民生委員**とされていた。民生委員とは，戦前の方面委員を改称した民間有志の無給名誉職（当時）であり，行政の専任職員ではなかった。占領期にあって，**公私分離**の原則を推し進めていた**GHQ**（連合軍最高司令官総司令部）からすれば，これは不満であり，早急に新しい法体制を整備するよう求めた。そのため，旧法を改正した1950（昭和25）年の新生活保護法では，保護の補助機関を専任職員である社会福祉主事とし，民生委員は**協力機関**にした（横山・田多1991：98-99）。社会福祉事業法を引き継ぐ社会福祉法においても，この社会福祉主事制度は変わらない。

社会福祉主事は，年齢20歳以上で，大学の指定科目の単位を取得した者，厚生労働大臣の指定する養成機関または講習会の課程を修了した者または社会福祉事業従事者試験に合格した者，社会福祉士，その他厚生労働省令での定めによる者に資格がある。ここでの大学の指定科目とは，厚生労働大臣が指定する3科目以上の単位を修得すればよいという大変緩やかな取得方法である（**表11-2**）。このルートで資格を取得すると**3科目主事**と呼ばれることもある。

社会福祉主事は，福祉事務所を中心として置かれる，他の任用資格の土台となる専門職である（町村などに置かれることもある）。この社会福祉主事を発展させて，その他の各種専門資格が構成される。社会福祉主事所持者が，さらにそれぞれ必要な条件を順次満たすことによって，その他の専門職にも就任していくという仕組みとなっている。たとえば，**身体障害者福祉司**や**児童福祉司**は，社会福祉主

表 11-2 厚生労働大臣の指定する社会福祉に関する科目（3 科目主事〔社会福祉法 19 条第 1 号〕）

2000（平成 12）年～現在までの卒業者（平成 12 年 3 月 31 日 厚生省告示第 153 号）

社会福祉概論，社会保障論，社会福祉行政論，公的扶助論，身体障害者福祉論，老人福祉論，児童福祉論，家庭福祉論，知的障害者福祉論，精神障害者保健福祉論，社会学，心理学，社会福祉施設経営論，社会福祉援助技術論，社会福祉事業史，地域福祉論，保育理論，社会福祉調査論，医学一般，看護学，公衆衛生学，栄養学，家政学，倫理学，教育学，経済学，経済政策，社会政策，法学，民法，行政法，医療社会事業論，リハビリテーション論，介護概論

事をもつ者が，それぞれ身体障害者福祉事業，児童福祉事業の業務に 2 年以上携わると，その任にあるものとして認定される。

▷ 自治体の相談専門職

第 10 章での説明のように，相談支援が自治体業務の中で多くの比重を占めるようになると，社会福祉主事だけでは各種自治体の福祉関連部門を運営するのが難しくなる。そこで，近年になってさまざまな相談支援専門職が，自治体において雇用されるようになってきた。

こうした相談支援専門職は，それぞれの社会福祉行政機関の特定の業務だけを切り出し，専門性を特定して業務に就く専門職であることが多い。「相談員」や就労支援員といった名称が多くなっている。

たとえば，福祉事務所には，生活保護相談員（「セーフティネット支援対策等事業の実施について」（平成 17 年 3 月 31 日 社援発第 0331021 号）のうち「体制整備強化事業」），子ども支援員，行政対象暴力相談員（他に生活保護暴力団員等対策支援員，不正受給対策指導員等の名称の場合がある），医療・介護業務員，健康管理支援員，年金相談支援員（専門員），債務管理事務補助員等といった数多くの相談支援専門職が

配置されることがある。

これらの資格の実態として，正規採用の公務員の業務の一部を代行させるものである場合も多い。従来は，一般行政職や福祉職といった正規の公務員が，庁内の社会福祉領域の専門性をさらに高めるために，社会福祉専門職に就任してきたことからすると，かなり異例である。確かに，特定の業務を専ら引き受けるため，その業務に関しては習熟していくことだろう。とはいえ，専門的業務の一部だけであり，身分の不安定な非正規雇用の嘱託であることも多い。こうした実体からすると，相談支援専門職の雇用が増えたことは，専門性を求めた結果であるとは必ずしもいいきれない。

地方自治体等の行政庁の行為の形式は，大きくは**行政行為（行政処分）**と「事実行為」に区分される。行政行為とは，公権力の行使を伴い，国民の権利・義務を形成・確定するので，不服申立の経路が明確になっている行為である（昭和39年10月29日最高裁判所第1小法廷判決）。一方，事実行為とはそうした法的効果を発生させないものである。

相談支援業務は，このうちの事実行為に分類され，公権力の行使を伴わないとの解釈がある。そのため，相談支援業務を担当する相談員や支援員は正規雇用の職員ではなく，非正規雇用の職員が充てられてもよいとされているようである（上林 2020：45）。

地方公務員法及び地方自治法の一部を改正する法律（平成29年法律第29号）により，2020（令和2）年度から，これまで不明確であった非正規職員の身分が，新たに**会計年度任用職員**に再編されることになった。非正規職員であっても，期末手当があり，一定の条件のもとでは退職手当も支給されるなど，正規職員に準拠した処遇を受けることができるようにするものである。しかしながら，この制度改革で，正規職を雇わずに非正規職員を活用する制度が整備されたことになり，相談支援業務を担う公務員の非正規常勤雇用の立

場が固定されてしまうことが懸念される。

2 ローカル・ガバメントの専門性

▷ ローカル・ガバメントの専門性①：相談援助技術

　自治体の社会福祉関連部局（民生部局）は、今や自治体の最大勢力である。**第12章**で述べるように、自治体の一般会計における最大費目は、「民生費」（社会福祉関係予算）となった。

　自治体の業務における社会福祉関連施策の特徴は、相談支援業務（ソーシャルワーク業務）が重視されることである。これは、ローカル・ガバメントにおける社会福祉領域の専門性の中心であろう。社会福祉関連施策が今や自治体最大の業務なのだから、この相談支援業務が自治体業務の大きな部分を占めるようになったといっても差し支えないだろう。この状況を、本書では**相談支援業務の主流化**もしくは「ソーシャルワーク業務の主流化」と呼んだ（相談支援業務については**第10章**を参照のこと）。社会福祉関連領域の施策を実質化するために、それぞれの地方自治体では、相談支援（ソーシャルワーク）の専門性の蓄積が今後いっそう重要となっていく。

　近年、AIによって多くの業務が置き換わり、個人への附番（マイナンバー）によって所得や資産の情報が透明化されるので、社会福祉の給付や支援にまつわる業務は簡略化されるとの言説が溢れている。また、ベーシック・インカム等の新しい社会政策により、給付や支援決定のための事務自体がなくなるともいわれている。結果として、公務員不要論が叫ばれるようになった。

　とはいえ、実態はその逆ではなかろうか。支援の対象者の情報取得に関わる労力は大きく削減されていくかもしれない。しかしながら、必要な情報は、所得や資産、カルテに書かれた既往歴等の電子

第11章　ローカル・ガバメントの専門性・裁量　　211

データになじむものだけではない。個人のライフヒストリー，人生観，生活感覚，環境への適応性，労働観等は，人と人が向き合う面談を経なければ明らかにならない。たとえ電子データとして得られる情報であっても，その解釈は人間が行わなければならない。また，生活に困窮する人々への支援においては，情報処理ではなく，支援に向けた丁寧な面接を行うプロセスこそ必要である。自治体の相談支援業務が社会福祉主事だけでは回らず，非正規の各種相談員を雇用しなければ成り立たない現状こそが，まさにその証拠である。そうであるなら，公務員は節約して人員削減される対象ではなく，今後いっそう増強していかなければならないのではなかろうか。

　もちろん，増やすのは公務員だけではない。社会福祉の国家資格などに裏打ちされた民間の福祉専門職も増やさなければならないのはいうまでもない。

▷　**ローカル・ガバメントの専門性②：行政庁外との連携・協働**

　各種行政機関や事業を，行政庁外の事業者に委託することが多くなっている。第 10 章でも取り上げた各種相談所・センターのうち，比較的新しい地域包括支援センター，児童家庭支援センター，母子家庭等就業・自立支援センター，基幹相談支援センター，発達障害者支援センター，ひきこもり地域支援センター，子育て世代包括支援センターおよび地域子育て支援拠点は，直営でもよいがすべて行政庁外の事業者に委託することもできる。

　外部事業者へと委託する主な理由は，①専門性の確保と②運営効率化である。①の専門性の確保とは，新しい施策・事業を実施するための専門性・ノウハウが行政庁内に存在しない場合，庁外の事業者のもつそれらを活用することである。②の運営効率化は，民間事業者の事業効率を導入することによって，直接庁内各機関が実施するよりもコストを効率化できることである。庁内における職員不足

212　第 Ⅲ 部　福祉政策の実施体制

への対応が早急に求められていることが，こうした効率化の必要を増している。

①について，とりわけ就労支援事業などにおいては，行政庁内にはそもそもその能力がない場合も多いのだから，外部の事業者の専門性を活用しなければ，事業実施自体が難しい場合も多い。働くための心構えやソフト・スキル（コミュニケーション能力など仕事のベースとなる基本技術のこと）などを身に着けさせる「就労準備支援」，働くための具体的なスキルを身に着けさせ就職先へつないだり就職先を開拓したりする「就労訓練」，総合的な相談に応じる「自立相談支援」といった事業は，行政庁内の公務員では難しい業務である。

しかしながら，外部事業者への委託（外部委託）は，①の専門性の確保を隠れ蓑に，②の運営効率化の無理な手段として利用される場合があるため，慎重になるべきである。また，本来外部委託できない性質の業務もあるため，何が可能で何が不可能か，丁寧に業務を切り分ける必要があるだろう。

▷ ローカル・ガバメントの専門性認定の新展開

必要な福祉政策の専門性があるとして，制度の中でどのように認定するかについて，その方法は確立できないままである。誰の専門性が高く，誰がそうでないかを明確にしなければ，専門職制度は成り立たない。専門職と認定される社会福祉主事制度は，大学で3科目の単位を修めれば取得できてしまう（**3科目主事**）。専門性を認定するとしては，曖昧さを残した資格制度であるといわざるをえない。当初は，この3科目主事は，「あくまでも本格的な社会福祉教育を受けた者で主事が充足されるまでの経過的な措置であった」（平野 2000：31）。しかし，その経過措置は現在に至るまで継続している。

「専門性」について解説した政府の方針を見ても，その内容は明

らかではない。『福祉事務所新運営指針』（1971［昭和46］年）では，福祉事務所を，行政における他の事務処理機関とは峻別された専門性をもつ機関（専門機関）にしている特色として，「迅速性」「直接性」「技術性」をあげている。最後の「技術性」はもっとも重視されるものであろうが，「専門的技術」の特色に「技術」をあげるのは同語反復のようになっていないだろうか。その中身こそ明確にすべきである。そうでなければ，これらの特質を専門性として取り上げたとしても，仕事を行う際の心構え以上のものにはなっていない。

　専門性の認定についての制度的工夫がないわけではない。もっとも広く見られるのは，「経験年数」を福祉政策における専門性認定のための代理指標として活用することである。その例をあげるなら，任用資格の認定方法がある。福祉事務所等に配置される社会福祉各領域の専門職である**身体障害者福祉司，知的障害者福祉司，児童福祉司**は，**社会福祉主事**であって，それぞれの領域に「2年以上従事した経験を有する者」にその資格が与えられる。基本となる社会福祉主事の専門性から，さらに細分化された分野における専門職の専門性を積み上げる際は，一律にこうした対応である。専門職であれば，その領域の専門的知識と技術を客観的な基準によって判定し，資格を認定するというプロセスが必要であろうが，ここではそうした対応はとられていない。結局のところ，専門性といわれていたものは，その分野における「熟練」の度合いのことと捉えられていたといってよいだろう。

　とはいえ，**経験年数（熟練）**を専門性の代理指標として利用するのは，行政機関だけのことではない。職務給（特定の会社を超えて同地域の同じ職務［ジョブ］には同程度の賃金が支払われる制度。いわゆるジョブ型の制度）の国々では，各職務の専門性を身につけた程度を測定するのに経験年数（職歴年数）を代理指標とするのは一般的である（小熊 2019：173）。また，明確な専門性が職務分析（job analy-

214　第 III 部　福祉政策の実施体制

sis）によって確定されておらず，ほとんど専門性を無視した職務配置をする日本の行政機関の現状を鑑みると，それぞれの領域での経験年数を重視すべきとの意見も一定程度の説得力がある（武井2022：64）。

しかしながら，以下の理由により，専門性の認定について再考していく必要があるのではなかろうか。①福祉領域の隣接領域である医療専門職等との協働が増えるため，専門性を説明しその特質を明らかにしなくてはならなくなっていること，②外部委託が進み庁内での経験年数が指標として使えなくなっていること，である。

まずは①である。福祉職と医療職が比較されてきた歴史は古い。東京都社会福祉審議会による 1967（昭和 42）年の『**東京都における社会福祉専門職制度のあり方に関する中間答申**』（以下，『東京都中間答申』）は，比較的早い時期に，自治体に福祉専門職としてのソーシャルワーカーの配置を求めるものであった。しかし同時に，「医師や弁護士が医療や法律の専門というのと対比して，社会福祉は一体何の専門なのか，という根本問題が繰り返し論議された」（東京都社会福祉審議会 1967：120）が，結論は出なかったとも述べている。職務分析によって医療職と同じ水準の専門性の認定をしなければ，福祉政策の必要性を説明し，リーダーシップを発揮することは，今後はいっそう難しくなっていくだろう。

次に，②である。行政庁内に専門的知識の蓄積がない場合は，外部の団体にその専門性を求めなければならないとは先に記したとおりである。外部団体は行政庁内での経験などないのだから，庁内の尺度である経験年数は専門性の認定に利用できない。また，行政に蓄積がない課題であるということは，比較的新しい社会問題であることが多いのだから，外部団体の活動歴も利用できないことが多い。そうであるなら，専門性の認定には，より直接的な測定を行う職務分析や資格制度の利用が望まれるだろう。専門性認定の考え方を時

代に合わせて刷新していかなければならない。こうした専門性の捉え方の移り変わりを，専門性の「形式的理解」から「**本質的理解**」への変化と名づけておきたい（畑本 2018）。

3 専門性を担う公務員像の変化

専門性が大きく期待される福祉政策を担う公務員や事業受託団体職員はどのような人々であろうか。旧来の公務員に対する一般のイメージは，決して好ましいものではなかった。公務員は生活や身分の安定を求めて仕方なく就く職であり，業務内容は制度の矛盾や住民の無理な要求の帳尻合わせを行う消極的なものと考えられていたのではなかろうか。しかしながら，こうしたイメージはいささか懐古主義的である。公務員は，市場的利益を超えて，公共や地域の利益のために積極的に貢献できるやりがいのある職種である。これが実情であり，学問的分析においても一般的になりつつあるということを，最後に確認しておきたい。

▷ リプスキーのストリートレベルの官僚制論

近代的公務員の理論を最初に開拓したのは，マックス・ウェーバーであった。ウェーバーの理論では，19 世紀末から始まる近代官僚制は，立法された法令が，形を変えずに政策過程に効率的かつ公正に受容されていくための合理的な仕組みであると考えられていた。しかし，実際の現場に目を向けると，そうとは限らない。現場の職員は多くの裁量（discretion）をもっており，現場でも政策形成がなされているといっても過言ではない。この状況を理論化したのが，マイケル・リプスキーである。彼の著作である『行政サービスのディレンマ』（Lipsky 1980 = 1986）は，行政の実施過程を担う公務

員のあり方も，行政全体に大きな影響をもつことを明らかにした。この著作では，現場レベルの公務員は「**ストリートレベルの官僚**」（street-level bureaucracy：SLB）と呼ばれている。

　SLB の行政過程運営における裁量は，住民に対する恣意的な権力行使となる場合がある。リプスキーは SLB のネガティブな部分ばかりを描いたわけではないが，彼の著作の中で注目されたのは，こうした権力関係であった。従来の公務員の消極的イメージそのままの世界観である。

　福祉政策では，数次にわたる厚生労働省による生活保護「適正化」（適正実施）政策に伴う，いわゆる「水際作戦」を担わされた福祉事務所職員等は，こうしたイメージに当てはまるだろう。**適正化政策**とは，漏給には目をつぶり，過度に濫給の防止にのめりこみ給付を引き締める政策である。その方法論として，生活保護の申請前の相談段階で受給させないよう働きかける等のことが行われる。とくに有名なのは第 3 次の適正化である。これは，厚生省社会局保護課長・監査指導課長通知『生活保護の適正実施の推進について』（1981 年 11 月 17 日社保第 123 号）によって始められたものであった。暴力団関係者による不正受給に対応するための措置であるという名目で，「すべての生活保護申請と受給者に保護の決定に必要な挙証事務資料の提出を求め，事実に相違ないことを署名捺印させ，実施機関の関係先照会への同意書の提出と署名捺印させ」（大友 2000：254）た。こうした書類の作成を行うやり取りの中で，福祉事務所の職員（ケースワーカー）が申請を取り下げるように働きかけることが権力行使の主な手法であった。

▷ 政策起業家としての公務員

　しかしながら，現代の福祉政策を担う公務員の典型的な姿は変化している。キャサリン・デュロースは，第一線で働く公務員像の変

第 11 章　ローカル・ガバメント の専門性・裁量　**217**

表 11-3　現場公務員のイメージの変遷

政治と行政の関係	政治と行政の分離	行政の実施過程において政策形成	コミュニティへの参加による政策形成
主な組織メカニズム	ヒエラルキーを前提とした単線的な縦割り行政	ヒエラルキーを前提とした単線的な縦割り行政	官僚制，市場，ネットワーク・メカニズムそれぞれの利用
現場業務の役割	ウェーバー的官僚	ストリートレベルの官僚	市民起業家
現場業務の内容	政策の実施に責任をもち，ルール遵守を確認・モニタリングする。	裁量行使のための一連のテクニックを利用する。：形式化，目標の変更，サービス合理化，クライエントの範囲の制限。	ローカルな知の活用市民起業家精神：現場に出向き，活性化し，定着化する。

（表上部に「⇒　時代の推移　⇒」とある）

出所：Durose（2011：992）.

化を理論化している。彼女によれば，現代の職員は，行政と地域の各種団体・市民との協働を進めるガバナンスの課題に取り組む責任をもつ。そのため，不足する資源の帳尻を合わせ，形式主義にこだわるリプスキー流の職員像とは異なる，いわば市民起業家（civic entrepreneurship）にたとえられるような姿となったと主張している（Durose 2011：979）。こうした人々を**政策起業家**と呼ぶこともある（Mintrom 2020＝2022）。

　新たな時代の公務員は，「政策の窓」（**第5章**参照）を開けるために，公務員特有の政策過程に関する知識を活用する（Mintrom 2020＝2022：33, 66-67）。また，中央政府からではなく地方自治体の現場から発信する政策イノベーションを他の自治体にも波及させ，最終的に政府レベルを超えた政策変革へ導くよう主導するのである（Mintrom 2020＝2022：137）。

218　第Ⅲ部　福祉政策の実施体制

地域の各種団体・市民との関係形成は，法令を遵守していればできるというものではない。その場その場での臨機応変な対応を行い，行政庁に新たな取組みを次々に提案する姿が求められる。その際の基盤となるのが，本章で説明してきた福祉政策の専門性となるだろう。

*// **Book guide**　読書案内 *//

・畑本裕介，2018，「社会福祉行政における専門性」『同志社政策科学研究』19（2）：11-24。

　　本章の内容のもとになった論文である。より深く議論を理解するためにぜひ目を通していただきたい。

・マイケル・リプスキー著，田尾雅夫・北王路信郷訳『行政サービスのディレンマ――ストリート・レベルの官僚制』木鐸社，1986 年（原著1980 年）

　　行政官はかつて狡猾で政策を捻じ曲げる存在と考えられることもあった。その時代の行政官がなぜそういう存在になる必然性があったかを解説した歴史的名著である。

・仲村優一，2002，『仲村優一社会福祉著作集第 4 巻 社会福祉の方法――ケースワークをめぐる諸問題』旬報社

　　福祉政策・福祉行政には相談支援が必要かどうか原理的に考察している。のちの岸・仲村論争につながる論文も収められている。社会福祉を学ぶならぜひ目を通しておきたい書籍の 1 つである。

福祉政策と自治体財政

Chapter
第 **12** 章

Quiz クイズ

Q12.1 一般財源はどれだろうか。
a. 地方交付税　b. 地方債　c. 国庫負担金
d. 国庫委託金　e. 国庫補助金

Q12.2 民生費（都道府県と市町村を合わせたもの）の中でもっとも多い
費目はどれだろうか。
a. 老人福祉費　b. 生活保護費　c. 社会福祉費
d. 児童福祉費　e. 災害救助費

Answer クイズの答え（解説は本文中）

Q12.1　a　　Q12.2　c

Chapter structure 本章の構成

表　地方財政の構造

歳入（一般会計）	一般財源（地方税，地方交付税），特定財源（国庫支出金，地方債）
歳出	一般会計（民生費），特別会計（国民健康保険事業特別会計，介護保険事業特別会計，後期高齢者医療事業特別会計）

本章の概要

本章では福祉政策の財政の問題を扱う。福祉政策は国全体として行われるものも多いので，国庫を検討することも重要であるが，本書は地方自治体の政策運営のあり方に多くの紙幅を割いているため，この章では主に地方自治体の財政について扱う。

1　国から地方への税の再分配（財政調整制度）

日本は，地方自治体のほうが業務は多いのに，財源は国に過度に集まっているといわれている。租税総額のうち国税は63.4%（76兆3377億円）を占め，**地方税**は都道府県税と市町村税を合わせても36.6%（44兆522億円）にすぎない（2022〔令和4〕年度決算『令和6年版 地方財政白書』）。そのため，国で集めた財源を地方自治体に配

分し直す制度が確立している。こうした仕組みは**財政調整制度**と呼ばれている。再配分する前に地方自治体が地方税等によって集めることのできる自主財源は，予算全体の4割ほどでしかない。かつてはもっと少なく3割余りにすぎなかったから，この状態を揶揄して「3割自治」と呼ぶこともあった。

ちなみに，現在の地方自治体歳入の財源構成は，次のようになっている。すなわち，地方税 (36.1%)，地方譲与税等 (2.3%＋α)，地方交付税 (15.3%)，国庫支出金 (21.9%)，地方債収入 (7.2%)，その他 (17.0%) である（同 2022〔令和4〕年度決算）。この数字は 2019（令和元）年末からのコロナ禍対策のために国庫支出金が膨らんだためのものであり，例年の構成とは異なっている。よってもう少し古い数値も併せて掲載しておきたい。平成 30 年度決算（『令和2年版地方財政白書』）では，地方税 (40.2%)，地方譲与税等 (2.6%＋α)，地方交付税 (16.3%)，国庫支出金 (14.7%)，地方債収入 (10.4%)，その他 (15.6%) であった。地方税収入は4割ほどの割合までには拡大していた。

これらの歳入は，通常は性質上「一般財源」と「特定財源」に分けられる。地方自治体の判断で自由に使えるのが一般財源であり，国等（市町村なら国と都道府県）に使途が決められているのが特定財源である。以下には，それぞれの財源についてより詳細に見ていきたい。

2 地方自治体の歳入

▷ 一 般 財 源

先に挙げた各種財源のうち，一般財源は地方税（および地方譲与税等）と地方交付税である。

(1) 地 方 税

地方税は，地方自治体が独自に徴収するもので，その財源の中心的役割を果たすものである。『令和6年版 地方財政白書』に掲載された2022（令和4）年度決算の数値を自治体種別ごとに確認したい。

道府県税（都道府県の地方税の決算額から東京都が徴収した市町村税相当額を除いた額）は，約20兆7352億円である。内訳は，都道府県民税（26.8%），事業税（26.5%），地方消費税（39.9%），自動車税（8.0%）などとなっている。道府県税は，この4税で全体の約92.3%を占めている。

　＊東京都では，市町村税のうち，市町村民税法人分，固定資産税，特別土地保有税，事業所税と都市計画税は，都と特別区の特例として地方税法により都税とされている。しかしその後配分され直すので，純粋な都の税収とはいえない。

市町村税は，約23兆3170億円である。内訳は，市町村民税（45.5%），固定資産税（41.5%），都市計画税（5.9%），市町村たばこ税（3.9%）などとなっている。市町村税は，この4税で全体の96.8%を占めている。

以上は，地方税法に定められた法定税であり，課税に際しては標準税率が定められている。ただし，税率は地方自治体の条例によって自主的に決定される性質のものなので（地方税法3条），財政上その他の必要がある場合にその標準を超える税率を定めることができる（超過税率）。また，地方税は原則的に上記の税から構成されるが，地方自治体は独自の普通税および目的税（使途を限定して課税する税）を法定外税として課することも認められている。法定外普通税には核燃料税（福井県，佐賀県等）や狭小住戸集合住宅税（豊島区）等があり，法定外目的税には産業廃棄物税（三重県，鳥取県等数多くの都道府県），宿泊税（東京都，大阪府，京都市等）等がある。

(2) 地方交付税

地方交付税は，地方税収入の不均衡を調整するために交付される。地域間格差を縮小し，どの地域でも最低限の行政サービス水準を確保するために，国税を再配分する税制度である。地方自治体が自ら集めたものではないが，独自の判断で使えるものなので，一般財源とされている。

この税には地方交付税法に財源が明示されており，所得税・法人税のそれぞれの収入見込額の33.1%，酒税の収入見込額の50%，消費税の収入見込額の19.5%，および地方法人税の全額（2014〔平成26〕年に新たに創設）の国税5税が充てられる（地方交付税法6条）。また，通常の財政不均衡解消の役割を果たす「普通交付税」と災害などによる突発的な財政需要に対応する「特別交付税」があり，それぞれ全体の94%と6%が充てられる（地方交付税法6条の2）。

地方交付税は，地方自治体の財源不足解消を目的とするものであるため，富裕な地方自治体には交付されないことになっている。しかし，不交付団体であるのは，2024（令和6）年度は都道府県では東京都だけであり（平成20年度までは愛知県もそうであった），市町村では2023（令和5）年度よりも6団体増加して82団体となっている（過去にはもっと多い年もあり，2009〔平成21〕年度は151団体だった）。つまり，ほとんどの地方自治体が交付団体であり，地方にとってかけがえのない財源となっている。

普通交付税の金額は，規模ごとに計算される，標準的な地方自治体であれば必要と考えられる金額（**基準財政需要額**）から，標準的とされる収入（**基準財政収入額**）を差し引いた金額である。つまり，交付額は，国が委託したり，法律で義務づけられたりする業務を標準的に行う量を積算して決められる。しかし，交付された交付税を何に使うかは，地方自治体の裁量である。よって，基準財政需要額の算定基準となっている業務であっても，必ずしも交付税をそのまま

第12章　福祉政策と自治体財政　**225**

使ってその業務を行う必要はない（小坂 2007：51-52）。たとえば，生活保護の給付も交付税の算定基準であるが，これを安く済ませればその地方自治体にそれだけ資金が残ることになるので，市の福祉事務所で支給が及び腰になり漏給問題が起きやすくなるといった構造につながっているともいわれる。

▷ 特定財源

(1) 国庫支出金

特定財源は，国庫支出金と地方債である。国が使途を定めて国税から交付するのが，国庫支出金である。国から都道府県・市区町村に対して支給される。同じく，都道府県から市区町村に対して支給される「都道府県支出金」というものもある。これらにはいくつかの種類がある（**表12-1**）。

何らかの政策を実行するための国の方針に従ってメリハリをつけ配分されるから，どうしても地方ごとに多寡が生まれてしまう。また，配分に際して国の省庁の裁量が大きかったので，かつては陳情合戦や官官接待といった政治・行政腐敗の温床ともなった。霞が関に，国庫補助金を中心とした国庫支出金の配分を増加させるよう陳情するための事務所を構える地方自治体も多かった。さらに，中央の各省庁は裁量を発揮できるこうした財源を手放そうとしなかったから，それぞればらばらに行動する**縦割り行政**を温存することにもつながったとされる。しかし，近年の国庫支出金は大きく削減されたため，次第にこうした問題も見られなくなってきた。

(2) 地 方 債

上記の財源だけでは賄えない特別の出費が必要となった場合，借金が行われることになる。国の借金は国債を発行して市場などから資金を調達する。同じく，地方自治体では**地方債**となる。交付税は，裏打ちとして利用される5税の増減によって金額が変動するため，

226　第Ⅲ部　福祉政策の実施体制

表 12-1　国庫支出金の種類

	内　容	事　例
国庫負担金	自治体の事務ではあるが，全国で行われる必要があるために，国が経費の一部を負担するもの。	一般行政費国庫負担金（義務教育職員給与費国庫負担金など），生活保護費国庫負担金，建設事業費国庫負担金（公共事業費国庫負担金），災害復旧費等国庫負担金など。
国庫委託金	本来国が行うべき事務を地方自治体が代行する場合の費用を支出するもの。国が全額負担する。	国会議員選挙，国勢調査，パスポート発行など。
国庫補助金	必要に応じて国が任意に支出する資金。自治体に特定の施策を促すための「奨励的補助金」と自治体の財政的負担を軽減するための「財政援助的補助金」に分かれる。	信号の設置，農地整備，IT 関連の情報化支援，市町村合併促進など。

注：補助金とは，特定の事務・事業を補助するために交付する金銭をいう。経費の性質は，奨励，助成的な給付金である。負担金とは，国に一定の義務・責任のある事務・事業について，義務的に負担する給付金をいう。法律上国の負担が明定されている。すなわち，補助金の対象はすべての自治体で行われるとは限らず，負担金の対象は必ず実施される。

地方の需要どおりに金額が増加されるわけではない。また，補助金（国庫支出金）も国庫がひっ迫している現在では削減傾向である。今後は，地方債の発行が増加していくことが予想される。

　地方債の発行は，かつては国や都道府県による許可制であった。現在は，地方自治体の自主性をより高めるために，2006（平成18）年度より，国または都道府県との事前協議制となっている（『平成18年版地方財政白書』）。この協議において総務大臣などが同意した地方債については返済に関わる金銭（元利償還金）が地方交付税の算定基準となる。地方債は地方自治体の発行する債券だから，その地方自治体の借金のように思われるかもしれない。しかし，借金の返済は国（もしくは都道府県）が行うのである（もちろん，交付税措置

を受けない不交付団体にはこれは当てはまらない)。そのため，事前に協議され使途が特定される。よって，地方債は特定財源に分類される。

3 地方自治体の歳出

地方自治体会計の種類

次はお金がどう使われるかである。地方自治体の歳入・歳出は，**一般会計**と**特別会計**（事業会計）に分類される。一般会計とは，地方税や地方交付税，国庫支出金などを財源とするものである。特別会計とは，何らかのサービスの提供と引き換えに納付された社会保険料や料金などを主な財源としているため，明朗会計の必要から事業ごとに別建てで経理されるものである。福祉政策に関連する特別会計は多く，次のものが，それぞれの個別法において設置が義務づけられている。すなわち，国民健康保険事業特別会計（国民健康保険法10条），介護保険事業特別会計（介護保険法3条2項），後期高齢者医療事業特別会計（高齢者の医療の確保に関する法律49条。ただし，広域連合の特別会計）等である。

一般会計と特別会計の区分は，地方自治体ごとの事情に応じて決めることができるため，全国的な比較のためには内容をそろえる必要がある。よって，この場合，総務省が所管する地方財政状況調査において統計的な比較を行うために基準をそろえた**普通会計**という概念が用いられる。これは特別会計から公営事業会計を除いた部分をすべて一般会計に統合し直したものである。

地方自治体の福祉政策と民生費

2022（令和4）年度純計決算額では，地方自治体普通会計歳出は117兆3557億円である。ただし，これはコロナ禍への対応のため

膨らんだものである。コロナ禍前の 2019（令和元）年度は 99 兆
7022 億円であった。

　費目中もっとも多くの割合を占めるのは，民生費の 25.8% であ
る。以下，教育費 15.1%，土木費 10.6%，公債費 10.6%，衛生費
10.4%，総務費 10.1% といった順で続いていく。このうち，福祉
政策の費用が賄われる費目は主に**民生費**である。もともと，地方財
政において最大の割合を占めていた費目は教育費であったが，
2007（平成 19）年度に民生費が逆転してから順位が入れ替わってい
る（**表 12-2**）。

　近代の市制町村制が形成される過程で数度の合併が行われてきた。
明治の大合併と昭和の大合併といわれるものが有名であるが，それ
ぞれ小学校や中学校を建設する財政規模を確保することが最大の目
的であったといわれている（西尾 2007：17）。地方自治体にとって
は，いわば「教育の時代」だったのだろう。しかしながら，現代で
は，民生費が教育費を抜いて最大費目となった。人口高齢化，生活
の不安定化等のため，福祉政策が地方行政において最大課題となっ
たことが予算面からも裏づけられる。財政面からも，地方自治体に
とって「福祉の時代」となっている。ちなみに，2022（令和 4）年
度決算において団体種類別にみると都道府県では教育費が一番多く
16.3% であり（ただし，コロナ禍のため令和 3 年では商工費の 18.3%），
市町村では民生費の 37.2% である。

　次に，民生費の内訳を見ていく（**表 12-3** および**表 12-4**）。2022
（令和 4）年度決算における都道府県の最大の費目は「老人福祉費」
である。特別養護老人ホームなどの高齢者福祉施設の運営費等であ
る。高齢化が進むのに 2000（平成 12 年）にその構成比が下がって
いるのは，**介護保険**制度が始まった際に介護保険特別会計が設置さ
れ，その分の費用は，特別会計繰出金（都道府県・市町村負担金）以
外は別会計となったためである（戸谷 2010：37）。

第 12 章　福祉政策と自治体財政　**229**

表 12-2 目的別歳出決算額の構成比の推移

（単位：％，億円）

区　分	平成18年度	19	20		令和元年度	2	3	4
総務費	9.7	10.0	9.9		9.7	18.0	10.1	10.1
民生費	18.2	19.0	19.9		26.6	22.9	25.4	25.8
衛生費	6.2	6.1	6.0		6.4	7.3	9.2	10.4
労働費	0.3	0.3	0.7		0.2	0.3	0.2	0.2
農林水産業費	4.2	3.9	3.7		3.3	2.7	2.7	2.9
商工費	5.3	5.6	5.9	（略）	4.8	9.2	12.1	8.8
土木費	15.5	15.0	14.4		12.2	10.1	10.3	10.6
消防費	2.0	2.0	2.0		2.1	1.7	1.6	1.7
警察費	3.8	3.8	3.7		3.4	2.6	2.7	2.8
教育費	18.5	18.4	18.0		17.6	14.4	14.4	15.1
公債費	14.9	14.6	14.7		12.2	9.6	10.3	10.6
その他	1.4	1.3	1.1		1.5	1.2	1.0	1.0
合　計	100.0	100.0	100.0		100	100.0	100.0	100.0
歳出合計	892,106	891,476	896,915		997,022	1,254,588	1,233,677	1,173,557

出所：『地方財政白書』平成23年版，28年版，令和5年版より著者作成。

表 12-3 民生費の目的別内訳

（単位：百万円，％）

	純計		都道府県		市町村	
	金額	構成比	金額	構成比	金額	構成比
社会福祉費	89,780	29.7	29,659	31.9	72,676	29.4
老人福祉費	71,762	23.7	38,410	41.4	42,751	17.3
児童福祉費	102,059	33.7	22,206	23.9	94,537	38.3
生活保護費	38,787	12.8	2,333	2.5	36,806	14.9
災害救助費	333	0.1	231	0.2	241	0.1
合　計	302,720	100.0	92,840	100.0	247,012	100.0

出所：『令和5年版　地方財政白書』より。

230　第 III 部　福祉政策の実施体制

表 12-4 民生費の目的別歳出の推移（都道府県と市町村の合計）

（単位：億円，%）

	1970 （昭和45）	1975 （昭和50）	1980 （昭和55）	1985 （昭和60）	1990 （平成2）	1995 （平成7）	2000 （平成12）
社会福祉費	1,529 (20.2)	5,494 (19.4)	10,036 (20.0)	13,697 (21.9)	21,722 (26.4)	31,497 (26.3)	36,415 (27.2)
老人福祉費	605 (8.0)	5,313 (18.7)	10,958 (21.8)	12,927 (20.7)	20,473 (24.9)	34,389 (28.8)	35,403 (26.4)
児童福祉費	2,444 (32.2)	9,981 (35.2)	16,524 (32.9)	19,339 (30.9)	25,135 (30.5)	32,739 (27.3)	40,299 (30.1)
生活保護費	2,987 (39.4)	7,500 (35.2)	12,709 (25.3)	16,505 (26.4)	14,844 (18.0)	16,937 (14.1)	21,548 (16.1)
災害救助費	22 (0.3)	68 (0.2)	57 (0.1)	55 (0.1)	106 (0.1)	4,136 (3.5)	256 (0.2)
合　計	7,587	28,357	50,284	62,523	82,281	119,799	133,920

	2005 （平成17）	2010 （平成22）	2015 （平成27）	2019 （令和元）	2020 （令和2）	2021 （令和3）	2022 （令和4）
社会福祉費	41,928 (26.7)	50,637 (23.8)	65,916 (26.1)	68,362 (25.8)	79,996 (27.9)	91,049 (29.1)	89,780 (29.7)
老人福祉費	39,560 (25.2)	54,823 (25.7)	61,393 (24.3)	63,822 (24.1)	69,350 (24.2)	68,106 (21.8)	71,762 (23.7)
児童福祉費	46,964 (29.9)	71,388 (33.5)	78,850 (31.2)	91,951 (34.7)	97,954 (34.1)	114,651 (36.6)	102,059 (33.7)
生活保護費	28,264 (18.0)	35,967 (16.9)	40,283 (16.0)	39,302 (14.8)	38,610 (13.5)	38,836 (12.4)	38,787 (12.8)
災害救助費	211 (0.1)	348 (0.2)	6,106 (2.4)	1,900 (0.7)	1,032 (0.4)	488 (0.2)	333 (0.1)
合　計	156,927	213,163	252,548	265,337	286,942	313,130	302,720

出所：『平成11年版 厚生白書』および各年版『地方財政白書』より作成。

市町村で最大の費目は「児童福祉費」である。児童手当の支給，保育所や児童養護施設といった児童福祉関連施設の運営費等である。

1970（昭和45）年には都道府県・市町村合計の民生費で39.4％を占めていた「生活保護費」は，次第に割合を低下させていった。とはいえ，平成不況を反映して生活困窮者が増えた社会情勢からか，1995（平成7）年の14.1％から2000（平成12）年には16.1％，2005（平成17）年には18.0％と割合をわずかに増加させた。その後は景気の回復もあって，その比率を低下させている。

「社会福祉費」は，1990（平成2）年以来，全体の25％から30％の間の割合を保ち続けている費目である。障害者福祉の経費等，ほかに分類されない諸費目が含まれる。市町村で運営する国民健康保険特別会計への繰出金（都道府県・市町村負担金）もここに含まれる。高齢者や非正規労働者などが集中する国民健康保険は，大きな費用のかかる制度であり，この負担金が社会福祉費の割合を一定規模にしている。

▷ **福祉政策と特別会計**

一般会計の中で民生費はすでに最大の費目であるが，自治体における福祉政策のための費用はこれだけではない。先にも指摘した**特別会計**の費用がこれに加わる。まずは全国の2022（令和4）年度における福祉政策に関連する特別会計の金額を確認したい。全国の国民健康保険事業会計の支出は23兆9035億円，後期高齢者医療事業会計は19兆969億円，介護保険事業会計は11兆6328億円である。これらを合計すると54兆6332億円となる。これにその他の小規模会計も加わる。

地方自治体普通会計の純計決算額の歳出合計額（47都道府県，1718市町村，23特別区，1152一部事務組合および113広域連合の合計額）は117兆3557億円であり，そのうち民生費が30兆2720億円なの

で，特別会計はかなりの規模であるとわかる。

　福祉政策の歳出を考えるにあたって，民生費と特別会計の金額を足し合わせてその規模を確認したくなるが，地方自治体会計の計算はそう単純なものではない。日本の予算は，財政法14条により，その歳入歳出が重複計上されていても，各々その総額を予算に計上することとなっている（総計予算主義）。これは予算の全貌を記録に残すための措置である。すなわち，一般会計や特別会計等の会計間の予算のやり取りをそれぞれの会計に歳入があったものとして積み上げることになっている。そのため，それぞれの歳入・歳出を単純に足し合わせることになり，見かけ上は実質的な財政規模をはるかに超えた額になる（財務省主計局　2022：25）。

　福祉政策の特別会計には，一般会計から繰入金がなされることが頻繁である。たとえば，介護保険制度の財源は，保険料収入が50％，公費50％（居宅給付：国25％，都道府県12.5％，市町村12.5％。施設等給付：国20％，都道府県17.5％，市町村17.5％）となるように設計されている。すなわち，介護保険事業会計には一般会計より公費部分の負担として一定の繰入金がある。そのため，介護保険事業を行った場合，一般会計から歳出があり，その額がもう一度介護保険事業会計から支払われ，歳出が全体で2倍になったような計算になる。しかし，これは会計間でお金が移動しただけのことであり，実質的に予算が大きくなったわけではない。さらに，そのほかにも補助費等の形で移動する予算もある。

　こうした影響を取り除くには，特別会計への繰入金等を差し引いて予算規模を確認する必要があるが，国全体の予算では統計がなく確認が難しい。よって，1つの自治体の予算を事例として取り上げ，どれだけの予算が福祉政策に支出されているかを確認してみよう。

　ここで取り上げるのは，大阪市の予算である。大阪市の発行する『財政のあらまし』（令和5年6月）によると，2023（令和5）年度当

第12章　福祉政策と自治体財政　**233**

表 12-5 大阪市の特別会計予算

(億円)

	2023 年度当初予算	一般会計よりの操出金
母子父子寡婦福祉貸付資金会計	2	0.1
国民健康保険事業会計	3,034	373
心身障害者扶養共済事業会計	5	0.9
介護保険事業会計	3,188	518
後期高齢者医療事業会計	372	97
合　計	6,601	989

初予算において，福祉政策関連の特別会計は**表 12-5**のようになっている（表中の 2023〔令和 5〕年度当初予算の欄）。その合計額は 6601 億円である。大阪市の一般会計では，いわゆる民生費から「特別会計操出金」を別枠の費目として計上し，残った金額が「福祉費」という名目で計上され，歳出構造がわかりやすくまとめ直されている。この金額が 5197 億円である（別枠の操出金は 989 億円）。すなわち，大阪市において福祉政策に歳出される予算は，おおよそ福祉関係の特別会計と福祉費の合計額（6601 億円＋5197 億円）である 1 兆 1798 億円と考えてよいだろう。

　大阪市の 2023（令和 5）年度の全会計予算（一般会計，政令等特別会計，公営・準公営企業会計，交際費会計を足し合わせたもの）は 3 兆 5278 億円（ここから一般会計の特別会計操出金 2088 億円を引くと 3 兆 3190 億円）なので，福祉政策に使われる予算は全体の 33.4% となる。先ほど確認した全国の自治体予算の中での民生費の割合が約 25% ほどであったのも大きいが，実際に福祉政策に使われる予算はそれ以上だということがわかる。地方自治体にとって，社会福祉は予算規模上も圧倒的に大きな事業となった。

4 福祉政策の財源は十分か
ペイ・アズ・ユー・ゴー原則

　確かに福祉政策の予算は大規模になった。しかし，これは社会の変化に対応する時代の全体的な要請であって，個々の政策に十分な予算であるとはいえない。さまざまな手法を用いて，福祉政策関連の予算は抑制されてきたからである。

　ここでは，近年**ペイ・アズ・ユー・ゴー原則**（pay as you go）とも呼ばれるようになった，予算を同一領域内で帳尻を合わせる政策手法を見てみよう。ペイ・アズ・ユー・ゴー原則とは，新制度創設・充実等によって歳出を増大させたり，減税等によって歳入を減少させたりする場合，恒久的な歳出削減または歳入確保措置によってそれに見合う安定的な財源を確保しなければならないとする原則である。つまり，何かの政策の予算を増やす場合は，何か別の政策の予算を削減することで帳尻を合わせなければならないということである。帳尻合わせは，多くは同一の領域において行われる。日本においてはこの原則が必ずしも法制化されているわけではないが，財政運営上の手法として利用されてきた。

　少し古い話となるが，国庫における社会保障関係費のうち，社会福祉費の中の老人医療費の増大が，生活保護費の削減によって埋め合わされていたと指摘されている（坂田 2002）。高齢者のニーズに対応する**介護保険制度**や**後期高齢者医療制度**が整備される前には，社会福祉費の中の費目である老人医療費がそれらを賄う費用であった。この費目は高齢化が進むとともに次第に増えていくが，当初はその増大の調整を社会保障関係費の中で帳尻合わせをしていた。**表12-6**は，社会保障関係費に占める生活保護費および社会福祉費等の構成比を百分率で示したものである。これを見ると，社会福祉費

第 12 章　福祉政策と自治体財政　**235**

表 12-6 社会保障関係費に占める生活保護費および社会福祉費内訳の構成比 ——

(単位：%)

年度	生活保護費	社会福祉費	老人医療費	老人保護費	児童福祉費	身体障害者保護費	社会福祉諸費	その他
1975	13.6	15.7	3.6	2.1	6.9	0.4	0.2	2.5
1980	11.6	16.7	3.5	2.3	5.9	0.5	0.3	4.2
1985	11.3	20.9	7.9	2.4	5.1	0.5	0.4	4.7
1990	9.5	20.7	10.1	2	3.8	0.5	0.7	3.7
1995	7.6	24.9	12.4	2.6	4.2	0.6	1.5	3.7
1999	7.2	28.5	14.3	3.3	4.6	0.6	2.4	3.4

の増加とともに生活保護費が削減されていることが明らかなように思われる（坂田 2002：175）。まさに，ペイ・アズ・ユー・ゴー原則が適用されていたといえる。財政の事情は，生活保護費を何らかの方法を用いて抑制する必要を生み出した。生活保護には定期的に**水際作戦**（生活保護の申請を困難にする等の手法を用いた適正化政策）と呼ばれる支給の引き締めが行われてきたといわれるが，まさにこの原則が関連していたといえるだろう。

　人口高齢化によって高齢者福祉（老人医療費等）に必要な予算は増えていくのに，その予算が増やされるにはほかを抑制しなくてはならない。これでは，十分な予算があるとはいえない。ペイ・アズ・ユー・ゴーのような財政方針があるので，予算規模は増えても，福祉政策の予算はいつでも不足し，真に困窮している人々への必要な経費であっても，無理に引き締められることが繰り返されてきたのである。

　これから必要なのは，さらなる予算の確保であるが，増税によるのか国債発行などの借金の積み増しで対応するのか，どのような手段を取るかについての政治的合意が求められている。

*▰▰▰ **Book guide** 読書案内 ▰▰▰*

・小坂紀一郎，2018，『一番やさしい自治体財政の本（第 2 次改訂版）』学陽書房

　　タイトルのように大変わかりやすく福祉財政についてまとめられている。専門的な学習の前に全体像をつかむのに便利な本である。

・山本隆ほか編，2010，『よくわかる福祉財政』ミネルヴァ書房

　　同じく大変分かりやすく福祉財政についてまとめられている。多くは，項目ごとに見開きのページだけで解説されており，辞書的な使い方もできる。

・新川敏光，1993，『日本型福祉の政治経済学』三一書房

　　日本の社会保障・福祉財政が戦後の歴史の中でどのように議論され，財政政策として形成されてきたかについて詳細に解説している。

第 12 章　福祉政策と自治体財政　　**237**

第IV部 Part

福祉政策の実際

Chapter

13　大都市自治体の福祉政策　大阪市の生活保護
14　中小自治体の福祉政策　豊中市・野洲市の生活困窮者支援
15　福祉政策の展望

大都市自治体の
福祉政策

大阪市の生活保護

第 13 章
Chapter

Quiz クイズ

Q13.1 大都市福祉行政において発生しやすい問題は何だろうか。
　　a. 人材不足　　b. フリーライダー
　　c. 交付税の算入過剰　　d. 地域活動の特徴のなさ

Q13.2 会計年度任用職員制度の生み出す問題はどれだろうか。
　　a. スラム・クリーニング　　b. 不正受給
　　c. 官製ワーキングプア　　d. 貧困ビジネス

Answer クイズの答え（解説は本文中）

Q13.1　b　　Q13.2　c

Chapter structure　本章の構成

表　大都市福祉政策体制（大阪市）の特徴

地域課題	高い生活保護率，特定地域の特定課題への対応
キーパーソン	専門的問題に継続的に対応する人材
組織体制	大規模組織に適応した事務所掌の明確化
地域資源	多数のスタッフ
専門人材	多数確保

本章の概要

　本章では，大都市の福祉政策運営の特徴を取り上げる。事例とするのは大阪市である。大阪市は，東京都の特別区まで含めると，日本で3番目に人口が多い自治体であり，西日本の中核をなす都市である。また，戦後高度経済成長期を経た後に産業の衰退と人口減少を経験したため，社会福祉行政に関連してさまざまな課題に対処する必要に迫られた経験を蓄積してきた都市でもある。そうした意味では，大都市の福祉政策について考察する際の典型例とする資格を備えているといってよいだろう。

1　大阪市のプロフィール

　本節では，大都市の事例として大阪市を取り上げる。必要な政策

立案が随時行われ，大都市ならではの人口流動性に対応している状況を説明したい。大都市の行政機関の特徴は，なんといってもその職員の多さである。多くの専門職を抱え，企画立案を行うスタッフ部門も多く抱えている。大阪市福祉関係部局も**図 13-1**に示したように，市が対応する領域ごとにきめ細かく部局が設置されている。

西日本最大の都市である大阪市の存在は周知のとおりであろうが，まずは簡単なプロフィールについてまとめたい。

2022（令和4）年4月1日現在の推計人口は274万4847人であり，政令指定都市としては，横浜市の376万8363人に次いで2番目と

図 13-1 大阪市の福祉関係部局（2023〔令和5〕年4月1日現在）

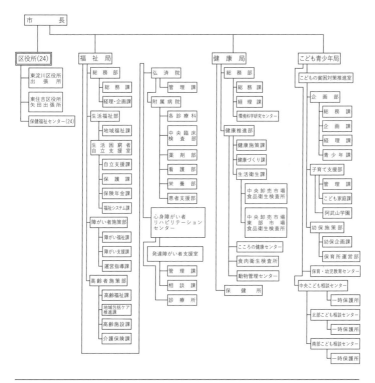

第 13 章　大都市自治体の福祉政策　　243

コラム3　福祉政策実施自治体の調査方法　　ここでは，質的デー
タを集めるための調査やヒアリングの手順を簡単に説明した後，地
域における福祉政策について明らかにする際のポイントについて確
認したい。調査においては，まずは明らかにしたい疑問点を明確に
する。これは「なぜ〜なのか」「どのように〜なのか」の形式で文
章化するのが一般的であり，「リサーチ・クエスチョン」（RQ）と
呼ばれる。この RQ を設定した後，それを明らかにするため，調査
対象に順次質問する手順を示したインタビュー・ガイドを作成する。
　福祉政策がどのように地域で形成され運営されているかを明らか
にするなら，都市と行政機関の基本情報を確認した後に，以下の
RQ を設定するのが一般的であろう。
　「地域課題は何か」「誰がキーパーソンなのか」「政策を実施する
組織体制はどのようなものか」「活用できる地域資源は何か」「専門
人材は確保されているか」といったものである。近年では，「地域
福祉計画」や新しい制度の委託事業者の開発（地域包括支援セン
ター，生活困窮者自立支援事業や障がい者相談支援センターの受託
事業者など）等の注目される福祉政策の「実施状況はどうか」と
いったものも RQ に設定できるだろう。
　今回は地域特性に応じた調査を実施するために，自治体規模によ
る違いに配慮した調査設計としている。調査対象の特性による違い
を明確にするために，比較表を作成するとよいだろう。今回は大都
市と中小都市（**第 14 章**を参照のこと）の違いを調査の視点とした
ので，以下のような比較のポイントが重要になる。

地域特性	福祉政策の歴史や経験の蓄積，問題解決にあたっての地域資源の有無（および公民連携の程度，当事者団体の存在），地域の流動性
行政庁の特性	キーパーソンの影響力，専門人材の充実度，条例作成部門の体制整備状況，庁内連携の程度，政策立案能力，相談支援体制，財源の豊富さ

Column 3

なる。高齢化率は 25.6% である。

また，2022（令和4）年度の全会計予算規模は，総額3兆4627億円であり，これも横浜市の3兆8074億円に次いで2番目である。ちなみに，**一般会計予算**は1兆8419億円であり，そのうち民生費は，福祉費とこども青少年費に分けて計上されており，それぞれ5882億円（一般会計予算の31.9%），2309億円（12.6%）である。

本章で取り上げる生活保護費の2022（令和4）年度当初予算は，約2730億円であり，このうち市の負担金は約675億円である（大阪市福祉局〔一般会計〕予算事業一覧）。

2 大阪市と生活保護費

大阪市は全国でも突出した額の**生活保護**の支給を行ってきた。そのため，この予算をどのように賄っていくかが大きな課題であり続けた。**図13-2**に示すように，保護率（総人口に対する被保護実人員〔1カ月平均〕の割合）が，5%を超える年も多い。近年保護率が5%を超えるような大都市はほかにない。もともと全国平均はもとより大阪府の平均よりも高い傾向を示していたが，バブル景気が崩壊する平成10年代に入るとさらに増加した。

生活保護制度は，生活保護法1条に規定されるように本来的には国に運営責任があるが，**福祉事務所**設置自治体にも保護費（扶助費）の4分の1を負担することが義務づけられている。とはいえ，その自治体が自主財源でその負担を賄えない場合は，必要な額が**地方交付税**制度により措置されることになっている。

しかし，措置される金額は実際にかかった金額ではない。規模などをもとに違いをつけたうえで標準的な自治体を想定し，そうした自治体であれば必要となる金額を独自の計算式によって算定し（基

第13章　大都市自治体の福祉政策　**245**

図 13-2 大阪市の生活保護率の推移

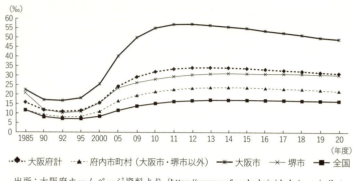

出所：大阪府ホームページ資料より（https://www.pref.osaka.lg.jp/shakaiengo/seikatsuhogotoukei/index.html）。

準財政需要額），その額と標準的とされる収入（基準財政収入額）との差額が措置される（第12章を参照のこと）。そのため，措置される金額と実際にかかった金額（決算額）が一致しないことは多々ある。大阪市の場合は，生活保護費が膨大であるため，この差額も膨大となる。

　大阪市の公表した資料では，1999（平成11）年度決算において，大阪市の負担分の決算額は約498億円だったにもかかわらず，交付税措置の際に算定された基準財政需要額は299億円だった。よって，実際にかかった金額に対して国から措置された金額（充足率）は，その約60％にすぎなかった。これはしばらく改善せず，2006（平成18）年度においても充足率は73.1％だった（決算額が574億円に対して基準財政需要額420億円）。その後に状況は改善していくものの，毎年かなりの額の算入不足額が生じている。**表13-1**に2012（平成24）年度からのものを掲載している。一般会計予算約1.5兆円からすると，この期間の50億円前後の不足額は0.3から0.4％でしかないが，絶対額としてはかなりの規模である。

表 13-1 生活保護費（扶助費）の基準財政需要額と決算額の推移

（単位：億円，%）

	基準財政需要額	決算額	算入不足額	参入率
2012（平成24）年度	654	730	▲76	89.6
2013（25）年度	638	716	▲78	89.1
2014（26）年度	664	717	▲53	92.5
2015（27）年度	651	718	▲67	90.6
2016（28）年度	647	708	▲61	91.4
2017（29）年度	644	697	▲53	92.5
2018（30）年度	629	668	▲39	94.1
2019（令和元）年度	617	667	▲50	92.5
2020（2）年度	608	649	▲41	93.7
2021（3）年度	591	636	▲45	92.9

出所：大阪市提供資料。

　不足額が生じる主な理由は，交付税の算定方法にあると先に指摘した。地方自治体に財政調整のため交付される地方交付税は，自治体ごとの特性に応じてではなく，標準的な団体を想定して金額が算定される（ただし補正係数による補正など複雑な調整は行われる）。そのため，生活保護の単価の高い1級地を多く抱える政令市などの大都市は，必要な費用を交付税では賄えないことも多い（星野 2013：91）。この仕組みのために不利を被る自治体の1つである大阪市では，地方交付税に対する総務省への「意見提出制度」によって，毎年のようにこの単価差の改善に向けた提案を行ってきた（**表13-2**）。提出された意見は必ずしも採用されるものではないが，こうした努力もあってか，次第に参入率は改善してきた。

　交付税措置における大きな不足額が存在するため，大阪市生活保護部局（福祉局生活福祉部保護課）の運営体制の効率化は長年の課題であり続けた。ここで記した国への要望活動だけでは，財政運営は

第13章　大都市自治体の福祉政策　**247**

表 13-2 大阪市からの生活保護費の算定に係る意見提出制度による総務省への申し出

2002（平成 14）年度	扶助費の実績などによる経費の算入　→採用
2003（15）年度	扶助費の単価査を反映した経費の算入
2004（16）年度	実績を反映した扶助費の適切な反映
2005（17）年度	実績を反映した扶助費の適切な参入
2006（18）年度	実績を反映した扶助費の適切な参入
2007（19）年度	実績を反映した扶助費の適切な参入　→採用
2008（20）年度	実態を反映した単価・計数による算定について扶助費の単価差等の的確な算入
2010（22）年度	実態に応じた扶助費単価差による算定
2011（23）年度	実態に応じた扶助費単価差による算定
2012（24）年度	実態に応じた生活保護扶助費の的確な算入　→採用
2013（25）年度	生活保護費（医療扶助）におけるレセプト件数を用いた密度補正への変更 生活保護費における扶助費の全額導入　→採用
2014（26）年度	生活保護費（医療扶助）におけるレセプト件数を用いた密度補正への変更 生活保護費における扶助費の全額導入　→採用
2015（27）年度	生活保護費（医療扶助）におけるレセプト件数を用いた密度補正への変更 生活保護費における扶助費の全額導入　→採用 生活困窮者自立支援法の施行に伴う基準財政需要額への適実算入　→採用 密度補正における生活保護の級地区分の反映　→採用
2016（28）年度	生活保護費（医療扶助）におけるレセプト件数を用いた密度補正への変更 生活保護費における扶助費の全額導入　→採用
2017（29）年度	生活保護費における扶助費の全額導入　→採用 普通交付税に関する省令に合致した医療扶助における被保護者調査第 11 表「医療費の審査及び決定」に基づき算出した被保護者数を用いた密度補正への変更
2018（30）年度	生活保護費における扶助費の全額導入　→採用 普通交付税に関する省令に合致した医療扶助における被保護者調査第 11 表「医療費の審査及び決定」に基づき算出した被保護者数を用いた密度補正への変更
2019（令和元）年度	生活保護費における扶助費を全額算入　→採用 普通交付税に関する省令に合致した医療扶助における被保護者調査第 11 表「医療費の審査及び決定」に基づき算出した被保護者数を用いた密度補正への変更 生活保護制度における生活扶助基準額の算出方法を踏まえた生活保護費（密度補正）への単身世帯割合に応じた乗率の新設
2020（2）年度	生活保護費における扶助費の全額算入　→採用 普通交付税に関する省令に合致した医療扶助における被保護者調査第 11 表「医療費の審査及び決定」に基づき算出した被保護者数を用いた密度補正への変更 生活保護制度における生活扶助基準額の算出方法を踏まえた生活保護費（密度補正）への単身世帯割合に応じた乗率の新設
2021（3）年度	生活保護費における扶助費の全額算入　→採用 普通交付税に関する省令に合致した医療扶助における被保護者調査第 11 表「医療費の審査及び決定」に基づき算出した被保護者数を用いた密度補正への変更
2022（4）年度	生活保護費における扶助費の全額算入　→採用 密度補正の医療扶助に用いる基礎数値の見直し

十分に改善するものではない。そのため，自治体独自の施策も必要
となった。

　その取組みが明確な形となって現れたのが，平松市長時代に設置
された「生活保護行政特別調査プロジェクトチーム」である。その
第1回委員会・幹事会合同会議が開かれたのは2009（平成21）年9
月1日であり，全部で23回を数えた（任 2014：367）。2011（平成
23）年10月1日には，『大阪市の生活保護行政について ── プロ
ジェクトチームの2年間の取り組みについて』と題する報告書が
出されている。同報告書の中で，会議の成果として，適正化（不正
受給や貧困ビジネスへの対策強化，生活保護費の約半分を占める医療の実
態調査，入国直後の外国籍の人の生活保護の集団申請への対応），就労支
援，実施体制の充実，制度改革（具体的な制度改革案を作成し国へ提案，
改革に向けた国と地方の協議の実現）の4項目が示された。このうち，
社会福祉行政システムの運営に関するのは，「実施体制の充実」に
関しての項目である。具体的には，ケースワーカーを補充するとと
もに，嘱託職員を拡充することであった。嘱託職員は各専門性に応
じて雇用することとされた。すなわち，年金調査，受付調査（イン
テーク調査），安全管理，就労支援といった領域である。受付調査を
担当する嘱託職員は，のちに，他の自治体でも「生活保護相談員」
などの名称で雇用されるようになっていく職員である（第11章を参
照のこと）。また，ケースワークのうち，高齢世帯の訪問調査（見回
り中心とされる）の肩代わりをする高齢世帯訪問嘱託も増員するも
のとした。

3　被保護高齢者世帯訪問等非常勤嘱託職員 制度の創設

　1人のケースワーカーにどれだけの生活保護の被保護世帯の数を

第13章　大都市自治体の福祉政策　**249**

担当させるかは，生活保護実施体制を考える際に常に問題となる論点である。

　もともとの社会福祉法（旧社会福祉事業法）の規定では，生活保護制度の運営を担うケースワーカー（現業員）は，市部においては被保護世帯 80 につき 1 人を雇うことになっており，その費用に関しては交付税措置がなされてきた。もともとこの数の規定は拘束力の強い**法定数**とされていた。とはいえ，こうした法律上の規定があった時代にも，その運用において，大阪市は生活保護世帯の類型ごとに担当ケースワーカーの数を弾力的に配置していた。大阪市会の議事録を見ると，行路病人のケース（住所不定の人が緊急保護されるなどのケース）では 80 対 1 ではなくて 120 対 1，長期入院者や施設入所のケースも 120 対 1 で対応することになっていた。一方で，いわゆる同和地区では 50 対 1 が対応することになっていた（大阪市議事録 平成 9 年 2・3 月定例会常任委員会（民生保健・通常予算）03 月 17 日―04 号）。

　しかし，1999（平成 11）年の地方分権一括法により，社会福祉法（当時は社会福祉事業法）の規定も改正され，こうした現業員の数は弾力性のある**標準数**にされた。この改正により，福祉事務所を設置する地方自治体ごとに条例でその数を決めることができるようになった。そのため，法令上は 80 世帯につき 1 人という標準数を守るのは義務的なものではなくなった。

　こうした法令の改正を受け，現業員不足に苦労していた大阪市では，新たな職員体制を構築することになる。実施されたのは，ケースの類別ごとに設定するケースワーカー数の区分をさらに徹底させることである。具体的には，一般ケースは 70 世帯につき 1 名，高齢等ケースは 380 世帯に 1 名の配置とするものである（大阪市会議事録平成 21 年 6 月臨時会常任委員会（民生保健）06 月 24 日―01 号）。高齢等ケースは大阪市では国の基準の 65 歳以上ではなく 60 歳以上

250　第 IV 部　福祉政策の実際

としており，就労指導の対象からは外すということになっていた（のちに 65 歳以上に変更されている）（原 2013：47）。

　多くの人数を少ない人数で担当することになった高齢等ケースへの対応を円滑に進めるために，先に示した高齢世帯の訪問嘱託，すなわち「被保護高齢者世帯訪問等非常勤嘱託職員」が雇用されることになった（大阪市健康福祉局 2007）。地方分権一括法施行の次年度である 2000（平成 12）年に導入されている。現在でも続くものであり，大阪市資料（「生活保護実施体制案について」）によれば，高齢者世帯訪問調査担当として，2022（令和 4）年度では，会計年度任用職員として 158 人が雇用されている。

　全国でもとびぬけて被保護世帯の割合の高い大阪市では，対応する人員確保のために体制を職務専門化し，対応ケースを区分していく工夫も必要であろう。そうすることによって，制限された資源のもと，就労支援等の必要な支援を充実させることができるからである。こうした制度的工夫は，時々の政治状況によってイデオロギー的に決められる政策決定ではない。平松市政後の橋下市政での市長の行動は，生活保護に対して厳格にすぎる印象を与えた。市長就任直後の 2011（平成 23）年に「生活保護適正化連絡会議」が設置され，生活保護の抑制策を打ち出すとも受け取られる姿勢を示したり（『朝日新聞』2012 年 4 月 10 日版），市長が生活保護の認定業務を国に返上する旨の過激ともいえる発言（『日本経済新聞』2011 年 12 月 24 日版）をしたり等の一連の行動である。しかし，対応するケースを類型化する運営弾力化等の生活保護制度運営適正化は，以前の平松市政より行われていたものである。また，後述する西成区での対策では，個々の市政継続期間を超えた時間をかけて地域内の調整を進めた事例がある。このように，折々の市政の政治的主張がどうであれ，行政運営が大転換されたというものではなかった。

　とはいえ，こうした一連の対応策に問題がないわけではない。行

政運営上やむにやまれぬ改善を繰り返した漸次的な展開だからといって，そこから生まれる副次的な効果として大きな問題が生まれることがあるからである。

　職員体制の不足を補う手段として，先ほども指摘した**会計年度任用職員制度**が活用されている。これは，2017（平成29）年に地方公務員法と地方自治法が改正され，2020（令和2）年4月から自治体の非正規職員に導入されたものである。それ以前には非常勤公務員を雇用する根拠となる制度が十分に整備されておらず，特別職非常勤職員，一般職臨時職員，臨時職任用職員といったさまざまな雇用制度のもとで処遇がなされていた。これを整理・統合したものである。非正規職員の待遇を安定化させる方向での制度整備ではあるが，非正規の身分を明確化し固定するものでもある（**第11章**を参照のこと）。

　この会計年度任用職員制度を利用して，被保護高齢者世帯訪問等非常勤嘱託職員といった役職の非正規公務員が，ケースワーク現場に位置づけられた。本来は社会福祉法に示された標準に合わせて福祉事務所設置市町村では80人の被保護者に対し1人の正規職員を増員することが筋であろう。しかし，その増員が間に合わず，まずは生活保護の決定・廃止に関与しないとされる面接相談（相談支援）を臨時・非常勤職員に担当させることになった（上林 2020：31）。需要に追いつかない職員体制を整備するために，職員の増員を臨時・非常勤職員公務員による「補充」で対応することが常態化したのである。これは，業務にあたる人々の地位を不安定にし，場合によっては困窮化させかねない。いわゆる**官製ワーキングプア**の温床ともなっており，今後解決していくべき課題である。また，面接相談だけでなく，それを超えた相談支援制度をゆがめるものであることも付言しなければならない（**第15章**を参照のこと）。

4 西成区への対応

　大阪市資料においても，他都市に比べ保護率が高いのは，「失業率や高齢者，離婚率，**あいりん地域**，ホームレスなどが影響を与えていると考えられる」（大阪市健康福祉局 2007）とされている。このように，西成区にあるあいりん地域の問題は，大阪市生活保護行政において大きな課題であり続けている。あいりん地域とは，いわゆるドヤ街と呼ばれる日雇い労働者のための簡易宿泊施設が集積した地域の1つである。高い生活保護率のほかにも，高い高齢化率，若年世代の少なさ等，この地区特有の各種問題がある。それを解決するために，橋下市政において，2013（平成25）年度より**西成特区構想**が企画・実施された。これは，さまざまな特例措置が適用される地域として特定地域を指定する「特区」という発想を用いるものとされた。大阪市24区一律のものを超えて資源や人材を思い切って西成区に投入し，短期集中型の問題解決をめざす構想である。

　この構想実施の初期において，小中一貫校の建設やビジネス街として再開発する計画も同時に提起されたこともあり，「あいりん地区をなくそうという『スラム・クリーニング（貧困街の一掃）』の発想」（『朝日新聞』2013年2月11日朝刊）ではないかとの批判もあった。そうした批判を受け，この構想のための有識者座談会の出した報告書では，再開発事業は将来に向けての事業として先送りにされた。むしろ，生活保護受給者や日雇い労働者の就労支援等の「目前にある困難な課題に対する短期集中的な対策」（鈴木 2013：25）が重視されることになった。

　この構想は，最初の5年計画からもう1期延長されている（2018〜2022年）。この第2期では，「あいりん地区に関わる日雇労働者，

生活保護利用者，ソーシャルワーカー，子どもなどを対象とした調査や各種ワークショップ」（白波瀬 2019：42）が実施され，報告書として『西成特区構想——まちづくりビジョン 2018～2022 有識者提言』がまとめられた。これは，いっそう福祉政策に重みがつけられたビジョンとなっている。同ビジョンでは，「ジェントリフィケーションの弊害が起きないよう，外部力をしなやかに活かしたまちづくりへ」とする提言を明記しており，低所得者や生活保護受給者を排除しない街づくりを行うことが再確認された。**ジェントリフィケーション**とは，再開発により街が高級化し，生活に困窮している人々が住みづらくなる現象のことである。

　あいりん地区では，地域住民や支援団体と行政の間に長年にわたる相互の不信感があったため，施策が進まない状況であった。そのため，特区構想ではボトムアップの話し合いを重視した運営が行われている。ここでは，野宿生活者等の関係者も地域に定住する将来の住民として遇される。まずは，短期集中的対策として，あいりん地域環境整備（不法投棄ごみ対策，落書き対策，迷惑駐輪対策，違法露店対策，野宿生活者支援），結核対策，西成版サービスハブ構築・運営（若年層の就労支援，第 2 期より）が取り組まれ，中・長期の課題に接続される。

　象徴的な投資プロジェクトとしては，「あいりん総合センター構成施設の建替え」事業がある。同施設は耐震化への早急な対応が求められていたが，野宿生活者が日中を過ごす場所ともなっていたため（白波瀬 2019：45），丁寧な調整が必要であった。そのため，「あいりん地域まちづくり会議」において議論を積み重ね，知事・市長参加のもと開催された 2016 年 7 月 26 日の第 5 回会議において建て替えがやっと決まった（「あいりん総合センター閉鎖（建替）に伴う現況に関する私たちの見解——取組みの経緯や問題点の整理　2019 年 6 月 3 日西成区特区構想有識者委員一同」）。著者による大阪市ヒアリングで

は，解体までに 10 年の歳月がかかったとのことであった。また，行政機関では，同じ担当者は通例 3 年ほどで他部署へとローテーションしていくものであるが，あいりん地区の担当者は同一人物が 10 年間担当する例もあり（2022〔令和 4〕年 10 月現在），地域の事情に精通するように配慮されている。

　西成特区構想は，橋下市長（当時）が構想作成の指示を出した当初は，「習い事や塾にかかるお金を助成したり，転入してきた子育て世帯に市税を減免したりしながら，子育て世代を呼び込む」（『朝日新聞』2012 年 07 月 14 日朝刊）ことを第一の目的としていた。地域に従来から生活している生活困窮者への支援という発想ではなかったようである。とはいえ，鈴木亘大阪市特別顧問（西成特区構想担当）が核となり，従来からの地域課題への対応に向けて構想の中心をシフトさせていった。地方自治体は代表民主制（選挙によって民意を反映させる制度）であるとはいえ，政治家の掲げるビジョンは，大規模組織ではストレートに実現されるものではない。従来の組織運営の中での調整作業が前提条件となり，取り組むべき課題の範囲や方向性は限定される状況が見て取れる。

5　大阪市の福祉行政実施体制の特徴

　大都市の組織運営も，その規模が大きな影響を及ぼしている。大阪市では，福祉局を含めた本庁全部局の事務分担を，個々の職員単位で明確化し（福祉局では係長まで），氏名とともにホームページにて公開している（https://www.city.osaka.lg.jp/fukushi/page/0000167212.html）。生活保護制度や生活困窮者自立支援制度を担当する生活福祉部には職員が 225 人在籍している（2022〔令和 4〕年 5 月現在。以下同じ）。ホームレス自立支援やあいりん地区対策，生活困窮者自

表13-3 大阪市の生活保護実施体制（令和4年度）

本務職員	ケースワーカー	813
	査察指導員	163
	受付面接担当	58
	自立支援担当	40
	適正化担当	26
	医療扶助適正化担当	24
	事務職員	115
	合　計	1,239
会計年度任用職員	高齢者世帯支援プログラム	54
	高齢者世帯訪問調査	158
	事務	114
	年金裁定請求支援	30
	資産扶養調査	48
	適正化	68
	適正受診	35
	新型コロナウイルス感染症対策	91
	合　計	598

参考：2021（令和3）年9月末被保護世帯数：110,447世帯。
出所：大阪市資料より。

立支援制度を担当するのは，自立支援課であり，39人が在籍している。生活保護を担当する保護課には49人が在籍している。**表13-3**は，本庁所属の職員を含めた生活保護実施体制をまとめたものである。

　このように，責任をもつべき職掌を明確化し，公開することによって，個々の職員の意識を高め，職務遂行の効率性と確実性を確保しているといえる。本庁組織だけで225名も職員が存在するのであれば，曖昧な業務分担では**フリーライダー**（怠業者）が発生する危険もある。これは大規模組織での課題であり，組織運営体制改善の核となるテーマであり続けるだろう。

　それぞれの職員の業務をあえて曖昧にすることによって職員の主

体性（agency）を高め，効率を上げるという組織運営の方法もある。やれることを主体的に個々に判断してやっていくという体制によって，運営効率化の創意工夫が生まれる分権的な発想である。しかし，これはフリーライダーを生みにくい規模である中小規模組織において多く採用されるものではなかろうか。もちろん，組織体制を堅固に構築するだけでは，組織の中に創意工夫は生まれない。よって，大規模組織であっても，業務の自由度の高い遊軍的な職員を一部に確保することは検討していく必要があるだろう。

　冒頭で記したように，大阪市は全国第3番目に大きな自治体である。大きな自治体の特徴として，流動性が高く，経済情勢変動の影響等を受けやすいことがある。**図13-2** に示したように，2000（平成12）年頃から始まる不況のために生活保護受給者が一挙に増加する現象を経験し，その対応のための機構改革・組織改編を矢継ぎ早に行わなければならなかった。また，国への要望等の政治的な活動も求められ，行政運営には特有の難しさがある。しかし，大規模組織ゆえに職員体制は充実しており，個々の問題に対して専任職員を配置し，息の長い取組みを続けられる良さもあった。読者の皆さん自身も，こうした特徴を，大都市間で比べたり，中小規模都市と比べたりして，ぜひ確認してほしい。

第 **14** 章 *Chapter*

中小自治体の
福祉政策

豊中市・野洲市の生活困窮者支援

Quiz クイズ

Q14.1 野洲市の「ようこそ滞納いただきました条例」の特徴は何か。
　　　　a. 滞納者への罰則　　**b.** 滞納者への支援
　　　　c. 滞納の奨励　　**d.** 滞納の禁止

Q14.2 豊中市や野洲市で生活困窮者自立支援制度の実施前に共通
　　　　して取り組んでいた事業は何か。
　　　　a. 地域就労支援事業　　**b.** 多重債務者包括支援プロジェクト
　　　　c. パーソナルサポートサービス事業　　**d.** 自立相談支援事業

Answer クイズの答え（解説は本文中）

Q14.1　b　　Q14.2　c

Chapter structure 本章の構成

表　中小自治体の福祉政策体の特徴

自治体の規模	人口5万人以下が1205団体（69.8%） 5〜30万人以下が438団体（25.4%）
地域課題	人口減少，少子高齢化，過疎化
キーパーソン	熱意ある職員が活躍しやすい
組織体制	柔軟な組織体制の変更
地域資源	自由に使える資金が少ない，民間事業者も少ない
専門人材	少ない

本章の概要

　本章では，自治体の大多数を占める中小自治体の取組みとして，大阪府豊中市と滋賀県野洲市の生活困窮者自立支援制度がどのように実施されているのかを検討する。まず，中小自治体の福祉政策を見る視点について解説したあと，豊中市と野洲市の生活困窮者自立支援制度が実施される前と後の取組みについて見ていきたい。両自治体とも，全国的にも特徴のある自治体として広く知られている。それだけ興味深い取組みがあるということであるが，どのように取り組んでいるのかを具体的に見ていきたい。

1 中小自治体の福祉政策を見る視点

> **中小自治体への注目**

　本章では，中小自治体においてどのように福祉政策が形成されているのかを，大阪府豊中市と滋賀県野洲市の生活困窮者自立支援制度を事例として検討する。

　総務省によれば，2024年4月現在，全国には1718の市町村がある。人口50万人以上の横浜市，大阪市，福岡市等の政令市である大都市（20市）に目が向きがちである。しかし，日本の市区町村の人口規模別に自治体数を見ると，人口5000人未満の自治体が283団体（16.4％），5000～1万人が238団体（13.8％），1～5万人が684団体（39.6％），5～30万人が438団体（25.4％），30万人以上が85団体（4.9％）であった（国立社会保障人口問題研究所 2023：35）。中小自治体は自治体のうち圧倒的大多数を占めており，自治体の福祉政策を考えるにあたって重要である。

　多くの税収と多数の職員を抱え大規模な官僚組織である大都市の自治体は人口も多く，民間企業や地域団体，NPOなどの活動も活発で社会資源も多い。それに比べて，中小自治体は財源も職員数も大都市と比べて少ないが，その分小回りがききやすく自治体の裁量や創意工夫が機能しやすい面もある。また，職員数も少ない組織であるために，1人ひとりの職員のもつ影響は大きく，**キーパーソン**となる職員の熱意や行動が福祉政策に大きな影響を及ぼす可能性も高い。また，市民と向き合いやすく，顔の見える関係になりやすい。地域の問題や課題も異なるため，それに対応していく中で，それぞれの自治体独自の福祉政策が展開されるようになる。

第14章　中小自治体の福祉政策　261

▷ 生活困窮者自立支援事業を取り上げる理由

本章で注目する福祉政策は生活困窮者自立支援事業である。生活困窮者自立支援事業は貧困対策として利用条件の厳しい生活保護の手前で利用できる支援策を整えるために創設されたものである（鏑木 2020）。この事業を本章で取り上げる理由は，第1に，貧困対策が福祉政策上の大きな焦点になっていること，第2に，2015年から施行された比較的新しい事業であること，第3に，実施自治体に大きな裁量があることである。つまり，自治体の本事業に取り組む姿勢や創意工夫などが顕著に現れる事業であり，近年の福祉政策として検討するには格好の事例となる。

なお，この事業にはいくつかの事業が含まれているが，ここではその中核となる自立相談支援事業に注目する。自立相談支援事業は福祉事務所設置自治体で取り組むべき必須事業として位置づけられており，この事業でどのように生活困窮者等からの相談を受け，いかに支援するのかを検討し，決定する重要な役割を果たしている。

▷ 事例としての大阪府豊中市と滋賀県野洲市

さて，2016年度のデータであるが，生活困窮者自立支援制度の自立相談支援事業について，自治体の直営で実施している自治体が37.7%，民間団体に委託をしている自治体が52.6%，直営と民間委託を組み合わせて実施している自治体が9.7%あった。また，福祉事務所の生活保護担当が直営で担っている自治体が36.1%，社会福祉協議会等に委託しているが事業運営の責任をもつ所管課が福祉事務所の生活保護担当である自治体が48.4%であった。このように，自立相談支援事業の約85%は福祉事務所（生活保護担当）が所管していた。逆にいえば，残り15%は福祉事務所（生活保護担当）とは異なる部署が所管していた（厚生労働省 2017）。

さて，生活困窮者自立支援制度が生活保護にいたる前の支援とし

て位置づけられ，生活保護と密接な関わりをもっていることを考えれば，福祉事務所が所管することは妥当なように思われる。しかし，そうではない自治体も15％ある。その中に大阪府豊中市と滋賀県野洲市があった。豊中市は雇用労働対策，野洲市は消費生活相談の部署が生活困窮者自立支援事業を所管し，福祉事務所ではないだけでなく，そもそも福祉部局でもなかったのである。なぜこの事業を福祉事務所以外で所管することになったのだろうか。この経緯を検討することで，福祉政策が地方自治体の独自の働きによって，特徴ある福祉政策が展開される経緯を検討していきたい。以下，豊中市と野洲市の生活困窮者自立支援事業が実施された経緯を見たうえで，現在取り組まれている事業の特徴を考察していきたい。なお，野洲市は2024年4月に組織改編し，市民生活相談課を福祉部局に移管した。本章では，主に移管される前の議論を扱う。

2 豊中市の事例

　まず，豊中市は，2024年5月1日現在，人口39万8428人，世帯数18万1014世帯の中核市である（豊中市ホームページ）。大阪の中心部まで鉄道が整備され，また伊丹空港にも近く，交通の便の良い地域で早くからニュータウンの建設など住宅開発が行われてきた。豊中市では雇用労働対策の部署が生活困窮者自立支援事業を所管している。豊中市ではどのような経緯で雇用労働対策の部署が所管することになったのか，また，それにより生活困窮者自立支援事業にどのような特徴が見いだせるのか検討していきたい（西岡 2017，櫻井 2012，2014abc，正木 2018等を参照）。

▷ 事業開始までの経緯

(1) 地域就労支援事業

　豊中市が雇用労働対策の部署で生活困窮者自立支援事業を担当するきっかけになったのは，2003年に就職困難者に対応する大阪府地域就労支援事業が開始されたことにある。これはさまざまな理由でハローワークだけでは就職にたどり着けない就労困難にある人の就労相談支援を行う大阪府商工労働部が開始した事業である。この制度を受けて大阪府内の各自治体で**就労支援センター**が開設された。豊中市も2003年8月に，当時の商工労政課が管理する労働会館に就労支援センターを開設した。センターには就職困難者の相談に応じ，職業カウンセリングや職業紹介などを担う就労支援コーディネーターが配置された。センターには障害者や高齢者，ひとり親世帯，外国人等が相談にやってくることになった。

　従来は，就労支援は**職業安定所（ハローワーク）**で行うものであり，国の役割であると考えられていた。他方，社会福祉分野では，とくに障害者やひとり親世帯への自立支援として，それぞれの担当課で就労支援に力を入れてきた。この地域就労支援事業は，そうした垣根を超えた就労支援が行われる端緒となった。

　就労支援が開始されると，相談者は生活や健康等で困難を抱えていたり，仕事の目的や適性の見極めに困っていたため，包括的で継続的な支援が求められることになった。就労支援センターの相談支援の中で，就労支援センターの役割として，相談や就職準備の支援，仕事を紹介するだけでなく，就労した後の就労継続のための支援も求められた。

(2) 無料職業相談

　そこで，2006年に**無料職業紹介事業**を始めた。地方分権により2003年に職業安定法が改正され，自治体が無料職業紹介事業の運営をできるようになったからである。自治体が職業紹介の機能をも

264　第 IV 部　福祉政策の実際

つことで，地元企業の求人を直接扱うことができる。豊中市では，単に求人票を受け取り，紹介するだけでなく，実際にその企業を訪問し，どのような職場でどのような仕事をするのか具体的に確認する。そうすることで，その職場や仕事内容にあった人材を紹介することができるようになった。

こうして地元企業と密接に関わる中で，信頼関係を築き，ときには相談者に合わせて就業環境の向上や仕事の切り出し（1つの仕事をいくつかの仕事に分ける）をして，就労困難にある人でも働くことができるように企業に働きかける。たとえば，朝から晩まで続けて仕事をすることが難しい場合，半日ずつ働く人を2人雇ってもらったりする。また，紹介した人が人間関係や適性が合わず仕事がうまくできないときには，サポートをするなどして職場の**定着支援**を行う。さらに，相談者と仕事のマッチングの精度を高めるために，事前に企業実習等をして職場や仕事の適性を確認したうえで採用に結びつける支援も行う。これにより仕事が実際にできるのかを見てから就労させることが可能になり，企業にとっても，また経験をしたことがない仕事に就くことに不安を抱えている求職者にとっても，安心して採用や就職ができる。豊中市では，こうした支援付き就労も含めた多様な就労機会を開発してきた。

（3）パーソナルサポートサービス事業

豊中市は，就労支援センターや無料職業紹介事業を通して，就労困難にある人に対して綿密な相談支援によってきめ細かいサポートをしてきた。しかし，病気や障害など心身の状況や子どもの保育，家族の介護のような生活課題等によって，就労に結びつかないときもあった。そこで，2011年に豊中市は国・内閣府のモデル事業として実施された**パーソナルサポートサービス事業**を実施することで，この課題に対応することにした。

2008年末から2009年にかけての世界恐慌，いわゆるリーマン

ショックによって，とくに派遣労働者などの非正規労働者の大量解雇が行われ，日比谷公園で**年越し派遣村**が労働組合やホームレス支援団体等の運動団体により設置されて貧困問題を露見させた。これをうけて生活支援と就労支援とを合わせた**ワンストップセンター**が国や地方自治体で開設され，官民をあげた支援が行われることになった。貧困にある人は生活費や住宅，病気，就労，人間関係などさまざまな問題を複合的に抱えているが，制度や支援がばらばらに対応し，ときには窓口をたらい回しにされることもあった。そこで，省庁を超えて縦割りを克服するため，2010 年に支援員が継続的に問題解決やサポートを担うパーソナルサポートサービス事業のモデル事業を，**内閣府**が実施することになったのである。

このモデル事業を豊中市は 2011 年から実施した。この実施機関として，先の地域就労支援センターだけでなく，豊中市パーソナル・サポート運営協議会，豊中市社会福祉協議会を加えた 3 つの組織で取り組み始めた。豊中市パーソナル・サポート運営協議会が運営する豊中市パーソナルサポートセンターでは，キャリア・カウンセラーや精神保健福祉士，社会保険労務士といった専門職を集めて複合的な問題を抱え専門的な支援が必要な人を対象とした専門的・チーム的支援を特徴とした。社会福祉協議会では地域に潜在化した生活困窮者の早期発見と，地域の支えや見守りなど地域ネットワークを活用した支援を展開した。こうして就労支援のみならず，モデル事業を通して生活困窮者のための多様な支援サービスが包括的に提供される体制ができあがった。このモデル事業は 2012 年までの 2 年間の事業であったが，2013 年からは生活困窮者自立促進支援モデル事業として生活困窮者自立支援事業が本格実施される 2015 年 4 月まで取組みが継続された。なお，市役所のモデル事業の所管課は 2009 年に地域経済振興室労働政策チーム，2011 年から 2015 年 4 月まで雇用労働課が所管した。

▷ 生活困窮者自立支援事業の特徴

（1）豊中市の生活困窮者自立支援事業

それでは豊中市の生活困窮者自立支援事業はどのように実施されているのかを見てみよう。本事業の所管は市民協働部くらし支援課である。くらし支援課は2015年4月に上述の雇用労働課と，消費者相談や多重債務者相談等を所管していた消費生活課が統合されて設置された。なお，市教育委員会が所管していた若者支援事業もくらし支援課に移管され若者支援事業も所管することになった。

豊中市の生活困窮者自立支援事業では，次の6つの事業が実施されている。第1に，自立相談支援事業であり，相談支援員が困りごとを聞き取り，どのような支援が必要かを一緒に考え，支援プランを考え，必要な支援につなげる。第2に，住居確保給付金であり，離職等で住居を失った人や失うおそれのある人に対して，就職活動を条件に一定期間家賃相当額を支給する。第3に，就労準備支援事業であり，就労経験が少ない人など就労に向けた準備が必要ですぐに就労が難しい人に対して，就職する前に必要な生活基礎能力や対人能力，社会的適応能力等を養うプログラムを提供する。第4に，家計改善支援事業であり，家計状況の見える化などを通して，家計の立て直しや多重債務の整理等を支援する。第5に，就労訓練事業（中間的就労）であり，実際の職場でその人に合った仕事内容を柔軟に提供する個別の就労支援プログラムに基づいて，一般就労に向けた支援をする。第6に，学習・生活支援事業「コヤ・テッラソーレ」であり，中・高校生に対して無料で学習支援，生活健康支援，保護者に育成相談をしている。

（2）自立相談支援事業の3つの窓口

生活困窮者自立支援事業の中核となる自立相談支援事業は，先のモデル事業を引き継いだ3つにより実施されている。第1に，豊中市のくらし支援課（直営）であり，地域就労支援センターおよび

無料職業紹介所に就職の相談に来た人のアセスメントをする中で，生活支援が必要な人に生活困窮者自立支援事業を利用して支援をしている。また，市役所の窓口につながった税や保険料等の滞納や支援が必要な人を，庁内連携を通して自立相談支援事業の窓口につなげることで支援をしている。その**庁内連携**を進めるために，庁内各部署の職員と意見交換をする機会を設けている。こうすることにより，お互いの顔や仕事内容が見えるようになり，連携が進むという。事務所は豊中市の「生活情報センターくらしかん」にある。

第2に，社会福祉法人豊中市社会福祉協議会（民間委託）は，**コミュニティ・ソーシャルワーカー**のアウトリーチ，住民団体・関係団体等とのネットワークを通じた生活困窮者の早期発見を担っている。また，地域の見守り支援，地域社会の参加や居場所づくりを通じた生活困窮者の支援を行っている。また，生活福祉資金の貸付制度，住居確保給付金の相談に来た人に対しても支援を行っている。事務所は「豊中市すこやかプラザ」にある。

第3に，一般社団法人キャリアブリッジ（民間委託）は，生活困窮者の複雑な問題に対応するために，精神保健福祉士や臨床心理士，看護師，社会保険労務士，キャリアコンサルタント等の多様な領域の専門家によるアセスメントにより支援方針を立てるチーム支援が行われている。こうした支援には高い専門性が必要で支援にかなりの時間がかかるので，生活困窮者支援としてキャリアブリッジの支援を受けるには，他の機関から紹介されて利用することになっている。ただし，地域若者サポートステーションも実施しており，幅広く若者支援も担当している。なお，これらの支援は豊中市の「青少年交流文化館いぶき」で行われ，若者にとっては身近な場所にある。

さて，それぞれ窓口で同様に生活困窮に関する相談を受け付けているが，くらし支援課は就労支援，社会福祉協議会は地域支援，キャリアブリッジはよりさまざまな専門職による支援や若者支援に

268 第Ⅳ部　福祉政策の実際

表 14-1　豊中市の自立相談支援機関（PSC＝パーソナルサポートセンター）

	くらし再建 PSC	くらし再建 PSC@社会福祉協議会	くらし再建 PSC@いぶき
相談対象	生活困窮，多重債務，生活保護，医療，介護，障害，その他の福祉ニーズ，就労へのさまざまな阻害要因等		
実施主体	豊中市役所くらし支援課（直営）	社会福祉法人 豊中市社会福祉協議会（民間委託）	一般社団法人 キャリアブリッジ（民間委託）
実施場所	生活情報センターくらしかん	すこやかプラザ	青少年交流文化館いぶき
特　徴	就労に対しさまざまな阻害要因を有する相談者に対して，地域就労支援センターおよび無料職業紹介所の機能を活用した支援	地域に潜在している困窮者の早期発見および地域のネットワークを活用した支援	・複雑かつ多様な阻害要因を有する相談者に対する専門的，チーム的支援 ・地域若者サポートステーションや若者支援相談窓口との連携
役　割	①新規相談の受付 ②個々の状況に応じた支援機関との連携 ③個々の状況に応じた就労支援	①地域の中に潜在している困窮者支援ニーズへの対応 ②住居確保給付金の受付事務および生活福祉資金との連携	①専門的，チーム的支援

出所：くらし支援課の資料を一部改変して作成。

強いという特徴がある。しかし，実際はその特徴に合わせて相談者が来るとは限らない。相談を受ける中で他の機関が担当したほうがより良い支援が受けられる場合もある。たとえば，社会福祉協議会に相談に来た人が綿密な就労支援が必要な場合はくらし支援課に引き継ぎすることがある。また，たとえば，父親が失業してくらし支援課で就労支援を受けることになったが，その過程でその息子がひきこもりだった場合，若者支援を得意とするキャリアブリッジがサポートすることもある。こうして他の機関と連携することで，それ

図 14-1 豊中市の生活困窮者支援

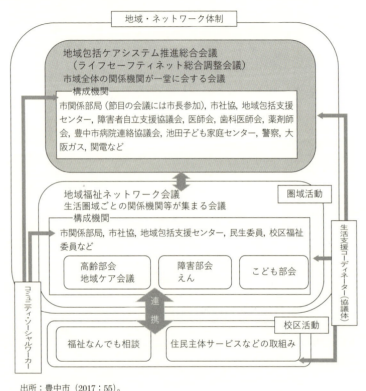

出所：豊中市（2017：55）。

ぞれの得意な分野を活かしながらサポートをしている。

(3) 豊中市の地域福祉

豊中市の生活困窮者支援は，利用者のアセスメントに基づき，企業と連携をした就労支援を中心とした支援体制にあるといえる。他方で，地域にある問題をさまざまな支援につなげていく地域福祉も豊中市では大きく注目されている（勝部 2020，釵持 2019 等）。その特徴は次の 4 点である。第 1 に，小学校区ごとに「福祉なんでも

相談窓口」があり，民生委員・児童委員，校区福祉委員会等の地域住民により相談対応が行われている。身近な小学校区に相談窓口を設置することで，生活に困っている人だけでなく，それを見かけなんとかしたいと思った近隣の人も相談に行きやすい。第2に，「地域福祉ネットワーク会議」はより広い日常生活圏域で地域の民生委員・児童委員，校区福祉委員，福祉事業者等が高齢，障害，子ども等の分野の垣根を超えて地域住民と専門家で地域の生活課題の解決策を考える場である。第3に，「地域包括ケアシステム推進総合会議」（ライフセーフティネット総合調整会議）は各地域の問題を通して全市レベルで解決していくべき問題を議論し，制度改正等に結びつけていく場である。第4に，コミュニティ・ソーシャルワーカー（CSW）が地域の福祉課題を総合的に把握し，地域づくりや制度の狭間にある問題複合的な課題の対応をしている。とくに，福祉なんでも相談のバックアップや地域福祉ネットワーク会議の運営などを通して，各地域における新たな支援の仕組みづくりも担っている。地域の高齢者をサポートする生活支援コーディネーターと共に活動している（豊中市 2019）。

　以上のように，豊中市では，雇用労働対策に取り組み，綿密な就労支援をしていく中で，就労と両輪になる生活支援にも取り組んでいき生活困窮者自立支援事業も担うことになってきたのである。また，雇用労働対策としての生活困窮者支援では難しい地域支援や福祉専門職による支援については，それが得意な社会福祉協議会に委託している。こうして雇用労働対策から始まった生活困窮者支援であるが，豊中市全体で見ると就労支援，地域支援，福祉専門職支援の総合的な支援体制を構築しているといえよう。また，地域での身近な住民の相談からコミュニティ・ソーシャルワーカー（CSW）を通じて地域での取組みを推し進め，それで対応できない点については，市レベルでの制度改正を視野に入れた対応がなされている。こ

うして個別の住民の困りごとから行政の取組みや支援が展開され、豊中市独自の生活困窮者自立支援事業や行政施策に発展しているのである。

3 野洲市の事例

野洲市は、2024年5月1日現在、5万691人、2万1824世帯の小規模な自治体である（野洲市ホームページ）。琵琶湖の南岸の滋賀県南部に位置しており、電車で最寄りの野洲駅から大阪駅まで約60分、京都駅まで約30分と京阪神への通勤可能なベッドタウンになっている。野洲市では、2024年4月の組織改編が行われるまで、生活保護を所管する健康福祉部ではなく、消費生活相談を所管する市民部生活相談課が生活困窮者自立支援事業を担当してきた。野洲市ではどのような経緯で消費生活相談の部署が所管することになったのか、また、その生活困窮者自立支援事業にどのような特徴が見いだせるのか検討していきたい（生水 2014, 2020, 2022, 野洲市 2022）。

▷ 消費生活相談から市民生活相談へ

1999年に消費生活相談窓口が開設された。**消費生活相談**とは購入した商品やサービスの苦情や相談を受けるところである。しかし、当初、環境課に消費生活相談室が設置されたため、野焼きやゴミの不法投棄、犬の鳴き声等のさまざまな生活の困りごとも寄せられ、住民の生活の困りごと全般に対応するようになってきた。2003年頃には悪質リフォーム詐欺や不法金利をとるヤミ金融業者による**多重債務問題**が大きな課題になり、2006年に組織改編により市民生活相談室を設置した。2009年には「多重債務者包括的支援プロジェクト」を開始した。このプロジェクトは、多重債務者を発見し、

図14-2 野洲市多重債務者包括的支援プロジェクトの流れ

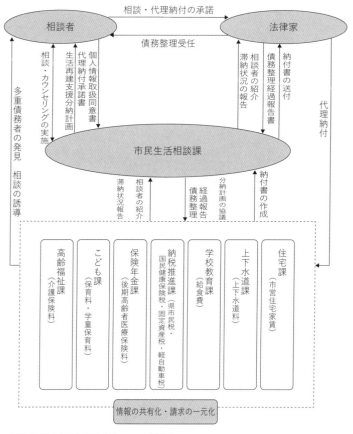

出所：野洲市市民生活相談課，2022，「資料」。

支援するため，役場内の住民税，公営住宅家賃や上下水道料金，給食費，国民健康保険料，国民年金保険料，保育料，介護保険料等の滞納情報を市民生活相談室（2013年に市民生活相談課）に集約し，住民の個人情報保護の同意に基づき行政の各課の滞納状況を整理し，

弁護士による法的支援やその他の支援につなげていく取組みが始められた。

2011年度には国の生活困窮者支援の**モデル事業**である**パーソナルサポートサービス事業**を実施し，2013年度は生活困窮者自立促進支援モデル事業を実施し，一体的な相談支援に市民生活相談室で取り組んできた。そして，生活困窮者自立支援事業が実施された2015年度から2024年3月まで市民生活相談課が生活困窮者自立支援事業を担うことになったのである。2024年度現在，野洲市が実施している生活困窮者自立支援事業には，「生活困窮相談（自立相談支援事業）」（直営），離職等により住居喪失の恐れのある人等に住宅手当を有期で給付する「住居確保給付金」（直営），家計再建に向けた相談支援・貸付の斡旋等を行う「家計改善支援事業」（直営），すぐに一般就労が難しい人に就労準備の場をつくり社会参加を促す「就労準備支援事業」（直営），こどもの学習機会を確保し困窮世帯の生活支援を充実させる「YaSchool（学習・生活支援事業）」（NPO法人に委託），市役所内にハローワークを設置し就労支援と生活支援を一体的に提供し就労をめざす「やすワーク事業（就労支援事業）」がある。やすワークではスーツの貸出や履歴書等も用意している。

▷ 生活困窮者を支える条例

野洲市では，生活困窮者支援に積極的に結びつくように全国的にも注目される2つの条例，つまり，2015年に債権管理条例，2016年にくらしの支えあい条例を策定している。以下，順に見ておこう。

（1）債権管理条例

野洲市では，多重債務者支援を積極的に行ってきた経緯から，税金や保険料，保育料等の滞納者の多くに多重債務の課題があり，生活困窮者であることがわかってきた。そこから，滞納は市民からのSOSの発信であり，滞納している市民の生活状態を総合的に把握

し，生活再建の視点を踏まえた債務整理と生活困窮者への支援が必要であると考えた。つまり，市民生活を壊してまで滞納金を回収しないこと，滞納を市民生活の支援のきっかけとすることにしたのである。

　そのために，**債権管理条例**により次のことを実現した。第1に，「著しい生活困窮」を理由にして債権徴収を停止できるようにした。第2に，同じく「著しい生活困窮」を理由に債権放棄ができるようにした。第3に，債権管理審査会に生活相談課長も参加させ，生活困窮者支援の視点を入れ込んだ。

　この条例は市長の発言から，**ようこそ滞納いただきました条例**とも呼ばれている。よくいわれるように，生活困窮者はなかなか役場に相談にやってこない。しかし，滞納することによって，その生活困窮者に市役所からアプローチできるようになるということである。

　そうすることで，多くの自治体で行われているように，生活困窮者から無理な債権の取り立てをしたり，生活や仕事で必要なものまで差し押さえをして，生活困窮状態を悪化させることを防ぎ，さらに生活困窮者支援に結びつけることで生活再建・就労支援をして，滞納者から納税者になってもらおうというのである。

(2) くらしの支えあい条例

　くらしの支えあい条例では，「売り手よし（事業者），買い手よし（消費者），世間よし（地域）」という近江商人の精神である**三方よし**の伝統を継承し，地域社会の健全な発展をめざすことを基本方針としている。その中で，「おせっかい」を合言葉に，どんな相談でも対応できるネットワークづくりに力を入れ，消費者トラブルの解決だけでなく，生活困窮者等を支援することで，安全かつ安心で市民が支えあうくらしの実現を目的としている。

　そのために大きな特徴として主に次の4つに取り組んでいる。第1に，「市は，その組織及び機能の全てを挙げて，生活困窮者等

の発見に努めるものとする。」(23条),「市は,生活困窮者等のために……生活上の諸課題の解決も図るものとする。」(24条2項)と規定し,積極的な生活困窮者の発見とその問題解決を求めた。第2に,野洲市内で訪問販売を行う際には市の事前登録を要件とし,悪徳業者の排除をしている。第3に,詐欺被害等にあった人は孤立し二次被害にあいやすいことから,消費者安全確保地域協議会を設置し,消費者庁や警察から提供された情報から見守りリストを作成し,見守り活動に活用している。第4に,銀行や不動産屋,医院など民間の協力事業者・協力団体(2022年度44団体)と「見守りネットワーク協定」を結び,異変を感じたり,心配な人がいたら市民生活相談課等に連絡をし,必要な支援に結びつけている。

　以上のように野洲市では,生活相談課を軸にして,市役所の**庁内ネットワーク**と民間との**庁外ネットワーク**を駆使して生活困窮者を発見し,支援につなげていくという取組みを徹底して行ってきている。そのために行政がするべきこと,できることを検討し,必要な条例や制度・事業をつくり,実施しているのである。

　なお,最初にも述べたように,野洲市では2024年4月に組織改編が行われ,「市民生活相談課」は市民部から健康福祉部に移管された。その理由は,介護,障がい,子育て,生活困窮などの重層的支援体制を強化し,福祉部局内の横断的連携を図るためとされている(野洲市ホームページ)。この組織改編によって,生活困窮者自立支援にどのような影響があるのか,今後も注目していきたい。

4　自治体の特徴ある取組みはどのようにして可能だったのか

　失業・雇用の問題,消費者問題・多重債務問題は深刻になると,

その人の生活を壊し，貧困の問題や家族の問題，身体・精神的な問題につながっていくことになる。そのため，豊中市で就労支援，野洲市で消費者相談を追求していく中で，双方とも生活困窮者支援に取り組んでいくということが違和感なく推し進められたといえよう。

　また，ちょうどその転換期に，国による生活困窮者支援のモデル事業が実施されたことも大きな影響があったと考えられる。こうしたモデル事業は国の補助を受けて実施することができるため，地方自治体としては財政的な負担をあまりせずに新しい事業に取り組むことができるという点で，大きく事業を展開するきっかけになった。

　ただし，モデル事業というのは，他の自治体で取り組まれていない実験的な事業をするということであり，通常の事業に加えて大きな労働負荷がかかるため，担当職員の事業実施に対する熱意や努力，知見がなければ実施することはできない。その意味ではそのような人材がおり，かつそうした人々の熱意や才能を活かす組織的な土壌がなければ実行できないものである。中小規模の自治体は予算規模も小さいため，**単独事業**のように，国の事業とは別にその自治体独自で予算をつけて事業に取り組むことはなかなか難しい。しかし，国のモデル事業など国の補助金，助成金政策を活用し，自らの事業に変換しながら取り組んで特徴ある事業を実施している。このようなことを考え，顔の見える組織関係の中で行動する職員の存在とそれを許容できる自治体の懐の深さがポイントであろう。

　以上のように，福祉政策は自治体のそのときどきの課題に対応しつつ，国の新しい取組みが始まったり，問題に取り組む担当職員の熱意や努力，それらを活かす組織的土壌などがあってはじめて，ほかとは異なる特徴ある取組み・事業が生まれたといえるだろう。ここでは，豊中市や野洲市において，生活保護や社会福祉を所管していない労働部局や市民部局が生活困窮者自立支援事業を実施するという，ほかにはあまり起こらない取組みが実施されたのである。

謝辞　本章の執筆にあたり，2022年12月に豊中市のA′ワーク創造館（大阪地域職業訓練センター）の西岡正次氏，豊中市くらし支援課の濱政宏司氏，豊中市社会福祉協議会の勝部麗子氏，波部公城氏，2022年10月に元野洲市役所の生水裕美氏にヒアリングをさせていただきました。お忙しい中ご対応くださり感謝申し上げます（なお肩書は当時のもの）。

この調査は，JSPS科研費（20K02221）の助成を受けたものです。

Book guide　読書案内

・篠田徹・上林陽治編，2022，『格差に挑む自治体労働政策 —— 就労支援，地域雇用，公契約，公共調達』日本評論社

豊中市の就労支援策をはじめ，釧路市の生活保護自立支援プログラム，秋田市のひきこもり支援（活躍支援）など，貧困や格差に対する労働政策の視点から国内外の取組みを紹介している。

・椋野美智子編，2021，『福祉政策とソーシャルワークをつなぐ —— 生活困窮者自立支援制度から考える』ミネルヴァ書房

生活困窮者自立支援制度を通して，就労支援のみならず，相談支援や居住支援など多方面で福祉政策とソーシャルワークの相互の連携のあり方について問題提起している。

・宮本太郎・菊池馨実・田中聡一郎編，2023，『生活困窮者自立支援から地域共生社会へ —— 証言からたどる新たな社会保障の創造』全国社会福祉協議会

生活困窮者自立支援制度がどのような着想や経緯でできたのか，また，そこから今日の地域共生社会へと発展してきたのかが，当時の厚生労働省の担当者の証言等を通して示されている。

福祉政策の展望

第 **15** 章

Chapter

Quiz クイズ

Q15.1 行政における「相談支援」に当たらないものはどれだろうか。
    a. ソーシャルワーク　**b.** 受付案内
    c. 自立相談支援（生活困窮者自立支援制度）
    d. 計画相談支援給付（障害者総合支援制度）

Q15.2 新自由主義的政策に当たらないものはどれだろうか。
    a. 福祉国家の合意　**b.** サッチャリズム
    c. ワークフェア　**d.** 日本型福祉社会論

Answer クイズの答え（解説は本文中）

Q15.1　b　　Q15.2　a

Chapter structure 本章の構成

図　福祉政策の課題（ガバナンスに注目して）

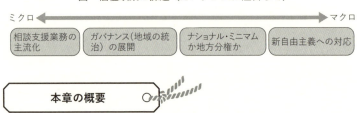

> 本章の概要

　本章は，これまでの福祉政策についての説明を振り返り，残された課題について検討する。今後の課題として方向性や解決策がいまだ明らかでないものも多いため，ここでは問題の存在を指摘するだけにとどまるものもある。

　はじめにでも触れたが，本書各章にて適宜扱った福祉政策の現状分析やその改善点についての今後の課題を検討し，将来展望をこの最終章で行いたい。まずは，ミクロな制度論から始め，次第にマクロな視点に移っていくことにする。

1　相談支援業務の主流化

▷ 相談支援業務の制度化

　第10章でこのテーマを扱ったが，現在の展開と今後の課題につ

いては十分に扱っていなかったので，ここで取り上げたい。

第10章では，地方自治体をはじめとした公的機関の業務の中で，金銭給付や許認可等をはじめとするいわゆる書類の処理で完結する業務ではなく，相談支援業務の比重が多くを占めるようになった状況を相談支援業務の主流化と呼んだ。福祉政策全体においてこの新たな展開をどう位置づけるかが，今後大きな課題となっていくだろう。

2つの論点を確認することが必要となる。すなわち，①相談支援業務を主な構成内容とした政策が実現するようになったこと，②社会の変化により行政のあり方の大きな流れとして住民の生活保障が前面化したこと，である。

まずは①について，相談支援業務を「支援計画」としてプロセス化し法律上の給付として位置づける制度が作られるようになっている。たとえば，介護保険法には，46条に居宅介護サービス計画費の支給が規定されている（いわゆるケアプラン）。また，障害者総合支援法には，51条の16以下に計画相談支援給付費の支給が規定されている（菊池 2019：118）。これは給付として位置づけられたといっても，現金や現物を支給するものではない。よって，相談という新たな給付の仕組みが生み出されたと解釈すべきである。

とはいえ，社会福祉の制度においては，まず他の給付があり，その一環として相談支援が位置づけられることが多い。上に取り上げた介護保険制度や障害者総合支援制度の相談は，それぞれの制度におけるサービス給付の利用調整を行うためのものである。戦後社会福祉政策における源流ともいえる生活保護制度においても，法律の目的の中に「自立を助長する」ことが掲げられており，制度に相談支援が組み込まれているといえる。しかしながら，この自立の助長は単独で行われるものではなく，実質的には，「最低限度の生活を保障する」ために各種の扶助が給付される一環として位置づけられ

るものである。

　しかしながら，近年，相談支援を中核とする制度が新たに生まれた。2013（平成25）年12月に成立し2015（平成27）年4月より施行された**生活困窮者自立支援制度**である（平成25年法律第105号）。この制度では，相談支援そのものが制度の中心である（鏑木 2020：46）。一部に現金もしくはサービスの給付もあるが（住居確保給付金と一時生活支援事業），制度のメニューには，自立相談支援事業（法5条）をはじめとした各種相談支援のメニューが並び，比重は大きい。

　自立相談支援事業とは，生活困窮者のさまざまな課題に包括的に対応し，評価・分析に基づいて自立支援計画を策定し，関係機関との連絡調整などを行うものである。この事業が窓口になり，生活困窮者自立支援制度の各種メニューにつなげられることになる。各種メニューには，住居確保給付金の支給，就労準備支援事業，認定就労訓練事業（中間的就労），家計改善支援事業，一時生活支援事業，子どもの学習・生活支援事業等がある。

　法令上に位置づけられるこうした狭義の相談支援業務は拡大している（第10章を参照）。しかしながら，その任に当たる職員の身分が会計年度任用職員といういわゆる非正規公務員であったり（第11章を参照），業務自体を事業者に委託したりすることも多く，職員の就業体制が十分整備されていないことは懸念される。

▷　広義の相談支援業務

　次に②についてである。下記のような社会の変化を見据えると，ガバナンスにおける「相談」はより広義に捉えなければならないだろう。相談支援業務は，法令の中に「相談」として明記されたものだけを指すわけではない。むしろ，さらに広く自治体や地域のガバナンスにおける**ソーシャルワーク業務**として展開すべきものと捉えるべきであろう。特定の相談の規定のない行政サービスに関しても，

アウトリーチやプッシュ型の支援（申請によらずこちらから提案する形式の支援）により地域ニーズを掘り起こしたり，面談の中で専門的知識に基づき丁寧に状況を確認する中で個人のニーズを掘り起こしたりする等の行政行為を，業務として位置づけるべきである。

　ソーシャルワークは，生活課題を抱える人々のニーズを地域の各種機関や団体その他のアクター（社会資源）につなぐ活動である。しかし，人々の生活は見えづらい。地域でどのような生活が営まれ，誰が何に困難を抱えているかは，調査をしたり支援の実績を積み重ねたりしなければ明確にはならない。少なくとも，社会福祉の対象となりそうな人に面接し，実際の声を聞かなければならないだろう。

　現代社会では地域においてソーシャルワークの必要性が高まっており，ガバナンスの最重要課題となっているといってよいのではないだろうか。これは現代社会の構造が変化したからである。厚生労働省社会・援護局では，2019（令和元）年5月16日より9回にわたって「地域共生社会に向けた包括的支援と多様な参加・協働の推進に関する検討会」を開催した。その最終報告書において，「個人や世帯が抱える生きづらさやリスクの複雑化・多様化」が進んだが，それを受けとめてきた「（地域）共同体の機能の脆弱化」が起こっていると，社会構造の変化を指摘している。

　おそらく1980年代までは，そもそも生活上のリスクはある程度典型的なものに限定されていた。拡大する正規雇用に支えられて，人々は労働者として経済的自立を当たり前のように享受したため，労働が難しくなる老齢化や疾病などを典型とするリスクに備えればよいと考えられていた。しかし，就業形態も非正規雇用が増加し，一家に労働者が1人いてその人に他の家族全員が扶養されて生活するという家族形態も当たり前ではなくなった。そうなると，社会保障制度は労働に伴うリスクだけに備えればよいということにはならない。**社会的孤立**（社会的ひきこもり，母子家庭の孤立など），ケア

第15章　福祉政策の展望　**283**

の担い手の問題（**ダブルケア**〔子育てと介護等を同時に行う状態〕，8050問題〔80代の高齢の親と働いていない独身の50代の子が同居している世帯〕，ケアを引き受ける事業者の不足など），雇用の不安定のためそもそも労働者になれないことから生まれる経済的困窮など，備えるべき生活上のリスクは複雑化・多様化した。

　かつては，リスクも現在ほど複雑なものではなく，地域社会が個々人や個々の家族を孤立させることなく生活の基盤となっていたので，人々の生活に対する行政やその他の団体による支援が十分でなくとも問題は顕在化しなかった。しかし，現代では支えてくれるはずの地域社会は機能していない。よって，人々の生活課題を発見し，支援の手を差し伸べる機能がいっそう強化されなければならないだろう。

　ここで求められるのが，人々を必要な給付や支援に積極的に結びつけていくソーシャルワークの活動であり，それは行政やその他の団体によるガバナンスに求められている。福祉政策の観点からは，相談支援業務は，法令に位置づけられた個別領域における「相談」だけではなく，こうしたソーシャルワーク活動に拡張していくということになる。すなわち，相談支援業務を積極的にソーシャルワーク業務へと転化していかなければならない。

　法令に明記された「相談」を狭義の相談支援業務とするなら，福祉政策による支援の全体をソーシャルワーク活動という広義の相談支援業務として，制度の中に位置づける必要があるだろう。たとえば，新たにできた生活困窮者自立支援制度は「給付」が限定された「相談」を中心とした制度として評価する意見もあるが，ここで扱ったような広義の「相談」があるとすると，こうした評価は福祉政策のあり方を十分には捉えていないということになる。「相談」は新たな制度を作らずとも行政の中心である。しかしながら，相談支援業務をソーシャルワーク業務として考える発想はまだまだ十分

に浸透しているとはいえない。発想の転換が今後の大きな課題となるだろう。

2 ガバナンス（地域の統治）の展開

　第8章では，行政だけではなく地域のさまざまなアクターが協働して福祉サービスを提供する体制へと，地域の福祉サービス提供体制が変化した状態を指して**ローカル・ガバナンス**（協治）と呼んだ。また，**第9章**では，現在のガバナンスの展開が具体的にどのような姿になっているかを指摘した。

　地域の中で福祉サービスを提供する主体が公共機関だけではなくなり，民間の団体（NPOや企業等），ボランティア等も一翼を担うようになった状況は，1980年代から進展し，「福祉多元主義」と呼ばれた。近年では，多元化したアクターの連携・協働が求められるようになった。この状況が，ローカル・ガバナンスである。

　さらに近年では，福祉多元主義やローカル・ガバナンスの方法論が「地域福祉」と結びつけられるようになり，新たなフェーズを迎えている。以下にはこの流れについて説明し，考えられる問題点について触れたい。

戦後合意の失速と福祉多元主義の登場

　戦後1960年代までは先進国では経済成長が続いたため，政府の税収も伸び，社会保障への支出も順調に拡大していた。むしろ，政府支出は有効需要を作り出すため，資本主義の安定的な成長に結びつくと考えられていた。こうした仕組みを理論化したのがケインズであった。戦後社会保障への政府支出の制度設計を決めるきっかけとなったのが，いわゆる『ベヴァリッジ報告』であったので，この

時代の国家体制を**ケインズ・ベヴァリッジ体制**と呼ぶことがある。
この体制は，各国の左右両方の政治ブロック（政党）から支持を得
ていたので，「戦後合意（福祉国家の合意）」であったともいわれる。
日本でも事情は同じであり，1961（昭和36）年に施行された国民皆
保険・皆年金体制の完成（すべての国民が公的医療・年金制度等に加
入），1973年の**福祉元年**（年金への物価スライド導入，老人医療費無料化
等）等を主な出来事とする，福祉国家の拡大が続いた。

　しかし，1970年代に入ると，状況は徐々に変化する。インフレ
と不況が同時発生するスタグフレーションが多くの国で発生し，経
済成長は停滞するようになる。また，福祉国家の拡大は官僚機構の
肥大化を伴ったので，硬直化した国家機構への批判も高まった（正
統性の危機）。こうした状況の変化のため，政府支出を支えとする福
祉国家の拡大には次第にブレーキがかけられるようになった。その
ため注目されたのが，政府以外のアクターを福祉サービスの担い手
に位置づけ，政府部門（福祉国家）の縮小に対処しようとする**福祉
多元主義**の考え方だった。本格的に議論として取り上げられるよう
になるのは，もう少し時間がかかり，1980年代になってからであ
る。

　福祉多元主義とは，政府だけではなく，「ボランタリー（非営利民
間），営利，インフォーマル部門」（Johnson 1987 = 1993：59）が福祉
サービスの担い手として明確に位置づけられる考え方である。ボラ
ンタリー部門とはNPOやボランティアなどの非政府・非営利組織
のことであり，インフォーマル部門とは家族や地域の自助や互助の
ことである。

　ベビーホテルや有料老人ホームが多数つくられるなど民間福祉が
徐々に拡大していたものの，日本で福祉多元主義が本格化するのは，
世界からは少し遅れてしまう。1998（平成10）年に制定・施行され
た**特定非営利活動促進法（NPO法）**と，2000（平成12）年の**社会福祉**

法の制定（社会福祉事業法を題名改正）により完成した社会福祉基礎構造改革を待たねばならなかった。NPO法はNPOに法人格を与えるものであり，NPOが社会福祉サービスの受託事業者となる道を開いた。**社会福祉基礎構造改革**は，社会福祉サービスの主要な提供方式を措置制度から契約制度に変えるものであり，社会福祉法人等の半官半民の提供主体以外のNPOや営利企業等の事業体も参入しやすくするものであった。こうした法律による条件整備を利用して，社会福祉サービスの多元化を現実的に進めたのは，1997（平成9）年に成立し，2000（平成12）年に施行された**介護保険**制度であった。この介護保険の指定事業者となることで，NPOや営利企業等が新たに福祉の担い手として本格的に参入するようになった。

　こうして，福祉サービスの提供主体は，政府（国・自治体）に社会福祉法人等の認可型供給組織を加えたものを中心とする公的セクターだけではなく，営利・非営利の民間事業者も多数を占めるようになった。地域の運営は，行政中心主義（行政による統治）からローカル・ガバナンス（協治）へと移行していったのである。

▷　ローカル・ガバナンスと地域福祉

　近年のローカル・ガバナンスの特徴は，**地域福祉**の理念と結びついていることだろう。とくに日本においては大きな特徴となっている。地域福祉の理念が法令の中に登場したのは比較的最近のことである。1990（平成2）年の社会福祉事業法改正（**社会福祉関連八法改正**）において，追加された3条の2に「地域等への配慮」の規定が盛り込まれ，地域と福祉の結びつきがあることを示していた。しかし，法令において「地域福祉」の言葉がはじめて登場したのは，2000（平成12）年成立の社会福祉法である。このとき，4条において「地域福祉の推進」と題して明確に位置づけられた。

　地域福祉の理念は，統一された定義があるものではない。しかし，

第15章　福祉政策の展望　**287**

政府の報告書（「これからの地域福祉のあり方に関する研究会報告書」平成20年3月31日）をもとにエッセンスをまとめると，「住民等（地域住民，社会福祉事業者〔社会福祉法人，NPO，民間企業等〕，住民団体，ボランティア等）と行政との協働のもとに，地域における身近な生活課題に対応する，地域での支え合いを進める福祉活動」といったものになるだろう。福祉多元主義の状況のもと，その体制を支える各種アクターの連携・協働を進める必要性が確認された。

　この地域福祉を支えるために，政府はさまざまな理念や政策を展開させていくことになる。「地域包括ケアシステム」や「地域共生社会」といった理念が提唱されるだけではなく，段階的に社会福祉法の規定が拡充されていった。

　地域包括ケアシステムとは，とくに高齢者へのサービス提供に注目し，「可能な限り住み慣れた地域で（中略）医療，介護，介護予防，住まい及び自立した日常生活の支援が包括的に確保される体制」のことである。2013（平成25）年12月に成立した「社会保障改革プログラム法」4条4項に規定されている。高齢者が地域で生活するためには，必要なときに必要なサービスが提供される体制を用意することが求められる。そのため，この地域包括ケアシステムという多元化した福祉サービス・医療サービス提供主体の連携・協働を進める理念が必要とされた。

　さらに一歩進めて高齢者への福祉にとどまらず，包括的支援体制を強化しようと提唱されたのが**地域共生社会**の理念である。この理念は，2016（平成28）年6月に閣議決定された「ニッポン一億総活躍プラン」において提示された。社会福祉の文脈では，2017（平成29）年に厚生労働省「**我が事・丸ごと**」地域共生社会実現本部が提唱した。ここでの報告書「『地域共生社会』の実現に向けて（当面の改革工程）」（平成29年2月7日）では，これからの公的支援システムの課題として，①「縦割り」の限界を克服する必要性，②「つな

がり」の再構築の必要性，を取り上げている。

▷ **つながりの再構築**

　②は，日常のさまざまな場面における「つながり」の弱まりを背景に，「社会的孤立」や「制度の狭間」などの課題が表面化していることに対応するものである。人々の暮らしにおいては，社会的孤立の問題や，制度が対象としないような身近な生活課題（電球の取り換え，ごみ出し，買い物や通院のための移動等）への支援の必要性の高まりといった課題が顕在化している。また，公的支援制度の受給要件を満たさない制度の狭間の問題（軽度の認知症や精神障害等）も存在している。つながりは地域での支え合いをもとに形成されるため，やはり，地域福祉の理念に基づく各機関・団体の連携・協働が必要とされる。

　「我が事・丸ごと」地域共生社会実現本部のもとに設置された検討会（地域力強化検討会）の「中間とりまとめ」をもとにして，2017（平成29）年5月に社会福祉法が改正された。この改正では，地域福祉計画の条文が改められ（107条・108条），それまで任意のものだった市町村地域福祉計画および都道府県地域福祉支援計画の策定が努力義務化された。また，各分野の福祉計画の共通事項を定める上位計画と位置づけられた。

　さらに2020（令和2）年6月にも社会福祉法が改正され，重層的支援体制整備事業の条文が加えられた（106条の4）。これは任意の事業であり，包括的相談支援事業（第2項第1号），参加支援事業（同第2号），地域づくり事業（同第3号），アウトリーチ等事業（同第4号），多機関協働事業（同第5号）等からなるものである。属性や世代を問わず包括的に福祉サービスが提供される体制を整備するものである。費用に関して特徴があり，各分野の相談支援および地域づくりにかかる既存事業の補助金等を一体化する重層的支援体制整備

第15章　福祉政策の展望　**289**

事業交付金が新設された。このように、地域福祉の理念に基づく包括的支援体制、地域の各種アクターの連携・協働のための施策が整備されてきている。

　以上のように、近年の福祉多元主義の特徴は、地域福祉の理念と関連させて展開されていることである。希薄になった地域の絆を再生させ、生活基盤の強化をめざすことは必要であろう。しかしながら、地域の絆はともすれば地域のしがらみとなり、人々の生活の可能性を狭めることにもなってしまう。また、本来必要な公助（国や自治体による税財源による支援）の整備を肩代わりするお手軽なサービス提供主体と考えられてしまう危険性もある。こうした問題点には常に監視の目を向けなければならない。

3　ナショナル・ミニマムか地方分権か

▷　ナショナル・ミニマム（中央集権）と地方分権

　ナショナル・ミニマムとは、「国民生活の諸過程における最低基準の設定と確保の政策」（藤澤 1997：5）である。もともと日本の福祉政策は、このナショナル・ミニマム実現を追求することから始まった。具体的には、1946（昭和21）年に制定された生活保護法による生活保護基準の設定であり、1951（昭和26）年に制定された社会福祉事業法によって確立した措置制度による最低基準の設定である。その後も、たとえば1968（昭和43）年の東京都中期計画におけるシビル・ミニマムの設定等、各種ミニマムを設定する提案がなされた。

　戦後ナショナル・ミニマムの原点は、**最低生活費保障**としてのものであった。最低生活費保障としてのナショナル・ミニマムとは、生活の最低限を定める貧困線・貧困閾値以下の生活を送る人々に保護を提供するための基準であり、日本では生活保護基準等のことで

ある。戦後世界の社会保障体制を方向づけたベヴァリッジ報告でも，ナショナル・ミニマムとは最低生活費保障のこととされていた。そのため，ナショナル・ミニマムを最低生活費保障だけに限定して考える見解が一般的である。しかし，社会福祉施設の設置最低基準や前述のシビル・ミニマム等，最低生活費保障を超えて，さまざまな最低基準をナショナル・ミニマムとして設定していこうとする主張もある。

　ナショナル・ミニマムの実現のためには，後述するように，中央集権体制が求められた。一方で，1999（平成 11）年の**地方分権一括法**やその後の**三位一体の改革**，2011（平成 23）年から順次制定されていった**地域主権改革一括法**等による，一連の地方分権が展開されている。行政制度の改革の方向性は，中央集権から地方分権に変化している。こうした経緯については，**第 6 章**に詳述した。

　ナショナル・ミニマムと地方分権は，対立する概念である。各種最低水準や最低基準を設定し，それを中央集権的に地方に遵守させるような政治手法が，ナショナル・ミニマムの実現である。一方で，中央集権的な行政システムを改めるのが地方分権である。中央政府から地方自治体への上意下達の指揮命令系統を撤廃し，地方の自律性を高めていくことになる。こうなると，中央政府が決めた最低水準や最低基準を押しつけることはできなくなる。

　近年のトレンドは地方分権改革であるが，福祉政策にとってはその長所と短所をもう一度振り返っておく必要があるだろう。以下に，地方分権の必要性を説明し，その後その問題点を確認することにしたい。

地方分権の必要性

　地方分権が必要な理由を 2 つあげたい。1 つは，①現代では地域の積極的な個性が必要であること，もう 1 つは，②自治体職員の

第 15 章　福祉政策の展望　　**291**

主体性を高め，ひいては運営の効率性を高める必要があること，である。

　まずは①である。ナショナル・ミニマムを全国津々浦々に遵守させるために統一的な基準を設定すれば，地域住民にとって必要な政策を取捨選択し，行政・地域資源を最適配分することが難しくなる。地方分権改革を主導した西尾勝は，ナショナル・ミニマムが最低生活費保障を超えた各分野へと拡散していくことには批判的であり，「ミニマムのミニマム化」を提案した（西尾 2005：28，西尾 2007：262）。先に示した社会福祉施設設置における各種最低基準の設定のように，「定員基準，施設設置基準，職員配置基準，専門職資格基準，処遇基準などが」（西尾 2005：27）ナショナル・ミニマムとして設定されると，それを保証するために国から地方自治体への財政移転の規模は膨張していく。すると，「みずからの取捨選択と優先順位」に基づいた自治体の自律性は阻害され，分権型社会は不可能になってしまう。一度基準が国により設定されれば，「その途端に全国の市区町村と都道府県のこの基準の達成度について格付けがなされ公表されるようになる」から，こうした地域差を解消しようと全国の自治体が動き出す。こうした動きは，自治体の「貴重な個性差まで駆逐」（西尾 2005：28）してしまう。社会が豊かになり，一定程度全国に施設やサービスが行き渡った。こうした状況を前提として追加の政策を積み上げようとするなら，必要なものは地域ごとに多様となるのは当然である。新たな時代には，地域の個性を作る自治体や住民の活動が求められるため，全国統一基準としてのナショナル・ミニマムは弊害となる場合がある。

　次に②である。役所の仕事は公務員にやる気がなく効率が悪いとよくいわれる。これには，公務員は終身雇用で首にならないからだとか，繁文縟礼（過剰な文書主義）だからだとか，あれこれの理由が挙げられる。自治体の事例ではないが，特徴的な事例を取り上げた

い。近年の政治は官邸主導であるといわれており，公務員である官僚の萎縮を招いた負の側面があるといわれる。官邸主導とは，官僚による政策の積み上げではなく，政治家の政治判断を重視した政策決定をすることである。形式主義の公務員任せでは進まない制度改革が，政治家が主導することでうまく行くことも多い（鈴木 2022：151）。こうしたメリットがある反面，裁量をもった自律性を奪われた公務員から経験を積む機会を奪ったり，「やる気の低下」（鈴木 2022：161）を招いたりして，役所の効率低下を招いた事実は否めない。同じ論理が，中央集権により中央省庁主導となり自治体の公務員のやる気が低下することにも当てはまるだろう。

よって，自治体運営効率化の工夫が必要となる。そのための積極的な方策が，地方分権による自治体とその職員の自律性確保である。従来の自治体の運営は法令に制約されるだけではなく，中央政府（国）の下部組織であるかのような扱いを受けてきた。これでは仕事の内容がやらされ感にあふれ，職員はやる気をなくしてしまう。同じ結果となるにしても，自ら企画し自ら運営する意識をもてば，創意工夫が生まれ効率的な運営が行われるようになる。そのよい例は，1990（平成2）年の**社会福祉関連八法改正**の一環として行われた老人福祉法改正によって策定されることになった，**老人保健福祉計画**であろう。この計画策定は，国が一定の基準を示すのではなく，自治体，とくに市町村の自主性に委ねられるものだった。ここでの計画策定の経験をきっかけに自治体の活動が活発化し，のちの**介護保険事業計画**策定が市町村の力で遂行される素地を作った。

地方自治は，住民が地域運営の主体となるという意味での「住民自治」であるだけではなく，地方自治体が組織体として自律的に運営される公務員の団体であるという意味での**団体自治**という側面もある。この側面は忘れられがちであるが，自治体が独自の規則と構成員をもつ組織体でもあることを考えるなら，その運営効率を高め

る政策が重要となってくる。

地方分権の弊害

とはいえ，福祉政策にとって地方分権はメリットばかりではない。むしろ，福祉政策だからこそのデメリットは大きい。中央政府がナショナル・ミニマムとして最低限の水準・基準を決めないと，地方自治体によっては，不当に福祉政策の予算を引き締めたり，必要なサービスを拡充することを躊躇したりする行政運営に陥ってしまう恐れがあるからである。困窮状況にある人の声を代弁する側面のある福祉政策には，マイノリティの声を地方政治の場で汲み取る役割がある。そのため，地方分権は逆境となってしまいかねない。

また，時代状況に応じ中央政府が必要な制度を作ったとして，地域の個性を盾にとって自治体が制度の実施を躊躇する場合があれば問題となることもあるだろう。必要な制度が全国に広がらない状況を生み出してしまいかねない。たとえば，自治体ごとの裁量が非常に大きな制度設計となっている生活困窮者自立支援制度は典型である。制度の対象や理念が必ずしも明確ではないため，事業を積極的に実施する自治体もあれば，前向きになれずに，法律上の任意事業をはじめとする必要な事業を実施しない自治体も出てきてしまう（垣田 2016：45）。地方分権の時代において自治体の個性といえばそれまでだが，地方分権化することによって住民は近隣自治体と同じサービスが受けられなくなるという状況に直面する。住民としては，近隣自治体との大きすぎる格差は容認しがたいだろう。

4 マクロな社会変動と福祉政策

2000年代に入ってから，グローバルな社会構造が大きく変わっ

たといわれている。それに対して現在の福祉政策は十分に対応できているだろうか。社会構造の変動をどう分析するかは論者によって大きく異なるが，広がる「格差」の問題に注目すれば，その構図が見えやすくなる。

▷ 格差を生み出す新自由主義

本章第 2 節で取り上げた**ケインズ・ベヴァリッジ体制**を基盤とした「福祉国家の合意」は，1970 年代に入ると次第に突き崩されていく。福祉国家は財政的な問題を抱え十分な生活保障の提供が難しくなっていたし，国家の肥大化に伴う官僚化が人々の選択の自由を侵害すると考えられるようになったからである。そこで，新たな支持を得るようになったのが，のちに**新自由主義**と呼ばれる思想であった。フリードマンやハイエクがその代表的な論客とされている。新自由主義は，国家機構や予算の拡大は人々の生活における選択を制限する抑圧的なものであるとして批判する。これは福祉国家も同じであり，その役割を縮小して，市場において必要な財やサービスが提供されることに可能性を見出した。

新自由主義の思想は，イギリスの**サッチャー**保守党政権やアメリカのレーガン共和党政権によって実際の政治過程の中に取り入れられた（サッチャリズムとレーガノミクス）。国営企業や国家機関を民営化し，金融規制を緩和することで市場における競争を活性化させることをめざした政策が採用された。市場競争は社会の効率化をもたらすので富の増大につながり，国家の硬直化を防ぐと考えられたのである。

福祉政策においては，サッチャー政権下で 1990 年に成立した**国民保健サービス（NHS）およびコミュニティ・ケア法**制定が，新自由主義的であるとして有名である。これは，入所施設福祉を縮小し，可能な限り在宅生活を可能にするための制度改正であった（所

第 15 章　福祉政策の展望　**295**

2008：18)。公的部門が直接的に供給していた入所施設の代わりに，在宅福祉が充実させられることになった。その際に，公的機関が直接そのサービス提供を担うのではなく，民間営利・非営利部門をサービス提供者として参入させ，公的部門はその管理をするよう位置づけが変更された（岡田・秋山 1998：95)。公的部門を縮小し，民間活力の導入が図られた。また，多様なサービス提供者が地域の福祉を担う**福祉多元主義**（福祉の混合経済）が推し進められた。日本においても「日本型福祉社会論」が唱えられ公助が後退した。

　1990 年代には，イギリスでは 1997 年に労働党ブレア政権，アメリカでは 1993 年に民主党クリントン政権といった左派政党への政権交代があった。福祉国家の合意期であれば，こうした保守党や共和党の批判政党である左派政党は，政権奪取後に市場を重視する姿勢を改革し，福祉国家による再配分機能を重視したはずである。しかしながら，左派政党にとっても，90 年代後半から 2000 年代までは新自由主義の思想から抜け出すことは難しかった。もしくは，新自由主義にも利点があったので，その否定ではなく修正にとどまることがめざされた。

　たとえば，ブレア政権は**第三の道路線**を打ち出し，従来の労働党の価値観である国家介入による公正さの確保は維持しつつも，保守党が整備した市場的要素の活用を続ける方針を採った。このとき注目されたのが就労支援の重視であった。福祉予算は単純に再配分するのではなく，人々が市場での労働へと復帰する支援および復帰のためのインセンティブへと重点的に配分することがめざされた（能動性を確保する福祉〔positive welfare〕)。従来の福祉国家は，「疾病，負傷，分娩，廃疾，死亡，老齢，失業，多子その他困窮の原因」（社会保障制度審議会 55 年勧告）に対して，社会的給付を行うものであった。新自由主義の影響を受けた左派の政策（第三の道）では，これらの給付に就労のための努力（教育・訓練の受講，就職活動等）

を条件づけることもあった。こうした流れは，のちに「ワークフェア」と呼ばれた。

新自由主義による格差拡大

　労働党や民主党といった左派政権によって採用されたワークフェアは，その前の右派政権の競争重視政策をいっそう推し進めたと評価されることがある。市場でのパフォーマンスが悪い人々に教育・訓練する就労支援を施し，労働市場に復帰させるということは，市場競争の過酷さを助長するからである。また，こうして復帰した労働市場は，必ずしも安定した労働環境や生活環境を保障するものではない。経済構造においてサービス産業化と業務の効率化が進み，雇用のあり方が正規雇用中心ではなくなり非正規雇用市場が拡大したからである（Young 1999 = 2007：32-34）。ワークフェアによる就労訓練は，非正規雇用市場に多くの人々を送り込む役割を果たした。それだけにとどまらず，苛酷になった競争は，労働市場からふるい落とされる人々を作り出し，恒久的な失業状態に置かれたアンダークラスを作ったともいわれる。結果として，正規雇用で働く人々とそれ以外の人々との格差を固定化した。

　次の福祉政策の大きな課題となるのは，この格差の固定化の解消だろう。格差の固定化は，格差の一方の人々の「経済的困窮」を招いただけではない。安定した仕事や生活を失ったことによって社会に居場所を失うことになり，社会的孤立（社会的排除）も生み出している。

　ワークフェアの反省から，就労支援等の受給条件を社会的給付から取り除く提案がなされることもある。一定金額を定期的に市民全員に配布すれば，受給条件といった概念はなくなる。こうした給付の仕組みはベーシック・インカムと呼ばれている。しかし，ベーシック・インカムは経済的困窮を解消しても，社会的孤立への対策

第 15 章　福祉政策の展望　**297**

にはならない。たんにお金を配るだけとなり，問題の解決にはつながらないだろう。

　格差解消のためには，適切な金銭やサービスの給付と適切なソーシャルワークを組み合わせることが必要である。すなわち，福祉政策の適切な企画と実施・運営が今こそ求められている。

　福祉政策に解決が求められる課題は以上に挙げた論点にとどまるものではない。この章では，その中でも地域におけるガバナンス（政策運営体制）の問題にとくに焦点を当てて取り上げたにすぎない。外国人の生活問題（新しい市民権，多文化共生ソーシャルワーク，入管法改正，外国人材の受け入れ，ヘイトスピーチ対策），ダイバーシティの問題（性的マイノリティ，障害者への合理的配慮），人口減少・少子高齢化への対応等，今後考えていかなければならない課題は数多く残されている。

コラム4　世界の福祉政策　　日常生活の中で利用する福祉制度と政策になじみがあれば，それを当たり前のあり方であると思い込んでしまう。しかし，福祉政策は多様であり，想像を超えた可能性が開かれている。こうした視点をもつためにも，日本の福祉政策と世界の福祉政策を比較する経験をもつことは重要である。また，日本の福祉政策を改善していくためのきっかけともなる。ここでは，注目される世界の福祉政策についてまとめている。個々の政策について関心をもったら，それぞれを自分で調べてみよう。

　個々の政策に注目するのはもちろん大事なことだが，福祉政策が似ている国々のまとまりがあるのも確かである。こうしたまとまりを取り出し，一定の基準で整理した理論として代表的なのは，イエスタ・エスピン゠アンデルセンの「福祉レジーム」論だろう。

　エスピン゠アンデルセンは『福祉資本主義の三つの世界』(1990)で，福祉国家の類型論（福祉レジーム論）を展開した。社会福祉が手厚いため生活資材・サービス（財）が市場の商品としてではなく手に入れられる程度を示す「脱商品化」指標と，福祉が平等に行き渡っているかどうか，階層ごとに不平等がないかどうかによって示される「階層化」指標によって，福祉国家を3つのレジームに分類した。

　まずは，「自由主義レジーム」である。このレジームは，市場活力を重視し，伝統的で自由主義的な労働倫理を維持しようと，市場での商品購入を促すために，脱商品化は最低限にとどめられる。また，福祉受給者をミーンズ・テストなどにより厳しく制限するため，受給者たちの間では平等であるが，その他の階層とは大きく差が開き，通常の市民の間では市場での福祉の購入が求められるために，階層化も大きくなる。このレジームに属する典型的な国には，アメリカ，イギリス，カナダ，オーストラリアなどのアングロサクソン諸国があげられている。

　次に，「保守主義・コーポラティズムレジーム」である。同業者組合の伝統をもつことが多いこのレジームの国々は，組合が設立した共済制度（職業組合が作る社会保険制度）が充実しているので，

第15章　福祉政策の展望　**299**

福祉国家による普遍的な給付はあまり発達しなかった。そのため，福祉給付が比較的充実しているものの，職業的な地位による階層差が大きい。すなわち，脱商品化が進んでいるが，階層化が進んでいる国々なのである。このレジームに属する典型的な国には，オーストリア，フランス，ドイツ，イタリアなどの大陸ヨーロッパ諸国があげられている。

最後は，「社会民主主義レジーム」である。このレジームの国々は，社会民主主義政党が社会改革を主導してきた結果，普遍主義的社会保障と社会権の確立が十分に進んだ。すなわち，脱商品化が進み，階層化も比較的解消されているのである。これらの国々での脱商品化は，最低限のニードを基準とするのではなく，中産階級にも福祉給付が行き渡るような普遍的な社会保障制度が整備されているのが特徴である。このレジームに属する典型的な国には，スウェーデンやデンマークといった北欧諸国があげられている。

こうした大くくりの分類は，それぞれのレジーム内の国々の違いを目立たないようにしてしまう危険もあるが，日本の福祉政策との違いを考える手助けにはなるだろう。　　　　　　　〔畑本裕介〕

以下，アメリカ，イギリス，フランス，スウェーデンを取り上げ，その特徴を確認しておきたい。

(1) アメリカ

アメリカは，多様な国からの植民，移民によって形成されてきた国であり，人種や言語，宗教などの違いもあり，福祉政策も州政府が主体であり，分権化されて地域格差が大きく，自助や自己責任が強調され，給付も非常に限定的である。そのことが鮮明に現れているのが，公的医療と公的扶助である。

アメリカの公的医療は，高齢者・障害者向けの医療保険であるメディケア，低所得者向けのメディケイドしかなく，それ以外の多くの人は民間医療保険に加入しなければならない。ただし，民間医療保険といっても正規雇用されている多くの人は雇用主提供医療保険に加入している。2011年にオバマ政権で大きな医療制度改革がなされ，民間医療保険に加入するための助成やメディケイドの拡大等が実施された。しかし，こうした民間医療保険に加入できない，無

保険者も 2719 万人もいるとされている（2021 年度）。

　また，アメリカの公的扶助は先の医療扶助であるメディケイドだけでなく，老齢年金，障害年金が少ない人への現金給付である補足的所得保障（SSI），子どものいる世帯への貧困家庭一時扶助（TANF），農業省が実施している補足的栄養支援プログラム（SNAP）などがある。貧困家庭一時扶助は生涯で 5 年分しか利用できないとされ，その受給にあたっては労働要件が課され，それができない場合は受給停止などの制裁措置がある。他方，公的扶助ではないが，税制を通じた低所得者向けの給付である勤労所得税額控除（EITC）が拡大し，ワーキングプアへの給付として大きな役割を担っている。つまり，公的扶助も働くということを前提に作られており，ワークフェアの考えが強い。なお，アメリカには児童手当のような社会手当の制度がないことも特徴としてあげられる。

　（2）　イ ギ リ ス

　イギリスは福祉政策の歴史では，救貧法から発展し，早くから失業保険などの社会保険が整備されてきた国であり，日本を含め世界の社会保障計画のモデルとなったベヴァリッジ報告書により戦後の福祉国家のモデルケースとなってきた。しかし，イギリスでは第二次世界大戦後の景気低迷と，労働者階級と貴族階級の対立に加えて移民問題により，社会保障政策は抑制されてきた。イギリスの福祉政策の大きな特徴は，①主に税により原則無料で受けられる国民保健サービス（NHS）と②現金給付の統合化，③高齢者や障害者等への自治体主導の福祉サービスの展開である。

　第 1 に，国民保健サービス（NHS）はすべての住民（外国人を含む）に医療サービスを主として税財源（8 割）により原則無料で提供する。なお，国民保険からの拠出金が 2 割ほど占めている。ただし，日本のようにどこでも何度でも医療を受けられるわけではなく，救急医療を除いて，まずは，登録している一般家庭医（GP）に診察を受けなければならない。その後，必要に応じて一般家庭医の紹介によって専門医を利用することができる。

　第 2 に，現金給付の統合化である。それまで現金給付の制度は複数あり，受給条件等が多様で複雑な現金給付の制度を簡素化する

ために，就労税額控除，児童税額控除，住宅給付，所得補助，求職者給付などを「ユニバーサル・クレジット」に2024年末までに統合することにしたのである。ユニバーサル・クレジットは，18歳から年金支給開始年齢までの働くことが期待される者がいる世帯で，フルタイムの教育・訓練を受けておらず，貯蓄が一定以下の額であることを条件に現金が給付される。なお，低所得の高齢者には公的年金を補完する年金クレジット（Pension Credit）がある。

第3に福祉サービスについては，元々は自治体が直接福祉サービスを提供する方式であったが，1990年代より自治体はニーズ調査やケアマネジメントを行い，利用者個々の福祉サービスの提供に責任をもつが，実際の福祉サービスの提供については，効率のよい供給者を競争入札で選び，サービス提供する方式になり，民間委託が進んでいる。

（3）フランス

フランスは，レオン・ブルジョワの社会連帯の理念により，福祉制度が発展してきた。フランスの福祉政策の特徴は，職域ごとに分かれた社会保険と多様な子育て関係の給付および公的扶助にある。

第1に，職域ごとに分立した社会保険についてである。フランスの年金制度は法定および補足制度を含めて40余りの制度に分立している。たとえば，農業，民間空港，地方公務員，国家公務員，農業経営者，自由業者（医師や薬剤師など），弁護士，聖職者などでそれぞれの保険制度を作っている。その中で加入者数が多いのが，民間の給与所得者を対象とする一般制度である。このように制度によって加入者の多寡があるため，制度間の財政補填が実施されている。医療保険も同様に制度が職域によって分立している。ただし，こうした制度の適用になっていない無職の人や移民・外国人に対しては，普遍的医療保護制度（PUMA）が設けられており，国民のほぼ100％近くが医療保険でカバーされている。

第2に，多様な子育て関係の給付および公的扶助である。子育て関係の給付については，子どもが2人以上（20歳まで）いる家庭に所得の多寡にかかわらず，すべての家族に対して支給される「家族手当」，20歳未満の障害のある子どもの教育や養育の費用を

補償する「障害のある子どもの養育手当」「ひとり親支援手当」「新学期手当」などがある。フランスの子育て支援に対する給付は手厚いと日本の子育て支援策を検討するときによく参照されている。また，公的扶助については，社会連帯の思想に基づき，生活困窮者への給付を行っている。たとえば，25歳（一定の就労実績がある場合は18歳）以上の低所得者を対象にし，就労促進も担う「積極的連帯収入」（RSA），障害の重い20歳以上の者に対して支給される「成人障害者手当」（AAH），どの老齢保険制度にも加入していない65歳以上を対象とする非拠出制年金である「高齢者連帯手当」（ASPA）などがある。

（4）　スウェーデン

スウェーデンは，ヨーロッパの北側に位置するが，歴史的にロシアを中心とした東欧諸国に近かったため，西欧と東欧の狭間で中立的な位置関係を保ってきた。第二次世界大戦前は貧しい農業国であったが，1980年代からさまざまな改革が行われ，現在では代表的な資本主義国であり，同時に福祉国家の典型国とみなされている国である。男女雇用機会均等が進み，社会保険を中心とした積極的な所得再配分により，普遍的で手厚い現金給付と福祉サービスの提供を実現してきた。

スウェーデンの福祉政策の特徴として，①年金，児童手当，疾病手当等の現金給付は社会保険として実施されていること，②医療サービスは広域自治体であるレギオン（以前はランスティングと呼ばれていた）による税方式であること，③高齢者や障害者，児童などの福祉サービスは基礎的自治体であるコミューンによって税方式で実施されていることである。

第1に，さまざまな給付が「社会保険」として実施されていることである。スウェーデンの社会保険には，年金や労災等の社会保険料でまかなわれる制度だけではなく，児童手当（16歳まで，就学などにより最長18歳まで），住宅手当など税で支出されるさまざまな手当も含められている。住宅手当もそうであるが，日本にはない手当として，離婚して子どもを養育していない親が養育費を支払わない場合にそれを立替払する養育費補助などがある。

第15章　福祉政策の展望　　**303**

第2に，医療サービスについては，レギオンの広域自治体の税収によってまかなわれており税方式である。対象は全住民である。自己負担額はレギオンによって異なるが，上限額が設けられており，負担が重くならないように設定されている。ただし，18歳以下，85歳以上は原則無料で，多くのレギオンは20歳未満まで無料にしている。しかし，財政的な制約から，なかなか受診ができないという待機問題が生じている。

　第3に，高齢者や障害者の介護，依存症や虐待された人への対応，公的扶助などの福祉サービスについては原則コミューンが実施している。日本でいうような相部屋のカーテンで仕切っただけの「施設」でなく，介護サービスがついている，リビングと寝室が分かれた「住宅」に暮らすことが一般的である。介護サービスについては，税と一部自己負担でまかなわれている。日本の生活保護にあたる社会扶助はコミューンが担っており，費用もコミューンの一般財源で実施されている。就労能力がある人は原則求職活動が要求される。多くのスウェーデン人は社会保険でカバーされており，社会扶助の利用まで行き着かないが，近年増加している移民を中心に社会扶助が増加している。　　　　　　　　　　　　　　　〔木下武徳〕

参 考 文 献

第 1 章

秋吉貴雄, 2020,「公共政策とは何か？」秋吉貴雄・伊藤修一郎・北山俊哉『公共政策学の基礎（第 3 版）』有斐閣。

古川孝順, 2021,『社会福祉学の原理と政策——自律生活と生活協同体の自己実現』有斐閣。

一番ヶ瀬康子, 1994,『社会福祉とはなにか（一番ヶ瀬康子社会福祉著作集第 1 巻）』労働旬報社。

笠師千恵, 2023,「わが国におけるウェルビーイング概念の言説に関する一考察」『北翔大学短期大学部研究紀要』61：45-59.

木村敦, 2011,『社会政策と「社会保障・社会福祉」』学文社。

木下武徳, 2020,「福祉政策の機能」岩崎晋也・金子光一・木原活信編『社会福祉の原理と政策』ミネルヴァ書房。

孝橋正一, 1972,『全訂 社会事業の基本問題』ミネルヴァ書房。

三塚武男, 1997,『生活問題と地域福祉——ライフの視点から』ミネルヴァ書房。

大河内一男, 1981,『社会政策論Ⅰ（大河内一男集第 1 巻）』労働旬報社。

佐藤満編, 2018,『政策過程論』慈学社。

Spicker, P., 1995, *Social Policy: Themes and Approaches*, Prentice Hall.（武川正吾・上村泰裕・森川美絵訳, 2001,『社会政策講義——福祉のテーマとアプローチ』有斐閣。）

武川正吾, 1991,「社会政策とは何か」武川正吾・大山博編『社会政策と社会行政』法律文化社。

武川正吾, 2011,『福祉社会——包摂の社会政策（新版）』有斐閣。

東京都大田区, 2024,「おおた高齢者施策推進プラン」。

第 2 章

金子光一, 2005,『社会福祉のあゆみ——社会福祉思想の軌跡』有斐閣。

熊沢由美, 2007,「社会福祉事業法の制定と社会福祉法人制度の創設」『社会福祉法人の在り方研究会報告書』大阪府社会福祉協議会。

美馬孝人, 2000,『イギリス社会政策の展開』日本経済評論社。

仁科保, 1983,「イギリスの社会保障制度に関する一史的考察——ベヴァリジの社会保障計画を中心として」『季刊・社会保障研究』18（4）：449-62.

岡本多喜子, 1991,「救貧制度の変遷」横山和彦・田多英範編『日本社会保障の歴史』学分社。

土田武史, 2011,「国民皆保険 50 年の軌跡」『季刊・社会保障研究』47（3）：244-56.

Williamson, J. G., 1991, *Inequality, Poverty & History*, Blackwell Publishing Ltd.（安場保吉・水原正亨訳, 2003,『不平等，貧困と歴史』ミネルヴァ書房。）

第 3 章

阿部彩, 2002,「貧困から社会的排除へ——指標の開発と現状」『海外社会保障研究』141（Winter 2002）：67-80.

Bradshaw, J., 1972, "Taxonomy of Social Need" in G. McLachlan ed., *Problems and Progress in Medical Care*, Oxford University Press.

藤森克彦, 2010, 『単身急増社会の衝撃』日本経済新聞社。

後藤広史, 2009, 「社会福祉援助課題としての『社会的孤立』」『福祉社会開発研究』2：7-18, 東洋大学。

広井良典, 2006, 『持続可能な福祉社会――「もうひとつの日本」の構想』ちくま新書。

菊地英明, 2007, 「排除されているのは誰か？――『社会生活に関する実態調査』からの検討」『季刊・社会保障研究』43 (1) (summer 2007)：4-14。

厚生省社会・援護局, 2000, 「社会的な援護を要する人々に対する社会福祉のあり方に関する検討会報告書」。

Levitas, R., 2005, *The Inclusive Society?* 2nd edition, Macmillan.

Lister, R., 2004, *Poverty*, Polity Press. (松井伊智朗監訳, 立木勝訳, 2011, 『貧困とはなにか――概念・言説・ポリティクス』明石書店。)

三浦文夫, 1995, 『増補改訂 社会福祉政策研究』全国社会福祉協議会。

Rawls, J., 1971, *A Theory of Justice*, Harvard University Press. (矢島釣次監訳, 1979, 『正義論』紀伊國屋書店。)

労働政策研究・研修機構, 2024, 『データブック国際労働比較 2024』。

Sen, A., 1982, *Choice, Welfare and Measurement*, Basil Blackwell. (大庭健・川本隆史訳, 1989, 『合理的な愚か者――経済学＝倫理学的探究』勁草書房。)

武川正吾, 2006, 「必要と資源」武川正吾・大曽根寛『新訂 福祉政策 II ――福祉国家と福祉社会のゆくえ』放送大学教育振興会。

Townsend, P., 1974, "Poverty as Relative Deprivation" in D. Wedderburn eds., *Poverty, Inequality and Class Structure*, Cambridge Univ. Press. (高山武志訳, 1977, 「相対的収奪としての貧困――生活資源と生活様式」『イギリスにおける貧困の論理』光生館。)

▷ コラム 2

Bradshaw, J., 1972, "Taxonomy of Social Need" in G. McLachlan ed., *Problems and Progress in Medical Care*, Oxford University Press.

三浦文夫, 1995, 『増補改訂 社会福祉政策研究』全国社会福祉協議会。

武川正吾, 2006, 「必要と資源」武川正吾・大曽根寛『新訂 福祉政策 II ――福祉国家と福祉社会のゆくえ』放送大学教育振興会。

▷ 第 4 章

畑本裕介, 2023, 「行政手段としてのベーシックインカム――オランダの参加法, 地方分権, BI 実験」『同志社政策科学研究』24 (2)：19-30。

平岡公一, 1991, 「普遍主義と選別主義」大山博・武川正吾編『社会政策と社会行政』法律文化社。

香川重遠, 2010, 「R. ピンカーの市民権論――T. H. マーシャルの継承と発展」『福祉社会学研究』7：99-117, 福祉社会学会。

木下武徳, 2007, 『アメリカ福祉の民間化』日本経済評論社。

北明美, 2014, 「社会政策の結節点としての児童手当制度とジェンダー」『社会政策』5 (3)：38-61。

北山俊哉，2015，「公共政策の手段」秋吉貴雄・伊藤修一郎・北山俊哉『公共政策の基礎』有斐閣。

こども家庭庁，2023，「こども政策に関する国と地方の協議の場（第1回）2023年5月10日資料」https://www.cfa.go.jp/councils/kodomo_seisaku_kyougi/S7m2hTQa

厚生労働省「介護サービス情報の公表制度」https://www.mhlw.go.jp/stf/kaigo-kouhyou.html（2023年8月30日閲覧）

三浦文夫，1995，『増補改訂 社会福祉政策研究——福祉政策と福祉改革』全国社会福祉協議会。

森信茂樹編，2008，『給付つき税額控除——日本型児童税額控除の提言』中央経済社。

OECD，2008，『図表でみる世界の最低生活保障』明石書店。

大野吉輝，1991，『社会サービスの経済学』勁草書房。

小沢修司，2002，『福祉社会と社会保障改革——ベーシック・インカム構想の新地平』高菅出版。

佐々木信夫，1998，「政策の立案を考える」佐々木信夫編『政策開発——調査・立案・調整の能力』ぎょうせい。

芝田英昭，2019，『医療保険「一部負担」の根拠を追う——厚生労働白書では何が語られたのか』自治体研究社．

障害者自立支援法違憲訴訟弁護団編，2011，『障害者自立支援法違憲訴訟——立ち上がった当事者たち』生活書院。

Titmuss, R. M., 1968, *Commitment to Welfare*, George Allen and Unwin.（三浦文夫監訳，1971，『社会福祉と社会保障』東京大学出版会。）

Titmuss, R. M. edited by B. Abel-Smith and K. Titmuss, 1974, *Social Policy: An Introduction*, Allen and Unwin.（三友雅夫監訳，1981，『社会福祉政策』恒星社厚生閣。）

卯月由佳，2018，「現金給付か，現物給付か？」岩永理恵・卯月由佳・木下武徳『生活保護と貧困対策』有斐閣。

Wilensky, H. L. and C. N. Lebeaux, 1965, *Industrial Society and Social Welfare: The Impact of Industrialization on the Supply and Organization of Social Welfare Services in the United States*, Free Press.（四方寿雄ほか監訳，1971，『産業社会と社会福祉（上・下）』岩崎学術出版社。）

山森亮，2009，『ベーシック・インカム入門——無条件給付の基本所得を考える』光文社。

第5章

秋吉貴雄，2007，「政策移転の分析枠組みの構築に向けて」『熊本大学社会文化研究』5：1-14.

秋吉貴雄，2017，『入門 公共政策』中公新書。

秋吉貴雄・伊藤修一郎・北山俊哉編，2015，『公共政策の基礎』有斐閣。

天野拓，2013，『オバマの医療改革——国民皆保険制度への苦闘』勁草書房。

浅井春夫，2024，『子どもへの無関心の政治とこども家庭庁』自治体研究社。

古池順一郎，2012a，「ローズの政策ネットワーク論」岩崎正洋編『政策過程の理論分析』三和書籍。

古池順一郎，2012b，「ピアソンの歴史的制度論」岩崎正洋編『政策過程の理論分析』三和書籍。

Goldsmith, S. and W. D. Eggers, 2004, *Governing by Network: The New Shape of the Public Sector*, Brookings Institution Press. (城山英明・奥村裕一・髙木聡一郎監訳, 2006, 『ネットワークによるガバナンス──公共セクターの新しいかたち』学陽書房。)

韓相俊, 2004, 「教育政策過程研究における『政策ネットワーク』論の可能性──政策ネットワークモデルの検討」『東京大学大学院教育学研究科教育行政学研究室紀要』23：37-49.

岩崎正洋編, 2012, 『政策過程の理論分析』三和書籍。

Kingdon, J. W., 2011, *Agendas, Alternatives, and Public Policies, with an Epilogue on Health Care*, 2nd ed. Longman. (笠京子訳, 2017, 『アジェンダ・選択肢・公共政策──政策はどのように決まるのか』勁草書房。)

Lipsky, M., 1980, *Street-level Bureaucracy: Dilemmas of the Individual in Public Services*, Russell Sage Foundation. (田尾雅夫訳, 1986, 『行政サービスのディレンマ──ストリート・レベルの官僚制』木鐸社。)

真渕勝, 2020, 『新版 行政学』有斐閣。

三輪佳子, 2023, 『生活保護制度の政策決定──「自立支援」に翻弄されるセーフティネット』日本評論社。

西岡晋, 2012, 「シュミットの言説的制度論」岩崎正洋編『政策過程の理論分析』三和書籍。

西岡晋, 2021, 『日本型福祉国家再編の言説政治と官僚制──家族政策の「少子化対策」化』ナカニシヤ出版。

西岡晋・廣川嘉裕編, 2021, 『行政学』文眞堂。

大山典宏編著, 2023, 『精選生活保護運用実例集』第一法規。

Pierson, P., 2004, *Politics in Time: History, Institutions, and Social Analysis*, Princeton University Press. (粕谷祐子監訳, 2010, 『ポリティクス・イン・タイム──歴史・制度・社会分析』勁草書房。)

Rhodes, R. A. W., 1999, *Control and Power in Central-Local Government Relations* 2nd ed., Ashgate.

佐々木信夫編, 1998, 『政策開発──調査・立案・調整の能力』ぎょうせい。

Schmidt, V., 2010, "Taking Ideas and Discourse Seriously," *European Political Science Review*, 2（1）：1-25.

菅原優輔, 2017, 「自治体における政策づくりの意義と方法」厚生労働省『第 129 回市町村職員を対象とするセミナー』資料　https://www.mhlw.go.jp/file/06-Seisakujouhou-12600000-Seisakutoukatsukan/0000114064_11.pdf

平将志, 2022, 「生活保護制度における福祉縮減と非難回避戦略──福祉縮減期を事例として」『社会福祉学』63（2）：1-13.

横尾俊成, 2023, 『「マイノリティ」の政策実現戦略──SNS と「同性パートナーシップ制度」』新曜社。

Weber, M., 1956, *Wirtschaft und Gesellschaft: Grundriss der verstehenden Soziologie, vierte, neu herausgegebene Auflage*, besorgt von Johannes Winckelmann, erster Teil, Kapitel III, IV（S. 122-180）. (世良晃志郎訳, 1970, 『支配の諸類型』創文社。)

第 6 章

Bovaird, T. and E. Löffler eds., 2003, *Public Management and Governance*, Routledge. (みえガバナンス研究会訳, 2008, 『公共経営入門——公共領域のマネジメントとガバナンス』公人の友社。)

Foucault, M., 1975, *Surveiller et punir: Naissance de la prison*, Gallimard. (田村俶訳, 1977, 『監獄の誕生——監視と処罰』新潮社。)

Henman, P. and M. Fenger, 2006, "Reforming Welfare Governance: Reflections" in P. Henman and M. Fenger eds., *Administering Welfare Reform*, The Polity Press.

細川護熙・岩國哲人, 1991, 『鄙の論理』光文社。

鏡諭, 2013, 「地方分権と福祉の政策」『月刊福祉』2013 July：19-23.

西尾勝, 2005, 「分権改革は『ナショナル・ミニマム』の全面的な見直しを要求する」『都市問題』96 (5) 2005 年 5 月号：25-29.

西尾勝, 2007, 『地方分権改革』東京大学出版会。

澤井勝, 2002, 「地域福祉と自治体行政」大森彌編『地域福祉と自治体行政』ぎょうせい。

総務省自治行政局行政課, 2022, 『公の施設の指定管理者制度の導入状況等に関する調査結果』（令和 4 年 3 月 29 日公表）

杉山隆一, 2020, 「すすむ公立保育所民営化と公の役割」『住民と自治』2021 年 1 月号。

Young, J., 1999, *The Exclusive Society: Social Exclusion, Crime and Difference in Late Modernity*, Sage Publications. (青木秀男・伊藤泰郎・岸政彦・村澤真保呂訳, 2007, 『排除型社会——後期近代における犯罪・雇用・差異』洛北出版。)

Weber, M.,1922, *Soziologische Grundbegriffe*, Verlag von J.C.B. Mohr (Tübingen) (清水幾太郎訳, 1972, 『社会学の根本概念』岩波書店。)

第 7 章

平岡公一, 1996, 「費用—効果分析」坂田周一ほか編『社会福祉計画』有斐閣。

川上哲, 2016, 「『経済・財政再生アクション・プログラム』と KPI 改革——その内容と問題点」『賃金と社会保障』1659 (2016 年 6 月上旬号)：4-23.

森克己, 1998, 「社会福祉行政における地方自治——八〇年代改革から地方分権推進委員会の勧告まで」『早稲田法学会誌』48：237-284.

直井優, 1980, 「社会体制と社会計画」青井和夫・直井優編『福祉と計画の社会学』東京大学出版会。

西尾勝, 1990, 『行政学の基礎概念』東京大学出版会。

野村武司, 2021, 「困難を有する若者支援の法制度と自治体法政策——相続・救済・多機関連携」宮本みち子ほか編『アンダークラス化する若者たち——生活保障をどう立て直すか』明石書店。

大杉栄, 2010, 『分野別自治制度及びその運用に関する説明資料 No. 15 日本の自治体計画』財団法人 自治体国際化協会 (CLAIR), 政策研究大学院大学 比較地方自治研究センター (COSLOG)。

田中啓, 2014, 『自治体評価の戦略——有効に機能させるための 16 の原則』東洋経済新報社。

栃本一三郎, 2002, 「社会福祉計画と政府間関係」三浦文夫ほか編『講座 戦後社会福祉の総括と二一世紀への展望 Ⅲ政策と制度』ドメス出版。

和気康太，1996，「社会福祉計画の歴史」定藤丈弘・坂田周一・小林良二編『社会福祉計画』有斐閣。

山本隆，2002，『福祉行財政論──国と地方からみた福祉の制度・政策』中央法規出版。

山谷清志，2006，『政策評価の実践とその課題──アカウンタビリティのジレンマ』萌書房。

山谷清志，2012，『BASIC 公共政策学 9 政策評価』ミネルヴァ書房。

▷ 第 8 章

平野方紹，2007，「福祉事務所の業務と組織」宇山勝儀・船水浩行編『福祉事務所運営論（第 2 版）』ミネルヴァ書房。

三浦文夫・宇山勝儀，2003，『社会福祉通論 30 講』光生館。

武川正吾，2005，「地域福祉の主流化と地域福祉計画」武川正吾編『地域福祉計画──ガバナンス時代の社会福祉計画』有斐閣。

田中八州夫，2012，「地域包括支援センター職員の専門性と実用スキルに関する考察」『同志社政策科学研究』13（2）：139-153.

▷ 第 9 章

原田正樹・藤井博志・渋谷篤男編，2020，『地域福祉ガバナンスをつくる』全国社会福祉協議会。

Johnson, N., 1987, *Welfare State in Transition: The Theory and Practice of Welfare Pluralism*, Harvester Wheatsheaf.（青木郁夫・山本隆訳，1993，『福祉国家のゆくえ──福祉多元主義の諸問題』法律文化社。）

金子光一，2007，「公私関係論に関する史的研究（1）」『東洋大学社会学部紀要』44（2）：39-53.

木下武徳，2011，「日米における福祉の民間化──市場アプローチの課題」『国学院経済学』国学院大学経済学会，60（1・2）：203-35.

岸勇，2001，『公的扶助の戦後史』明石書店。

Le Grand, J., 2007, *The Other Invisible Hand: Delivering Public Services through Choice and Competition*, Princeton University Press.（後房雄訳，2010，『準市場 もう一つの見えざる手──選択と競争による公共サービス』法律文化社。）

永田祐，2021，『包括的な支援体制のガバナンス──実践と政策をつなぐ市町村福祉行政の展開』有斐閣。

仲村優一，2002，『仲村優一社会福祉著作集第 4 巻 社会福祉の方法──ケースワークをめぐる諸問題』旬報社。

小田巻友子，2016，「コ・プロダクションの社会政策的位置づけ──NPM から NPG へ」『立命館経済学』65（3）：17-12.

岡村重夫，[1970] 2001，『地域福祉研究』（戦後社会福祉基本文献集 23），日本図書センター。

Osborne, S. P. ed., 2009, *The New Public Governance?: Emerging Perspectives on the Theory and Practice of Public Governance*, Routledge.

Osborne, S. P., 2021, *Public Service Logic: Creating Value for Public Service Users, Citizens, and Society through Public Service Delivery*, Routledge.（石原俊彦・松尾亮爾監訳，2023，『パブリック・サービス・ロジック──公共サービスの提

供とサービス・マネジメント』関西学院大学出版会。）

Pestoff, V. A., 1998, *Beyond the Market and State: Social Enterprises and Civil Democracy in a Welfare Society*, Ashgate.（藤田暁男ほか訳，2000，『福祉社会と市民民主主義——協同組合と社会的企業の役割』日本経済評論社。）

Rose, R., 1986, "Common Goals but Different Roles: The State's Contribution to the Welfare Mix" in R. Rose and R. Shiratori eds., *The Welfare State East and West*, Oxford University Press.（白鳥令／リチャード・ローズ編，木島賢・川口洋子訳，1990，『世界の福祉国家——課題と将来』新評論。）

佐橋克彦，2006，『福祉サービスの準市場化——保育・介護・支援費制度の比較から』ミネルヴァ書房。

斉藤弥生／ヴィクトール・ペストフ編，2023，『コ・プロダクションの理論と実践——参加型福祉・医療の可能性』大阪大学出版会。

Salamon, L. M., 1995, *Partners in Public Service: Government-Nonprofit Relations in the Modern Welfare State*, Johns Hopkins University Press.（大野哲明ほか訳，2007，『NPO と公共サービス——政府と民間のパートナーシップ』ミネルヴァ書房。）

史邁，2020，「社会サービス提供におけるコ・プロダクション概念の意味」『ノンプロフィット・レビュー』20（1）：55-65。

田中弥生，2006，『NPO が自立する日——行政の下請け化に未来はない』日本評論社。

東京大学社会科学研究所／大沢真理・佐藤岩夫編，2016，『ガバナンスを問い直す 1 越境する理論のゆくえ』東京大学出版会。

後房雄，2009，『NPO は公共サービスを担えるか——次の 10 年への課題と戦略』法律文化社。

有限責任監査法人トーマツ，2022，『多機関・多職種連携によるヤングケアラー支援マニュアル——ケアを担う子どもを地域で支えるために』。

第 10 章

Dustin, D., 2007, *The McDonaldization of Social Work*, Ashgate Publishing Limited.（小阪啓史・圷洋一・堀田裕子訳，2023，『マクドナルド化するソーシャルワーク——英国ケアマネジメントの実践と社会理論』明石書店。）

遠藤久夫・西村幸満編，2018，『地域で担う生活支援——自治体の役割と連携』東京大学出版会。

萩原浩史，2019，『詳論 相談支援——その基本構造と形成過程・精神障害を中心に』生活書院。

畑本裕介，2018，「福祉行政における総合相談窓口設置——P 市の事例をもとに」遠藤久夫・西村幸満編『地域で担う生活支援——自治体の役割と連携』東京大学出版会。

畑本裕介，2021，『新版 社会福祉行政——福祉事務所論から新たな行政機構論へ』法律文化社。

河合幸尾，1979，「生活保護制度とサービス論争」真田是編『戦後日本社会福祉論争』法律文化社。

河野高志，2006，「ソーシャルワークにおけるケアマネジメント・アプローチの意義——先行研究の分析を通して」『福祉社会研究』7：91-105.

河野高志，2012，「ソーシャルワーク・レパートリーとしてのケアマネジメントの意

義——レパートリー比較からの考察」『公共政策（京都府立大学学術報告）』4：89-103.

奥田知志，2014，「伴走の思想と伴走型支援の理念・仕組み」奥田知志・稲月正・垣田裕介・堤圭史郎『生活困窮者への伴走型支援——経済的困窮と社会的孤立に対応するトータルサポート』明石書店。

六波羅詩朗，1994，「福祉事務所の役割と課題（上）」『長野大学紀要』16（1・2）合併号：67-77.

白澤政和，1996，「日本でのケアマネジメントの実際（1）現状と課題」『リハビリテーション研究』26（2）（1996-08）：21-27.

高橋紘士・武藤正樹編，2013，『地域連携論——医療・看護・福祉の協働と包括的支援』オーム社。

内田充範，2013，「生活保護ケースワーカーの専門性に関する研究——ケースワーカー・スーパーバイザー・利用者評価からの考察」『日本社会福祉学会中国・四国ブロック』2：23-36.

横浜市保険福祉局，2006，『横浜市社会福祉基礎構造改革検討会報告書』。

▷ 第 11 章

Durose, C., 2011, "Revisiting Lipsky: Front-Line Work in UK Local Governance," *Political Studies*, 59：978-95.

畑本裕介，2018，「社会福祉行政における専門性」『同志社政策科学研究』19（2）：11-24.

平野方紹，2000，「社会福祉基礎構造改革における福祉専門職養成の方向性」『社会福祉研究』77：26-35，鉄道弘済会。

上林陽治，2020，「自治体相談支援業務と非正規公務員——その実態」『自治総研』498（2020年4月号）：25-52.

Lipsky, M., 1980, *Street-Level Bureaucracy: Dilemmas of the Individual in Public Services*, Russell Sage Foundation（New York）.（田尾雅夫訳，1986，『行政サービスのディレンマ——ストリート・レベルの官僚制』木鐸社。）

Mintrom, M., 2020, *Policy Entrepreneurs and Dynamic Change*, Cambridge Univ. Press.（石田祐・三井俊介訳，2022，『政策起業家が社会を変える——ソーシャルイノベーションの新たな担い手』ミネルヴァ書房。）

小熊英二，2019，『日本社会のしくみ——雇用・教育・福祉の歴史社会学』講談社。

大友信勝，2000，『公的扶助の展開——公的扶助研究運動と生活保護行政の歩み』旬報社。

武井瑞枝，2022，「生活保護ケースワーカーとスーパービジョン——適切支援と適正支給の狭間」『社会福祉研究』143：59-67，鉄道弘済会。

東京都社会福祉審議会，1967，「東京都における社会福祉専門職制度のあり方に関する中間答申」（1967.3.31）東京都。

横山和彦・田多英範編著，1991，『日本社会保障の歴史』学文社。

▷ 第 12 章

小坂紀一郎，2007，『一番やさしい自治体財政の本 第1次改訂版』学陽書房。

西尾勝，2007，『行政学叢書5 地方分権改革』東京大学出版会。

坂田周一，2002，「社会福祉の制度運営と財政」三浦文夫ほか編『講座 戦後社会福

祉の総括と 21 世紀への展望 Ⅲ政策と制度』ドメス出版。

戸谷裕之, 2010, 「地方財政の経費」中井英雄ほか『新しい地方財政論』有斐閣。

財務省主計局, 2023, 『令和 4 年版特別会計ガイドブック』。

▷ 第 13 章

原昌平, 2013, 「生活保護と地域福祉」鈴木亘編著『脱・貧困のまちづくり「西成特区構想」の挑戦』明石書店。

畑本裕介, 2012, 『社会福祉行政——行財政と福祉計画』法律文化社。

畑本裕介, 2021, 『新版社会福祉行政——福祉事務所論から新たな行政機構論へ』法律文化社。

星野菜穂子, 2013, 『地方交付税の財源保障』ミネルヴァ書房。

上林陽治, 2020, 「自治体相談支援業務と非正規公務員 その実態」『自治総研』（通巻 498 号 2020 年 4 月号）：25–52。

木下武徳, 2018, 「生活保護の増大で財政は破綻する？——生活保護の財政をめぐる議論」岩永理恵・木下武徳ほか『生活保護と貧困対策——その可能性と未来を拓く』有斐閣。

大阪市健康福祉局, 2007, 「事業分析報告 生活保護」（平成 19 年 6 月 8 日）（2023 年 1 月 9 日に確認 https://www.city.osaka.lg.jp/shiseikaikakushitsu/page/0000010240.html）

桜井啓太, 2021, 「生活保護における自立支援と統治——インセンティブ, コンディショナリティ, 産福複合体（貧困—産業複合体）」『大原社会問題研究所雑誌』753（2021. 7）：31–47.

白波瀬達也, 2019, 「西成特区構想の展開と課題」『関西学院大学先端研究所紀要』16：41–46.

鈴木亘, 2013, 「『西成特区構想』の問題意識と方法論」鈴木亘編著『脱・貧困のまちづくり「西成特区構想」の挑戦』明石書店。

任琳, 2014, 「大阪市の生活保護」『桃山学院大学経済経営論集』55（3）（2014-02-28）：339–375.

▷ 第 14 章

五石敬路・岩間伸之・西岡正次・有田朗編, 2017, 『生活困窮者支援で社会を変える』法律文化社。

鏑木奈津子, 2020, 『詳説 生活困窮者自立支援制度と地域共生——政策から読み解く支援論』中央法規出版。

勝部麗子, 2020, 「制度のはざまから社会福祉を見直す」駒村康平編『社会のしんがり』新泉社。

釼持麻衣, 2019, 「困窮する居住者に対する見守り・支援の取組み——練馬区・野洲市・豊中市社会福祉協議会へのヒアリング調査をもとに」『自治体による「ごみ屋敷」対策——福祉と法務からのアプローチ—』日本都市センター。

近畿弁護士会連合会・第 1 分科会実行委員会, 2018, 「豊中市及び野洲市の取り組み」『第 30 回近畿弁護士会連合会人権擁護大会シンポジウム——第 1 分科会「自治体は生活困窮者を救えているか」報告書』http://www.kinbenren.jp/symposium/report_2018-11-30.php

国立社会保障人口問題研究所, 2023, 「日本の地域別将来推計人口（令和 5（2023）

年推計）」https://www.ipss.go.jp/pp-shicyoson/j/shicyoson23/1kouhyo/gaiyo.pdf
厚生労働省，2017，社会保障審議会生活困窮者自立支援及び生活保護部会（第2回）資料，2017年6月8日。
正木浩司，2018，「豊中市の生活困窮者自立支援の取り組みに見る自治体就労支援の可能性」『自治総研』44（476）：47-76.
正木浩司，2020，「豊中市の地方版ハローワークの取り組みに見る自治体就労支援の可能性」『自治総研』46（498）：1-24.
正木浩司，2021，「自治体の無料職業紹介事業の到達点――豊中市の実践から」『都市問題』112（10）：70-77.
西岡正次，2017，「就労支援は地域政策になるのか？――「タテ型」の就労支援から統合型の就労支援へ」五石敬路・岩間伸之・西岡正次・有田朗編『生活困窮者支援で社会を変える』法律文化社。
櫻井純理，2012，「地域に雇用をどう生み出せるのか？――大阪府豊中市における雇用・就労支援政策の概要と特徴」『立命館産業社会論集』48（2）2012年9月。
櫻井純理，2014a，「基礎自治体による就労セーフティネットの構築――豊中市の雇用・就労支援 政策」大阪市政調査会編『自治体セーフティ就労支援の「出口」開拓に資する地域資源の組織化ネット――地域と自治体ができること』公人社。
櫻井純理，2014b，「豊中市における就労支援政策の概要」筒井美紀・櫻井純理・本田由紀編著『就労支援を問い直す――自治体と地域の取り組み』勁草書房。
櫻井純理，2014c，「就労支援の『出口』をめぐる 模索――中小起業支援の視点」筒井美紀・櫻井純理・本田由紀編著『就労支援を問い直す――自治体と地域の取り組み』勁草書房。
櫻井純理，2019a，「日本における中間的就労機会の広がり――社会的包摂にどう結びつけるのか？」『日本労働研究雑誌』713：67-76.
櫻井純理，2019b，「就労支援政策の意義と課題――半『就労』の質をどう担保するのか？」『社会政策』社会政策学会，11（1）：26-39.
生水裕美，2014，「野洲市の生活困窮者自立促進支援モデル事業の取組みについて」日本都市センター編『生活困窮者支援とそのあり方』日本都市センター：73-94.
生水裕美，2020，「生活困窮者と家計相談支援」駒村康平編『社会のしんがり』新泉社。
生水裕美，2022，「コロナ禍で自治体現場は何を問われたか」『ガバナンス』ぎょうせい，257：32-34.
豊中市，2017，「地域包括ケアシステム推進基本方針」。
豊中市，2019，「第4期地域福祉計画」。
野洲市市民生活相談課（消費生活センター），2022，「資料」。

▷ 第15章

藤澤益夫，1997，『社会保障の発展構造』慶應義塾大学商学会。
岩村正彦・嵩さやか・中村妙子編，2022，『社会保障制度――国際比較でみる年金・医療・介護』東京大学出版会。
Johnson, N., 1987, *Welfare State in Transition: The Theory and Practice of Welfare Pluralism*, Harvester Wheatsheaf. （青木郁夫・山本隆訳，1993，『福祉国家のゆくえ――福祉多元主義の諸問題』法律文化社。）
鏑木奈津子，2020，『生活困窮者自立支援制度と地域共生――政策から読み解く支援

論』中央法規出版。

垣田裕介，2016，「社会政策における生活困窮者支援と地方自治体」『社会政策』7
（3）：41-55．

菊池馨実，2019，『社会保障再考——〈地域〉で支える』岩波新書。

厚生労働省『2022年海外情勢報告』https://www.mhlw.go.jp/stf/toukei_hakusho/kaigai23.html

西尾勝，2005，「分権改革は『ナショナル・ミニマム』の全面的な見直しを要求する」『都市問題』96（5）2005年5月号：25-29．

西尾勝，2007，『地方分権改革』東京大学出版会。

岡田忠克・秋山智久，1998，「英国の行政改革とコミュニティ・ケア」『大阪市立大学生活科学部紀要』46：91-102．

鈴木穣，2022，『厚労省——劣化する巨大官庁』新潮社。

所道彦，2008，「イギリスのコミュニティケア政策と高齢者住宅」『海外社会保障研究』164（Autumn 2008）：17-25．

Young, J., 1999, *The Exclusive Society: Social Exclusion, Crime and Difference in Late Modernity*, Sage Publications.（青木秀男・伊藤泰郎・岸政彦・村澤真保呂訳，2007，『排除型社会——後期近代における犯罪・雇用・差異』洛北出版。）

▷ コラム4

岩村正彦・嵩さやか・中村妙子編，2022，『社会保障制度——国際比較でみる年金・医療・介護』東京大学出版会。

厚生労働省『2022 海外情勢報告』https://www.mhlw.go.jp/stf/toukei_hakusho/kaigai23.html

索　引

事項索引

■ 数字・アルファベット

3科目主事　208, 209, 213
「21世紀福祉ビジョン」　135
DV防止法（配偶者からの暴力の防止及
　び被害者の保護に関する法律）
　54, 154
EBPM　128, 137
GHQ　37, 208
KPI　139-141
NPG（新公共ガバナンス，ニュー・パ
　ブリック・ガバナンス）　119,
　170-172, 177
NPM（新公共経営，ニュー・パブリッ
　ク・マネジメント）　95, 114, 115,
　117, 118, 140, 170, 172, 176, 177
NPO　159, 160, 166, 167, 175, 183, 287
NPO法（特定非営利活動促進法）　159,
　162, 167, 286
NPO法人　73
PDCAサイクル　97, 137, 138, 142
PFI　115, 116
PFI法（民間資金等の活用による公共施
　設等の整備等の促進に関する法律）
　115, 116
SCAPIN775　37

■ あ　行

あいりん地域　253, 254

アウトカム　138, 171
アカウンタビリティ（説明責任）　96,
　142
アセスメント　195
新しい市民権　298
アンダークラス　51, 112, 297
イコール・フッティング　177
イシュー・ネットワーク　100
一時生活支援事業　282
インテーク　195
インフォーマル部門　286
インフォームド・コンセント　181
エージェンシー（独立行政法人）　115
エリザベス救貧法　27
援助システム　17-19
応益負担　74, 75
応能負担　74

■ か　行

会計年度任用職員　210, 251, 252, 282
介護サービスの情報公表制度　69
介護支援専門員　192, 198
介護福祉士　205, 206
介護保険（制度）　52, 68, 74, 135, 160,
　197, 229, 235, 287
介護保険事業計画　131, 142, 293
介護保険法　39, 55, 72, 73, 103, 135,
　151, 176, 198, 281
外部委託　213, 215

外部評価　142
格差原理　57
学習・生活支援事業　267, 274, 282
家計改善支援事業　267, 274, 282
価値ある貧民　173
合併特例債　123
家庭内暴力　52
ガバナンス（論）　104, 177, 284, 298
『監獄の誕生』　111
官製市場　176
官製ワーキングプア　252
官邸主導　293
関与法定主義　122
機関委任事務　119-122
基幹相談支援センター　156, 187, 212
疑似市場　176
岸・仲村論争　190
基準財政収入額　225
基準財政需要額　225, 245, 246
規　制　68
規制緩和　96
基本財　57
救護法　35
救護法実施促進運動　40
救貧法　8, 27, 31, 79, 173, 174, 301
救貧法および貧困救済に関する王立委員
　　会　29
給付つき税額控除　71
行政管理モデル　170, 172, 174
行政計画　93, 130
行政行為（行政処分）　68, 210
行政責任　165
業績測定（業績評価）　137, 140
競争入札　73
業務独占　206, 207
居宅介護支援　198
規律訓練　111, 112
近代官僚制　111, 114, 216
勤労所得税額控除（EITC）　301
クズネッツ・カーブ　26

国地方係争処理委員会　122
繰り出し梯子理論　174
郡部福祉事務所　150, 151
ケアマネジメント　197-199
ケアマネジャー　193, 198
経験年数（熟練）　214
経済自立5か年計画　132
ケイパビリティ・アプローチ　58
契約制度　39, 192, 287
経路依存　101
ケインズ・ベヴァリッジ体制　31,
　　286, 295
ケースワーカー　95, 187, 188, 249, 250
ケースワーク　188, 189, 191
現金給付　70, 71
限時法（時限立法）　97
言　説　102
　　調整型――　102
　　伝達型――　102
言説的制度論　101, 102, 106
現物給付　70, 71
権　力　111
後期高齢者医療制度　235
公共財　75
公共政策　10
公私関係（論）　165, 170
公私分離　37, 38, 158, 208
厚生課　151
「厚生行政長期計画基本構想」　132
「厚生行政の課題」　132
「厚生行政の長期構想」　132
構想計画（理念型計画）　130
公的救護義務主義　35
公的扶助　13, 30, 191, 301
公的扶助サービス論争　190
功利主義哲学　57
行旅病人及び行旅死亡人取扱法　34
高齢者虐待防止法　54
高齢者保健福祉推進10か年戦略（ゴー
　　ルドプラン）　134

高齢者連帯手当（ASPA）　303
コ・ガバナンス　180
国民皆保険・皆年金体制　286
国民保健サービス（NHS）　301
国民保健サービスおよびコミュニティ・
　ケア法　33, 199, 295
国民保険法（イギリス）　30, 31, 79
子育て世代包括支援センター　155,
　212
国家資格　205, 207
国家責任　36
国庫支出金　123, 223, 226, 227
国庫補助金　123, 124, 226, 227
子ども・子育て関連3法　161
子ども・子育て支援事業計画　131,
　136
子ども・子育て支援事業支援計画
　161
子ども・子育て支援法　83
子ども食堂　92
子ども手当　81
コ・プロダクション　165, 180-183
コ・プロデューサー　172
コ・マネジメント　180
コミュニタリアン・モデル　170-172
コミュニティ・オーガニゼーション
　161
コミュニティ・ケア　15, 32
コミュニティ・ソーシャルワーカー
　（CSW）　268, 271
コミュニティ・ソーシャルワーク
　33
コミューン　303, 304
「ゴールドプラン21」　136
「今後の子育て支援のための施策の基本
　的方向について」（エンゼルプラン）
　135
「今後の社会福祉のあり方について」
　134
困難な問題を抱える女性への支援に関す

る法律　154

■ さ 行

済世顧問制度　35, 40
財政調整制度　223
在宅福祉サービス　88, 159
最低生活保障　290
裁 量　216
査察指導員（スーパーバイザー）　187
サッチャリズム　295
サードセクター　167
産業的業績達成モデル　78
三位一体の改革　104, 117, 124, 291
残余的福祉モデル　78, 79, 164
ジェントリフィケーション　254
支援費制度　39, 151
資 源　60, 62
　──の開発　195
資源再配分　51
指示的計画　129, 131
市場原理　57
市場の失敗　175
自助，共助，公助　135
慈善組織協会（COS）　29
自治事務　121, 122
市町村介護保険事業計画　135
市町村合併　123
市町村障害福祉計画　135
市町村地域福祉計画　136, 289
市町村福祉事務所　151
市町村福祉担当部局　151, 152
市町村老人保健福祉計画　134
実施計画（手続き型計画）　130
指定管理者制度　73, 116
児童家庭支援センター　155, 212
児童虐待防止法　54
児童相談所　153, 187
児童手当　77, 81-83
児童手当法　84
児童福祉司　153, 187, 208, 214

索　引　**319**

児童福祉法　39, 152
児童扶養手当　80
支　配
　カリスマ的──　98
　合法的──　98, 111
　伝統的──　98
シビル・ミニマム　132, 290, 291
シーボーム報告　33
『資本主義の三つの世界』　299
市民起業家　218
社会基金　32
社会計画　129
社会権　164, 165, 300
社会資源　283
社会生活自立　201
社会政策　10, 12, 13, 15
社会手当　77
社会的企業　167
社会的共通資本　75
社会的孤立　6, 48, 50, 52, 283, 289, 297
社会的資源　62
「社会的な援護を要する人々に対する社
　会福祉のあり方に関する検討会」報
　告書　47, 50
社会的排除　6, 48, 50, 51, 56, 113, 297
社会的包摂　6, 51, 56
社会統制　8
社会福祉　5, 6
　──のL字型構造　16
　──の三位一体構造　17
　──の代替・補充性　13
社会福祉学　ⅱ
社会福祉関連八法改正　88, 134, 151,
　287, 293
社会福祉基礎構造改革　39, 72, 192,
　287
社会福祉協議会　73, 157, 158, 161
社会福祉士　205-207
社会福祉士及び介護福祉士法　205
社会福祉事業　13

第一種──　38, 158, 160
第二種──　38, 159
社会福祉事業法（現　社会福祉法）
　37-39, 207, 290
社会福祉施設緊急整備5か年計画
　133
社会福祉施設の設置最低基準　291,
　292
社会福祉主事　95, 188, 192, 207, 208,
　213, 214
社会福祉政策　13, 16
社会福祉法　39, 72, 88, 136, 150, 157,
　159, 176, 178, 188, 189, 192, 193, 208,
　250, 286, 287, 289
社会福祉法人　38, 157-160, 167, 177
社会保険　30, 46, 72, 79, 149, 303
社会保障改革プログラム法　288
社会保障5か年計画　132
社会保障政策　11
社会保障制度　132
社会保障制度審議会　45, 46
　──の勧告（1950年勧告）　15, 46,
　132
　──の勧告（1995年勧告）　38, 47
社会連帯　302, 303
住居確保給付金　16, 267, 268, 274,
　282
重層的支援体制整備事業　193, 289
自由放任主義（レッセ・フェール）
　28
住民参加型福祉　162
就労移行支援　200
就労訓練事業（中間的就労）　201,
　267
就労継続支援A型　200
就労継続支援B型　160, 200
就労支援　13, 16, 56, 80, 181, 200, 201,
　264, 296, 297
就労支援員　209
就労支援コーディネーター　264

就労支援事業　213, 274
就労支援センター　264
就労準備支援事業　201, 213, 267, 274, 282
就労選択支援　200
就労定着支援　201
恤救規則　33
準市場化（論）　176, 177
障害者基本計画（障害者対策に関する新長期計画）　134
障害者基本法　134
障害者虐待防止法　54
障害者雇用納付金制度　68
障害者雇用率　68
障害者差別解消法　193
障害者支援費制度　72
障害者自立支援制度　75
障害者自立支援法　39, 72, 135, 152, 198
障害者自立支援法違憲訴訟　75
障害者総合支援制度　160, 197
障害者総合支援法　142, 152, 160, 198-200, 281
障害者相談支援専門員　192
障害者への合理的配慮　298
障害福祉計画　142
小事務所制　152
情報の非対称　69
条例制定基準　124, 125
条例制定の直接請求　94
職業安定所（ハローワーク）　264
女性相談支援員　154, 187
女性相談支援センター　154, 187
所得保障政策　11
自立支援計画　282
自立相談支援　213
自立相談支援事業　73, 201, 262, 267, 274, 282
資力調査　→ミーンズ・テスト
シーリング　115

新エンゼルプラン　136
新救貧法　28, 79
新経済社会7か年計画　133
新経済社会発展計画　132
人権意識　192, 193
新公共ガバナンス　→NPG
新公共経営　→NPM
新・高齢者保健福祉推進十か年戦略（新ゴールドプラン）　135
新自由主義　295, 296
新生活保護法　208
申請主義　196
人生前半の社会保障　52
身体障害者更生相談所　153, 187
身体障害者福祉司　154, 187, 208, 214
スクール・ソーシャルワーカー　16, 205, 206
スティグマ　29, 61, 77-80
ストリートレベルの官僚（SLB）　170, 217
ストリートレベルの官僚制　95, 104
スピーナムランド制度　27
生活困窮者自立支援制度　18, 97, 262, 263, 271, 274, 282, 284, 294
生活困窮者自立支援法　73, 200, 201
生活困窮者自立促進支援モデル事業　266, 274
生活福祉資金貸付事業　158
生活保護　13, 68, 69, 77, 78, 94, 95, 104, 150, 192, 226, 245, 262, 263, 281
──の自立支援プログラム　80
生活保護制度の在り方に関する専門委員会　201
生活保護適正化政策　217
生活保護法　36, 188, 208, 290
『正義論』　57
政　策　i, 8-10
──の決定　94
──の実施　94
──の段階モデル　89

索　引　**321**

――の流れ　99
――の廃止・終了　97
――の評価　95
――の窓　99, 218
政策アイデア　99
政策案の策定　92, 93
政策移転　103, 106
政策課題の設定　89, 90
政策過程　89
政策起業家　218
政策共同体　100
政策システム　17, 19
政策手段　67
政策体系　9, 17
政策伝播　93
政策ネットワーク（論）　100, 105
政策評価　140
政策評価法　96
精神保健福祉士　205, 206
精神保健福祉センター　156, 187
精神保健福祉相談員　187
精神保健福祉法　156
性的マイノリティ　298
正統性の危機　286
制度の再分配モデル　78, 164
制度の狭間　289
成年後見制度　16
政府の失敗　175
説明責任　→アカウンタビリティ
セツルメント運動　29
戦後合意（福祉国家の合意）　286
センター化構想　189
選別主義　76-80, 83
専門性　166, 214
――の認定　215
――の本質的理解　216
総計予算主義　233
相対的貧困率　50
相談支援　186, 198, 199, 282
相談支援員　267

相談支援業務（ソーシャルワーク業務）
　151, 193, 194, 196, 210, 211, 282, 284
――の主流化（ソーシャルワーク業務
　の主流化）　ii, 187, 192, 211, 281
相談支援事業　199
組織のモチベーション　126
ソーシャルアクション　20
ソーシャルワーク　iii, 56, 194, 196,
　197, 283, 284
――としての相談支援業務　iii
ソーシャルワーク業務　→相談支援業務
措置委託費　36, 38
措置制度　36-39, 72, 120, 149, 150, 153,
　158, 160, 176, 192, 287, 290

■　た　行

第一次地域主権改革一括法　124
第三者政府論　175
第三セクター　116, 167
第三の道　296
太事務所制　152
対人社会サービス　11, 70, 71
ダイバーシティ（多様性）　106, 298
多重債務者包括的支援プロジェクト
　272
脱商品化　299, 300
縦割り行政　226
多文化共生ソーシャルワーク　298
惰民防止論　190
多様性　→ダイバーシティ
団体自治　125, 293
団体（委任）事務　121, 122
単独事業　19, 277
地域共生社会　6, 88, 172, 288
「『地域共生社会』の実現に向けて（当面
　の改革工程）」　288
地域子育て支援拠点　212
地域主権改革一括法　124, 291
地域組織化　161
地域福祉　285, 287, 290

――の推進　88, 157, 287
地域福祉活動計画　133
地域福祉計画　133, 142, 178
地域福祉ネットワーク会議　271
地域包括ケアシステム　88, 288
地域包括支援センター　73, 151, 155,
　　187, 207, 212
地域密着型介護サービス　125
知的障害者更生相談所　153, 187
知的障害者福祉司　154, 187, 214
知的障害者福祉法　189
地方交付税　123, 223, 225, 245
地方債　226-228
地方自治法　94, 116, 121, 134
地方事務官制度の廃止　122
地方税　222-224
地方税改革　123
地方分権　92, 291, 293, 294
地方分権一括法　iv, 119, 121-123, 250,
　　291
地方分権改革推進会議　123
中央集権的国家体制　119
庁内連携　268
通知・通達　94
ディスサービス　76
定率負担　74
手続きコスト　77
トインビー・ホール　29
東京都地域福祉推進計画　133
東京都中期計画　132, 137
『東京都における社会福祉専門職制度の
　　あり方に関する中間答申』　189,
　　215
同性パートナーシップ制度　105
統治性　113
特定非営利活動促進法　→NPO法
特別会計（事業会計）　228, 232, 233
特別交付税　225
年越し派遣村　266
都道府県介護保険事業支援計画　135

都道府県支出金　226
都道府県・市町村障害者計画　134
都道府県障害福祉計画　135
都道府県地域福祉支援計画　136, 289
豊中市　263, 264, 267, 270, 271

■　な　行

内部評価　141
ナショナル・ミニマム　iii, iv, 30, 37,
　　120, 125, 174, 290-292, 294
西成特区構想　253, 255
ニーズ（ニード，必要）　44, 60, 62
　感じられた――　60
　規範的――　61
　顕在的――　61
　潜在的――　61
　比較――　61, 62
　表明された――　61
日常生活自立　201
日常生活自立支援事業等　158
ニッポン一億総活躍プラン　288
ニート（NEET）　52
ニード　→ニーズ
ニード・テスト　76
日本型福祉社会論　55, 133, 172, 296
ニュー・パブリック・ガバナンス
　　→NPG
ニュー・パブリック・マネジメント
　　→NPM
認可保育所　161
認定NPO法人制度　167
認定就労訓練事業（中間的就労）　282
任用資格　207, 214
能動性を確保する福祉　296
ノーマライゼーション7か年戦略
　　134

■　は　行

配偶者からの暴力の防止及び被害者の保
　　護に関する法律　→DV防止法

索　引　**323**

配偶者暴力相談支援センター　154
排除型社会　111, 112, 117
　　——における就労訓練　113
配　当　168
バークレイ報告　33
パーソナルサポートサービス事業
　265, 266, 274
パターナリズム　71
発達障害者支援センター　156, 212
パブリック・ガバナンス　iv
バラマキ福祉　83
伴走型支援　202
ひきこもり　52, 54
　社会的——　54
ひきこもり地域支援センター　156,
　212
非正規雇用市場　297
非難回避戦略　103
評　価　128
　　——の基準　140, 141
　　——のロジック・モデル　138
費用効果分析　138, 139
標準数　250
費用便益分析　138, 139
貧　困　48, 49
　　——の再発見　31
　　——の発見　29
　　——の罠　80
　絶対的——　49, 51
　相対的——　49, 51
貧困線／貧困閾値　49
貧民監督官　27
福祉元年　286
福祉計画　131
福祉国家　57, 112
　　——の危機　174
　　——の合意　295
福祉サービス第三者評価事業　96
福祉三法体制　36, 120, 150, 188
福祉施設の民営化（民間移譲）　117

福祉事務所　95, 149, 150, 152, 187, 188,
　208, 214, 245, 262, 263
『福祉事務所運営指針』　188
『福祉事務所新運営指針』　214
福祉職　189
福祉多元化　175
福祉多元主義　iv, 149, 285, 286, 288,
　290, 296
福祉の混合経済　175
福祉の三角形　168, 169
福祉ミックス論　174, 175
福祉レジーム論　299
福祉六法体制　36, 120, 150, 189
普通会計　228
普遍主義　30, 76, 77, 79, 80, 83
普遍的医療保護制度（PUMA）　302
フリーライダー　126, 256
プログラム評価　141
プロポーザル方式　73
ペイ・アズ・ユー・ゴー原則　235,
　236
平行棒理論　174
平成の大合併　123
ベヴァリッジ報告　14, 30, 46, 79, 285,
　291, 301
ベーシック・インカム　80, 81, 211,
　297
ベスト・プラクティス　139
ベンチマーキング　139
包括的支援体制　178, 290
包括的指揮監督権　120
法定受託事務　104, 121, 122
法テラス　16
方面委員制度　35, 40
母子及び父子並びに寡婦福祉法　189
母子家庭等就業・自立支援センター
　155, 212
補助機関　208
補足性の原理　78
ホームレス自立支援法　97

ボランタリズム　162
ボランタリー・セクター（ボランタリー
　　部門）　167, 286
ボランタリーの失敗　175
ボランティア　162, 167

■ ま　行

水際作戦　236
民間委託　73, 262
民間資金等の活用による公共施設等の整
　　備等の促進に関する法律　→PFI法
ミーンズ・テスト（資力調査）　32,
　　76-78, 80, 81, 299
民生委員　208
民生委員会　35
民生費　211, 229, 233
名称独占　206, 207
命令的計画　129
モデル事業　97, 103, 266, 274, 277
モニタリング　195
問題の流れ　99

■ や　行

野洲市　272
　　——多重債務者包括的支援プロジェク
　　ト　273
　　——のくらしの支えあい条例　274,
　　275
　　——の債権管理条例（ようこそ滞納い

ただきました条例）　274, 275
ヤングケアラー　56, 178, 179

■ ら　行

リーマンショック　265
療育手帳　154
利用契約方式　72, 176
利用者負担　74
　　——の減免制度　75
歴史的制度論　101
劣等処遇　28, 79
老人医療費無料化（制度）　40, 286
老人福祉法改正　293
老人保健福祉計画　88, 134, 293
労働者協同組合　167
労働集約産業　168
ローカル・ガバナンス（協治）　149,
　　204, 285, 287
ロジック・モデル　96
ローリング・システム　133, 137

■ わ　行

「我が事・丸ごと」地域共生社会実現本
　　部　288, 289
ワーキングプア　13, 71, 301
ワークハウス（労役場）　8, 27-29
ワークフェア　8, 80, 113, 297, 301
ワンストップセンター　266

人 名 索 引

■ あ　行

池田勇人　132
ウィリアムソン，ジェフリー・G.　25
ウィレンスキー，ハロルド・L.　77
ウェッブ，シドニー　174
ウェッブ，ベアトリス　28, 30, 174

ウェーバー，マックス　98, 99, 111,
　　114, 170, 216
エスピン゠アンデルセン，イエスタ
　　299
大河内一男　12
大野吉輝　74
小川政亮　190

索　引　325

オバマ，バラク　　101, 300

■ か 行

岸勇　191
キングダン，ジョン　　99
クリントン，ビル　　101, 296
黒木利克　190
ケインズ，ジョン・メイナード　　285
小泉純一郎　123
孝橋正一　12, 13

■ さ 行

サッチャー，マーガレット　　32, 114,
　　295
サラモン，レスター　　175
シュミット，ヴィヴィアン　　101, 102,
　　106
スピッカー，ポール　　5
セン，アマルティア　　56, 58

■ た・な 行

ティトマス，リチャード　　76-78, 164
デュロース，キャサリン　　217
仲村優一　191
西尾勝　129, 292

■ は 行

ハイエク，フリードリヒ　　295

ピアソン，ポール　　101
フーコー，ミシェル　　111-113
ブース，チャールズ　　29, 79
ブラッドショー，ジョナサン　　60
フリードマン，ミルトン　　295
ブルジョワ，レオン　　302
ブレア，トニー　　296
ペストフ，ビクター・A.　　168-170,
　　172, 180, 182
細川護熙　119

■ ま・や 行

松下圭一　132
三浦文夫　70
メージャー，ジョン　　114, 115
ヤング，ジョック　　111, 112

■ ら 行

ラウントリー，シーボーム　　29
リプスキー，マイケル　　95, 216-218
ルグラン，ジュリアン　　176
ルボー，チャールス・N.　　78
レヴィタス，ルース　　51
レーガン，ロナルド　　295
ローズ，リチャード　　174
ローズ，ロッド　　100, 105
ロールズ，ジョン　　56-58

【y-knot】
これからの福祉政策——ローカルの視点から考える

Social Welfare Policy: Focused on Local Governments

2024 年 12 月 25 日 初版第 1 刷発行

著　者	畑本裕介・木下武徳	
発行者	江草貞治	
発行所	株式会社有斐閣	
	〒101-0051 東京都千代田区神田神保町 2-17	
	https://www.yuhikaku.co.jp/	
装　丁	高野美緒子	
印　刷	株式会社精興社	
製　本	牧製本印刷株式会社	
装丁印刷	株式会社亨有堂印刷所	

落丁・乱丁本はお取替えいたします。定価はカバーに表示してあります。
©2024, Yusuke Hatamoto, Takenori Kinoshita.
Printed in Japan. ISBN 978-4-641-20012-8

本書のコピー，スキャン，デジタル化等の無断複製は著作権法上での例外を除き禁じられています。本書を代行
業者等の第三者に依頼してスキャンやデジタル化することは，たとえ個人や家庭内の利用でも著作権法違反です。

JCOPY　本書の無断複写（コピー）は，著作権法上での例外を除き，禁じられています。複写される場合は，そのつど事前に，（一社）出版者
著作権管理機構（電話 03-5244-5088, FAX 03-5244-5089, e-mail:info@jcopy.or.jp）の許諾を得てください。